KB044381

미래 시나리오 2022

백신 작동 이후의 세계

미래시나리오 2022

백신 작동 이후의 세계

김광석, 김상윤, 박정호, 이재호 지음

와이즈베리
WISEBERRY

서문

어제의 법칙은 오늘의 고전이 된다. 어제는 절망했지만, 오늘은 희망하고 있다. 어제의 불확실성은 온데간데없어지고, 오늘은 다시 확실성이 온다. 불확실성조차 불확실한 시대인 것이다. 코로나19가 헤집고 간 2020년 세계 경제. 2021년에는 백신 보급으로 또 한 번 커다란 변화의 물결이 일고 있다. 코로나19 이전으로 돌아갈 것인가, 아니면 전혀 다른 세상을 경험하게 될 것인가? 2022년에는 또 어떤 변화가 전개될까?

불확실성의 시대에는 각 분야 전문가들의 '융합과 통섭 인사이트'가 더욱 빛을 발한다. 이러한 시대적 요구에 부합하고자, 각기 다른 분야 전문가 네 명이 머리를 맞대었다. 각 분야의 지식을 연결하고 서로의 인사이트를 공유하는 과정에서 '융합과 통섭'의 강도를 더욱 높였다. 이를 통해 얻은 작은 성과들을 '미래 시나리오'라는 이름의 전망서로 출간하게 되었다. 《미래 시나리오 2021》이 코로나19 이후의 미래를 그려보았다면, 《미래 시나리오 2022》는 백신 작동 이후의 미래에 중점을 두었다.

과거에도 우리 인류에게 커다란 비극을 안겨준 전염병 사태는 여러 차례 있었다. 하지만 과학기술의 발달로 방역에 대한 자신감이 그 어느 때보다 높아진 2020년대에, 이러한 비극이 이토록 광범위하게 나타날 것이라고는 아무도 예측하지 못했다. 코로나19는 지난 경험들을 무색하게 할 만큼 엄청난 충격을 가하고 있다. 팬데믹 사태 자체가 해를 넘겨서도 쉽게 일단락되지 않고 있을 뿐 아니라, 일부 학자는 향후 인류가 코로나19 이전과 이후로 나누어질 만큼 우리 삶에 지속적인 영향을 미치게 될 것으로 전망하고 있다.

그렇다면 백신 작동 이후의 2022년을 내다보는 우리는 어떤 세상을 기대해야 하는가?

코로나19 사태를 진단하고 대안을 제시하는 데 있어 가장 유의미한 방식은, 상이한 분야에서 각기 전개되고 있는 변화의 흐름을 논의와 토론을 통해 서로 공유하고 이를 기반으로 융합된 결론을 제시하는 것이었다. 이번 《미래 시나리오 2022》가 저자들 사이의 토론을 더욱 충실히 수록하기 위해 노력했던 이유 역시 여기에 있다. 또한 토론과 결론 도출 과정에서 IMF International Monetary Fund(국제통화기금), OECD Organization for Economic Cooperation and Development(경제개발협력기구), 세계은행 World Bank, UN United Nations, WEF World Economic Forum(세계경제포럼) 등 세계를 대표하는 국제 기구들이 발간한 보고서를 통해 객관성과 정확성을 높였다.

최근 정부 또는 기업이 개최하고 있는 미래 전망 대책 회의에 참여해보면, 주로 두 가지 세션으로 나누어 진행된다. 앞 세션은 보건·의료·행정 등 방역 전문가들이 변화하는 국내외 방역 현황을 공유해주고, 뒤이어 진행되는 세션은 경제·산업 전문가들이 방역 상황 변화에 따른 경제와 산업의 변화를 예측하는 방식이다. 백신 보급과 함께 코로나19가 2021년 내에는 종식될 것이라는 희망과 함께 종식 이후 세상에 대한 관심이 점차 커지고 있다. 본서 역시 이러한 맥락에 따라 변화하는 방역 현황에 따른 국내외 경제 상황의 변화를 가장 앞부분에서 다루었다. 이러한 전반적인 경제 상황의 변화를 먼저 공유한 뒤에 산업, 기술, 환경, 정책, 사회 구조 부분에서 어떠한 변화가 전망되는지 논의하는 구조다.

코로나19 사태가 가져온 또 다른 변화의 흐름은 이미 진행 중이던 변화 추세를 가속하고 증폭하는 '촉매제'라는 점이다. 코로나 이전에도 이미 많은 국가들이 미래 사회의 핵심 산업과 기술로 데이터 산업, 자율주행, 친환경 기술 등을 꼽으며 관련 분야를 발전시키기 위한 노력을 지속해왔다. 하지만 코로나를 극복하기 위한 방편으로 풀린 유동성이 이러한 신산업 분야의 규모감 있는 투자가 감행될 수 있는 환경을 제공해주었고, 이 과정에서 많은 기관 및 개인 투자자들도 급변하는 산업적 변화를 증시 상황 변화와 함께 직접 확인하면서 그 어느 때보다 산업 흐름의 변화에 대한 관심이 높아진 상태다. 이에 본서 역시 이러한 변화에 근거하여 인공지능, 데이터 산업, 자율주행 자동차 등 미래 신기술이 산업과 우리 일상에 어떠한 변화를 가져다줄지 확인할 수 있는 기회를 제공하는 방식으로 기술하였다.

1990년대 초 냉전이 붕괴하면서 민주주의, 자유무역, 그리고 팍스 아메리카나로 대표되는 미국 주도의 질서체계가 지속되어왔다. 이러한 일련의 흐름을 우리는 세계화globalization라는 표현 속에서 받아들이기도 했다. 자유민주주의 체제 아래 '일극unipolar' 패권 질서는 일정한 규칙과 가치의 틀 안에서 운용되어 왔고, 이를 통해 국제 사회의 협력과 통합이 이루어져왔기 때문이다.

하지만 향후 전개될 국제 사회는 지난 30년 동안 진행되어왔던 이러한 방식과는 사뭇 다른 양상을 보일 것으로 전망된다. 미중 양극 체제 속에서 미국과 중국 간의 상호 견제와 갈등이 지속될 것으로 전망되기 때문이다. 이에 본서에서는 향후 미중 간의 갈등 속에서 우리들이 직면하게 될 통상 환경의 변화를 설명하고자 한다. 특히 향후 전개될 통상 분야의 변화를 변화된 기술 환경과 접목시켜 제시하고자 노력했다. 2022년은 바이든 정권이 본격적인 활동을 수행할 첫 해라 할 수 있다. 따라서 현재 바이든 정부가 임기 동안 지속적으로 추진할 전략적 방향성이 어떠한지를 확인할 수 있는 기회도 제공하였다.

코로나19, 미중 간의 무역 갈등, 각종 신기술과 그로 인한 산업적 변화가 동시 다발적으로 전개되면서 많은 사람들이 이에 적응하기 위한 개인적인 대안들을 모색하고 있다. 이러한 변화는 단적으로 출산율 하락, 1인 가구 증가 등 인구구조적인 변화로 이어지고 있으며, 이는 다시 경제·산업구조 변화를 야기하게 될 것이고, 이러한 구조적 변화는 지금 당장 처방전을 내놓지 않을 경우 해결되지 않는 문제들이다. 이에 본서를 통해 이러한 구조적인 변화에도 주목할 것을 권고하고자 하였다.

미래 시나리오 프로젝트라는 이름 아래 본서의 저자들은 앞으로도 매년 전망서를 출간하게 될 것이다. 어쩌면 내년에도 올해와 마찬가지로 전혀 예상치 못한 새로운 환경이 도래할지 모른다. 어쩌면 이렇듯 누구도 예상하지 못한 일들이 반복적으로 발생하는 작금의 상황이야말로 이와 같은 프로젝트가 더더욱 필요하다는 반증 아닐까 싶다. 본서가 많은 분들에게 작은 단서가 되어주길 고대한다.

김광석, 김상윤, 박정호, 이재호

차 례

PART 3 기술 TECHNOLOGY

이재호

PART 4 정책 POLICY

박정호

PART 1

FUTURE SCENARIO 2022

경제

ECONOMY

미래
시나리오
2022

01 2022년 세계 경제 대전환의 단서를 찾다

김광석

자료: The Economist, 2020.1

길을 걷다 우연히 웅덩이에 빠졌다. 2020년에는 팬데믹 경제 충격이 있었고, 길고 긴 터널을 지나왔다. 2021년에는 백신이 보급되고, 바이든 리더십이 등장하며, 각국의 인프라 정책을 중심으로 한 광폭 행진이 이어지고 있다. 세계 경제가 예상했던 수준 이상으로 빠른 회복세를 보이고 있다. 각 경제 주체들에게는 2022년 세계 경제가 어떻게 전개될지, 무엇을 준비해야 할지에 대한 거대한 질의가 주어졌다. 저자들은 이 책을 통해 그 질의에 답변하고자 한다.

2022년 세계 경제는?

2021년 세계 경제는 한마디로 '이탈점point of exit'이다. 2020년 저점을 형성하고 2021년에 뚜렷한 반등이 지속되고 있다. 코로나19 치료제와 백신이 개발·보급돼 조기 안정화된다는 가정에 따른 예측이지만, 2021년 이내에 코로나19가 종식되지 않을지라도 회복세는 나타날 것으로 보인다. 각 경제 주체들은 2020년 당시와 같은 수준의 공포감을 느끼지 않을 것이기 때문이다. 또한 경제 활동 자체를 멈추기보다 주어진 환경에 순응된 방식으로 기업들은 경영하고, 소비자들은 소비하는 모습을 보이기 시작했다. 위드 코로나with corona, 즉 경험을 통해 코로나19를 안고 살아가는 방법을 터득한 것이다.

2022년 세계 경제는 한마디로 '회귀점point of turning back'에 비유될 법하다. 다시 말해, 코로나19 이전 수준을 향해 접근하는 시기인 것이다. IMF는 세계 경제 전망 보고서•를 통해 세계 경제가 2020년 -3.3%의 충격을 경험한 이후 2021년과 2022년 각각 6.0%, 4.4%로 성장할 것으로 전망했다. 2021년 세계 경제 성장률은 기저효과base effect에 따른 반등이 주요한 영향을 미쳤지만, 2022년은 기저효과 요인이 점차 사라지면서 정상적인 경제 환경으로 점차 접근할 것으로 보인다. IMF가 2021년 1월에 발표한 세계 경제 성장률 전망치는 2021년과 2022년 각각 5.5%, 4.2%였는데••, 최근 4월 발표한 수정 전망치는 2021년과 2022년 각각 0.5%p, 0.2%p 상향 조정했다.

•
IMF(2021. 4) World Economic Outlook.

••
IMF(2021. 1) World Economic Outlook update.

IMF의 2022년 세계 경제 전망

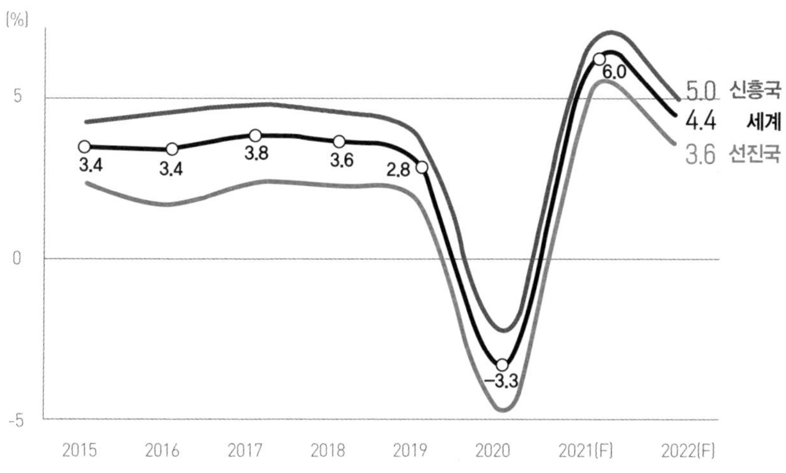

자료: IMF(2021.4.) World Economic Outlook.

주: IMF의 표현인 AE Advanced Economies를 선진국으로, EMDE Emerging Market and Developing Economies를 신흥국으로 기준함

2022년 한국 경제는?

코로나19가 확산하기 전까지만 해도 경제는 회복되고 있었다. 2019년 말부터 수출, 생산, 투자, 소비 부문에 걸쳐 경기 저점으로부터 반등하는 흐름이 나타났다. 2020년 한국 경제도 세계 경제의 회복세와 함께 완만하게 회복되는 국면이었다. 그러나 회복의 기대감도 잠시, 2020년 1월 25일 설 연휴를 전후로 코로나19 발생 및 확산의 불안감이 나타나기 시작했다. 2020년 경제는 코로나19의 소용돌이가 헤집고 간 충격적인 위기 구간이 되고 말았다.

2021년 한국 경제는 경제 위기로부터 서서히 회복을 시작하는 '이탈점'이다. 2021년 코로나19의 심각한 재확산은 없지만, 국지적이고 간헐적인 확산

2022년 한국 경제 전망

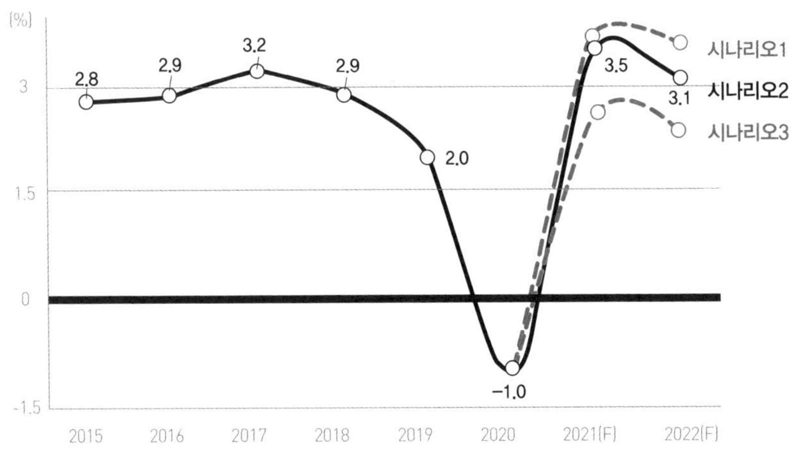

자료: 한국은행, IMF

주1: 2020년 경제 성장률은 한국은행 잠정치 기준임.
주2: 시나리오2는 기준이 되는 전제를, 시나리오1은 코로나19 방역 수준과 백신 보급의 낙관적 전제를, 시나리오3은 비관적 전제를 의미함

이 이어질 것으로 전제해보자(시나리오2). 불확실성이 점차 해소되면서, 소비와 투자가 지속적으로 회복되고 기업들의 실적도 점차 개선세를 보인다. 특히, 정부의 확장적인 재정 정책과 한국판 뉴딜 사업 등을 중심으로 한 정부 부문의 투자가 경제 회복에 상당한 기여를 할 것으로 예상된다.

2022년은 한국 경제도 '회귀점'을 찾아가는 해가 될 것으로 판단된다. 세계 주요국들의 경제가 뚜렷하게 반등함에 따라, 한국의 대외 거래 환경도 함께 개선되고 있다. 특히, 자동차, IT기기, 가전제품 등에 들어가는 반도체 수요가 급증하면서 공급가가 상승하고 있다. 반도체 단일 품목이 한국 수출의 약 20%가량을 차지하고 있는 만큼 반도체 가격과 수요 증가는 한국 경제 회복에 상당한 기여를 할 것으로 전망된다. 그뿐만 아니라 3월 소비 심리 지수가

100 이상으로 회복되는 등 가계의 소비 심리와 기업의 투자 심리가 코로나19 이전 수준으로 돌아온 상황이다. 세계 주요국들은 '백신 여권 제도'를 도입하는 등의 분주한 움직임을 통해 백신 보급 속도를 가속화하고 있고, 경제 주체들의 경제 활동 참여가 독려되며, 피해가 집중됐던 항공·여행·면세점업이나 기타 대면 서비스업이 점차 회복세를 나타낼 전망이다.

불균형 경제 회복… 나라 간 격차 벌어지나

자산 버블이 터질까? 2020년에 혹독했던 경제 충격을 경험한 세계 경제는 가용할 수 있는 모든 정책 수단들을 동원해 경제 회복에 집중했다. 세계 각국은 역사상 가장 낮은 기준 금리와 넘쳐나는 유동성을 경험했다. 세계적으로 자산 가치가 폭등했다. 2021년 현재, 곳곳에서 자산 버블을 우려하는 목소리에 힘이 실리고, 기준 금리 인상이 버블 붕괴의 신호탄이라는 경고의 메시지도 등장했다. 처음 주식 계좌를 개설한 투자자에게도, 내 집 마련을 해야 할지 말아야 할지 고민하는 실거주자에게도 기준 금리의 움직임을 지켜보는 일은 그 어느 때보다 중요한 일이 됐다.

국내외 주요 기관들은 하나같이 2021년과 2022년 경제가 회복될 것이라고 발표하고 있다. IMF뿐만 아니라 모든 국제 기구와 민간 연구 기관들이 같은 목소리를 내고 있다. OECD는 경제 전망 보고서•를 통해서 2021년과 2022년 각각 5.6%, 4.0% 수준으로 세계 경제가 안정화될 것으로 전망했다.

•
OECD(2021. 3) OECD Economic Outlook, Interim Report.

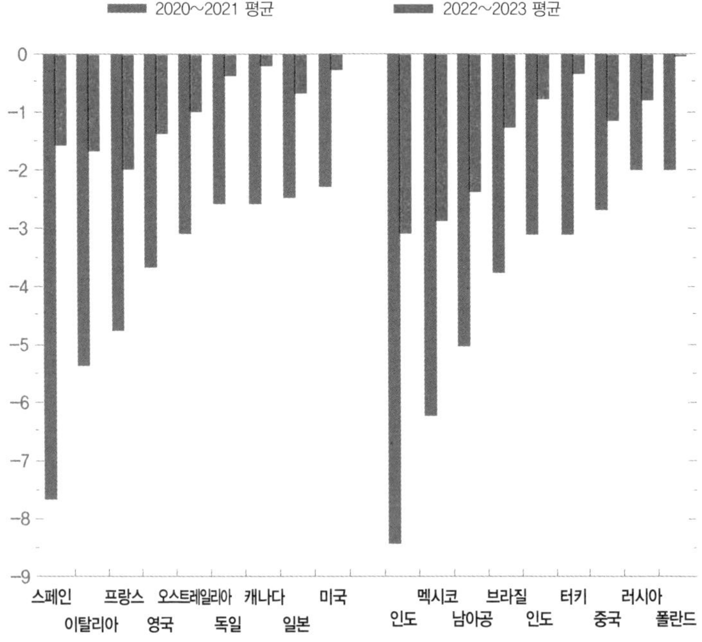

자료: IMF(2020.10) World Economic Outlook

세계은행World Bank이 발간한 세계 경제 전망 보고서[•]도 같은 기조다. 상당한 수준으로 경제 회복세가 진전되고 있다. 물론, 이 책을 읽고 있는 독자마다 산업, 지역 및 지위 등에 있어 차이가 있기 때문에 그 회복세를 실감할 수도, 그렇지 않을 수도 있겠다. 분명한 것은 2020년 2분기 저점을 기록한 이후 더디지만, 오르막을 오르고 있다는 사실이다.

•
World Bank(2021.1) Global Economic Prospects.

불균형 회복(Divergent Recoveries)

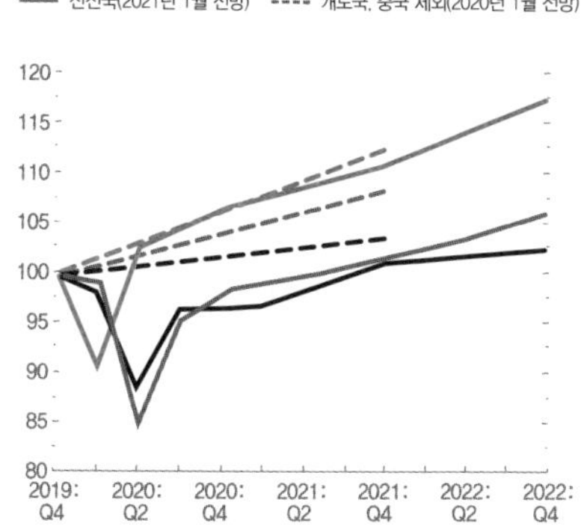

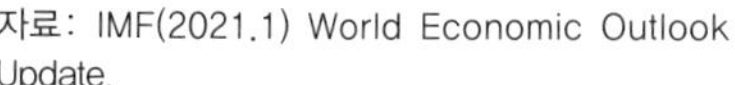
자료: IMF(2021.1) World Economic Outlook Update.
주: Index, 2019:Q4 = 100

권역별 코로나19의 경제 충격

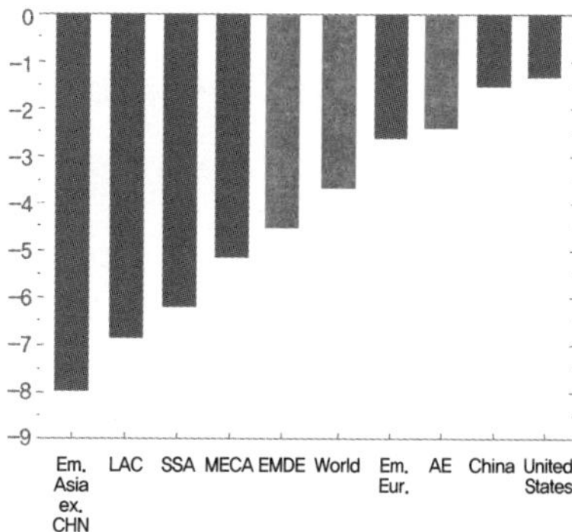

자료: IMF(2021.1) World Economic Outlook Update.
주: AE = advanced economies; Em. Eur. = emerging and developing Europe; EMDE = emerging market and developing economies; LAC = Latin America and the Caribbean; MECA = Middle East and Central Asia; SSA = sub-Saharan Africa.

각 보고서들이 제시하는 쟁점은 코로나19 이전 수준으로 세계 경제가 회복되느냐다. 기준 금리를 인상한다는 말은 곧 코로나19의 경제 충격으로부터 완전히 회복됐음을 뜻한다. 경제가 회복되고는 있으나, 코로나19 이전 수준으로 돌아가기까지는 상당히 지체될 것으로 보인다. 대표적인 잣대가 GDP 갭이다. GDP 갭은 실제 GDP와 잠재 GDP의 차이값을 말한다. IMF는 세계 주요국들이 2022년까지도 GDP 갭이 마이너스를 면치 못할 것으로 전망했다. 즉, 코로나19 이전 수준으로 경제가 회복되는 데 시간이 더 걸린다는 의미다. 1997년 아시아 외환 위기나 2008년 글로벌 금융 위기 때도 그랬듯, 역사적으로 경제 위기를 경험한 이후 이전 수준으로 돌아가는 데는 상당한 시간이 걸렸다.

2021~2022년 세계 경제는 불균형 회복divergent recoveries에 놓일 것으로 보인다. 중국은 이미 코로나19 이전 수준으로 돌아온 모습이고, 선진국들은 2022년 하반기 정도는 되어야 할 것이다. 반면, 신흥개도국들은 2022년까지도 어려울 것으로 보인다. 아시아, 남미, 아프리카 등의 신흥국들은 다른 권역에 비해 코로나19의 충격을 더 많이 받았고, 보건·의료·방역 시스템이 상대적으로 취약할 뿐만 아니라 백신 및 치료제 확보 여력도 현저히 떨어지기 때문이다. 더욱이 많은 선진국들이 리쇼어링reshoring 정책을 적극 추진하고, 글로벌 가치 사슬GVC, Gloval Value Chain을 국내 가치 사슬DVC, Domestic Value Chain로 편입시켜나가고 있어 신흥국들로 유입되는 해외 직접 투자도 예전만 못하다.

기준 금리, 언제쯤 인상될까?

2022년 기준 금리는 인상될까? 백신과 치료제가 세계에 보급되고 연내에 코로나19 종식 선언을 하게 되면, 미국을 필두로 한 선진국들이 기준 금리를 인상할까? 글로벌 보복적 소비와 보복적 투자가 급진전됨에 따라 물가가 상당한 수준으로 오르면, 각국은 기준 금리를 인상할까? 현재 시나리오라면 그에 대한 답변은 '매우 어렵다'가 될 것이다. 선진국들도 코로나19의 경제 충격으로부터 극복하는 데 상당한 시간이 걸리겠지만, 신흥국 경제가 충분히 회복되지 않은 상황에서 기준 금리를 인상하면 더 큰 소용돌이가 올 수 있기 때문이다. 즉, 글로벌 '불균형 회복'은 완화적 통화 정책을 긴축적으로 전환하기 어렵게 만들 것이다. 물론, 경기가 빠른 속도로 회복되면서 시장 금리(예를 들어 미국 10년물 국채금리)는 뚜렷하게 상승하고 있고, 통화 가치의 격차 확대로

한국과 미국의 기준 금리 추이 및 전망

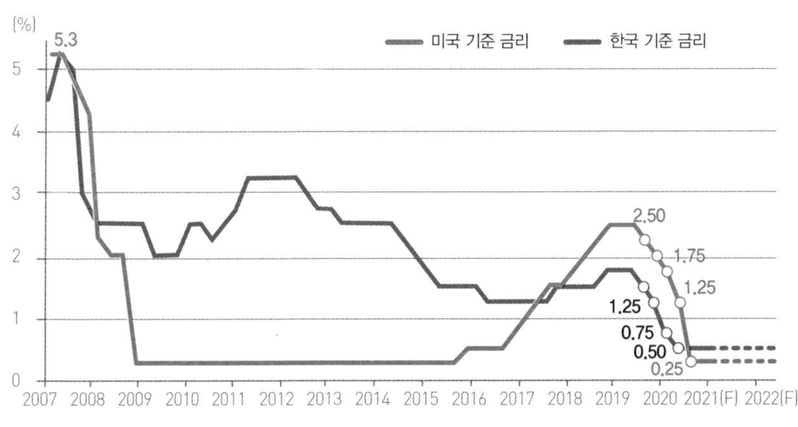

자료: 한국은행, Fed, 국제금융센터

인한 외환 유출을 우려한 몇몇 신흥국들은 기준 금리를 인상할 수 있다. 이러한 글로벌 경제 환경을 고려하고 있는 선진국들은 신흥국발 경제 위기를 초래하지 않도록 하기 위해서라도 기준 금리를 인상할 수 없는 여건이다.

통화 정책 기조는 쉽게 변화하지 않는다. 미국 경제가 금융 위기 이전 수준으로 회복됐다고 판단하는 데 상당한 시간이 걸렸음을 기억해보자. 2008년 글로벌 금융 위기로 미국이 제로 금리를 도입한 이후 2015년 12월이 되어서야 기준 금리를 한 차례 인상했고, 2016년 12월이 되어서야 또 한 차례 인상했다. 더욱이, 2020년 미국 연방준비제도가 평균 물가 목표제AIT, Average Inflation Targeting를 도입해 일정 기간 물가가 상승하는 현상도 용인할 것이기 때문에 단기간 안에 기준 금리를 인상하기 어려울 것으로 판단된다. 미국 연방준비은행은 현행 월 1,200억 달러(한화 약 133조 원) 규모의 자산 매입을 통해 유동성을 공급하고 있다. 2021년 혹은 2022년부터 그 규모를 소폭으로 축소해나갈 수는 있겠지만 이마저 통화 정책의 기조가 전환되는 것을 뜻하지는 않는다.

원자재 가격 언제까지 상승할까?

2020년 2분기 코로나19의 경제 충격이 집중되면서 원자재 가격이 최대 60% 급락했다. 2021년 경기 회복의 신호들이 차츰 나타나고, 백신 보급이 시작되면서 원자재 가격이 급등하고 있다. 필자가《포스트 코로나 2021년 경제 전망》을 통해 원유선물 ETF 등의 투자를 추천한 이유다.

가장 두드러진 흐름은 금속 원자재를 통해 확인할 수 있다. 건설, 기계장비, 인프라, 운송 등의 금속 원자재들은 산업의 쌀이라 할 수 있다. 특히, 구리는 '구리 박사'(닥터 코퍼Doctor Copper)라고 불릴 만큼, 경기가 하락할지 둔화할지 보여주는 척도(선행지표) 역할을 한다. 구리는 2020년 3월 톤당 4,618달러(한화 약 513만 원)에서 2021년 3월 15일 9,053달러(한화 약 1,007만 원)선까지 치솟았고, 8년 만에 최고치를 기록했다. 그 밖에도 알루미늄, 팔라듐, 니켈, 아연, 코발트 등의 산업용 금속 가격이 뚜렷한 상승세를 보이고 있다. 둘째, 에너지 가격도 마찬가지다. 국제 유가가 코로나19 이후 가장 높은 수준을 기록했다. 석유는 세계 무역액의 7%를 차지하는 부동의 1위 품목이다. 경제가 회복될 때 자연스럽게 수요가 늘어나는 원자재다. 서부텍사스유WTI는 2020년 선물 시장에서 배럴당 37.6달러(한화 약 4만 원)까지 떨어졌다가 13개월 만에 60달러(한화 약 6만 원) 선을 넘어섰다. 두바이유와 브렌트유도 비슷한 흐름이 나타나고 있다. 셋째, 농산물 가격의 강세는 불안하기까지 하다. 2014년 이후 곡물 가격이 최고 수준까지 상승했다. 옥수수는 2020년 저점에서 81.8%나 올랐고, 대두나 소맥도 각각 67.4%, 39.8% 상승했다.

국제유가 추이

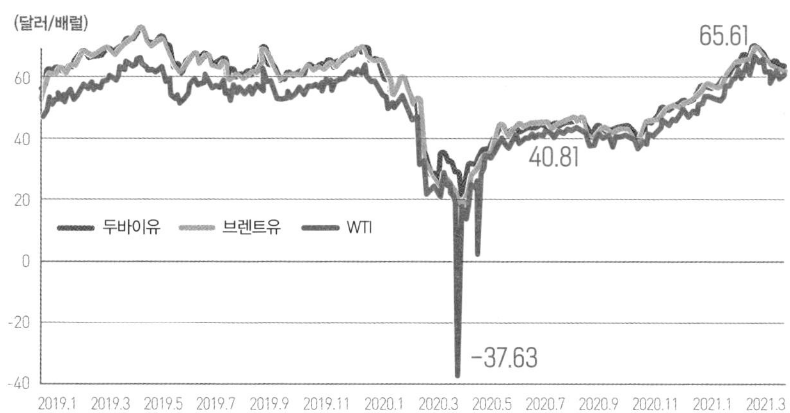

자료: Petronet

거의 모든 원자재 가격이 일괄적으로 상승한 이유는 통화 정책이나 경기 회복과 무관하지 않다. 세계 각국은 역사상 가장 낮은 기준 금리를 도입하고, 최대 규모의 유동성을 공급하는 과정에서 거의 모든 물건의 가치가 상승했다. 게다가 백신 보급과 경기 부양책의 기대감, 그리고 경제 회복세가 동시에 작용하면서 전반적인 원자재 수요를 이끈 것이다. 결과적으로 코로나19 충격이 원자재 가격을 급락시켰듯, 팬데믹 종식의 기대감이 이를 다시 급등시킨 것이다.

금속 원자재 가격 상승은 인프라 정책이 가장 큰 배경이다. 구리는 전기와 열 전도성이 높아 친환경 에너지 발전 시설과 전력 시설 및 전기차 배터리 등에 쓰인다. 바이든이 파리기후협약Paris Climate Agreement*에 재가입하고 친환경 산업에 추진력을 싣는 것도 한몫한다. 희귀 금속인 팔라듐palladium은 자동차 배기가스 감축제로 사용되고, 백금platinum은 친환경 수소를 생성하는 전해질

국제유가 동향 및 전망

(달러/배럴)

구분	2019	2020	2021					2022				
			1분기	2분기	3분기	4분기	연간	1분기	2분기	3분기	4분기	연간
WTI	**57.0**	**39.2**	58.1	61.9	59.2	56.5	**58.9**	58.5	56.5	56.0	57.0	**57.0**
브렌트유	**64.4**	**41.7**	61.1	65.3	62.7	60.0	**62.3**	62.0	60.0	60.0	61.0	**60.7**

자료: EIA(2021.5) STEO(Short-Term Energy Outlook).

분해 과정에서 필수적인 역할을 하는 등 산업용 금속 원자재 수요는 지속적으로 늘어날 것으로 전망된다. 중국 경제가 이미 코로나19 이전 수준으로 회복됐고, 적극적인 산업 정책들이 집중되면서 원유 수요가 크게 늘고 있다. 세계 주요국들이 정상적인 경제 수준으로 차츰 접근하는 것도 국제 유가 상승의 배경이 된다. 한편, 전 세계 콩(대두)의 3분의 2를 수입하는 중국으로부터 수요가 급증하고 있고, 바이든 행정부가 바이오 연료 정책에 힘을 쏟으면서 옥수수와 대두의 수요가 늘어나고 있다. 백신이 보급되고 코로나19 종식 시점이 가까워지면서, 원자재 가격은 상승세를 지속할 것으로 전망된다.

2022년 회귀점, 어떻게 대응해야 하는가?

완화적인 통화 정책 환경이라는 타이밍을 놓치지 말자. 2020년은 불확실

•
2015년 12월 13일 195개 당사국 모두 온실 감축을 이행키로 합의해, 기후 변화 문제에 대한 국제적 합의가 마련된 역사적 이벤트다. 2020년 이후 출범할 신기후변화체제에 대한 합의를 이루어 2100년까지 전 세계 평균 기온의 상승폭을 2℃ 이하로 유지하는 것을 목표로 한다.

성이 고조됨에 따라 기업들이 적극적인 투자를 단행하기에 상당한 위험 부담이 있었다. 2021년은 불확실성이 해소되고 각국의 성장 드라이브가 집중됨에 따라 기업들이 신산업과 신시장 진출의 기회가 상당하다. 2022년은 세계 경제가 코로나19 이전 수준으로 회귀되는 시점이 될 것으로 보인다.

정부는 중앙은행의 통화 정책 부담을 줄일 수 있는 정책을 제시해야 한다. 현재 막대한 예산 지출로 과다한 국가 채무가 형성되고 있다. 재정 지배fiscal dominance는 중앙은행의 기준 금리 결정에 상당한 부담을 주기 마련이다. 만일 세계 주요국들이 기준 금리를 인상해나가는 시점에, 우리나라만 재정 지배 압력으로 금리를 정상화하지 못하면, 외국인 투자 자금이 빠른 속도로 이탈할 수 있다. 그러면 또 다른 혼란에 빠질 수 있다. 적극적인 재정 정책이 필요한 상황이지만, 반드시 세출이 세입으로 연결될 수 있도록 재정을 편성해야 할 것이다. 예산 지출이 더 많은 일자리와 민간 기업의 투자로 연결될 수 있도록 유도하는 정책이 필요한 것이다. 한편, 기업들이 기술 기업들과 인수합병M&A하거나, 디지털 관련 해외 인재들을 유치하고, 신 유망 산업으로 포트폴리오를 전환하는 등의 기업가적 움직임을 촉진하는 정책들이 필요하다. 중소기업들도 신시장을 개척해나가고, 차별화된 기술을 활용해 독자적인 상품 개발에 착수하고, 디지털 기술들을 활용해나갈 수 있도록 마중물 정책이 마련되어야 하겠다.

기업들은 정책적으로 유리하게 조성된 투자 환경을 활용해야 한다. 한국판 뉴딜 정책을 통해 다양한 디지털 인프라와 친환경 에너지 인프라를 확대하고, D · N · A Data, Network, AI 분야의 신산업을 집중적으로 육성하는 것이 대표적이다. 정부는 어떻게든 기업들의 투자를 이끌기 위한 노력이 집중되고, 완화된 규제 환경을 조성하기 위해 노력하고 있다. 완화적 통화 정책 기조가 상당 기간 유지된다는 것은 투자에 있어 매우 매력적인 조건이 형성된 것을 의미한다. 국내외적으로 경기가 뚜렷하게 회복되기 전에 코로나19 이후의 경제와 산업의 변화를 그려나가고, 그 안에서 영위할 만한 유망 산업들을 발굴해 적극적으로 투자를 단행해야 한다. 한편, 원자재 가격의 상승세는 많은 기업들의 비용 부담으로 연결될 수 있다. 차질 없이 원자재를 공급받을 수 있도록 주요국의 원자재 공급 기업들과 자원 파트너십을 강화해나가거나, 자원 개발 사업 등의 영역으로 다각화하는 전략도 고민해봐야 한다.

코로나19의 추세를 예상할 수는 없지만, 금리의 향방은 가늠할 수 있다. 당분간 완화적 통화 정책 기조를 유지하는 것은 틀림없는 사실이고, 기조의 변화가 일어나는 시점에는 충분한 신호들signals이 나올 것이다. 백신 보급과 같은 코로나19의 종식을 알리는 이슈들도 있고, 미국의 경우 시장의 혼란을 막기 위해 선제적 지침forward guidance을 제시할 것이다. 다만 무턱대고 투자를 단행하는 것이 아니라, 경제의 흐름과 트렌드를 이해하며 가치가 높게 형성될 투자 대상을 찾는 노력이 필요하다. 가계는 원자재 투자를 고려할 수 있다. 국제 유가나 주요 원자재 가격의 상승세를 반영한 ETF Exchange Traded Fund(상장지수펀드) 혹은 ETN Exchange Traded Note(상장지수증권)을 투자 포트폴리오에 반영할 수 있다. 특히, 구리, 팔라듐 등과 같은 친환경 산업 관련 원자재는 중장기적으로 유망할 것으로 본다.

2022년 불균형 회복, 세계 경제 전망은?

김광석 앞서 글에서 2021~2022년 세계 경제가 불균형 회복에 놓일 것으로 보인다고 언급했습니다. 선진국과 신흥국들의 회복 속도가 다를 텐데, 아무래도 회복 속도가 빠른 나라에 비즈니스 기회가 더 많겠죠. 그리고 신시장 발굴, 박람회 개최 등은 선진국 중심으로 전개될 가능성이 높습니다.

무엇보다 핵심은 통화 정책인데요. 적절한 시기에 통화 정책을 정상화해야겠지만 쉽진 않을 겁니다. 세계 금리 결정에 영향을 줄 수 있는 미국의 경우, 2023년까지도 코로나19 이전 수준으로 회복되긴 어려울 거예요. 미국은 글로벌 금융 위기 때도 2015년 12월에 이르러서야 금리를 인상하기 시작했고, 그마저도 굉장히 서서히 올렸어요. 경제 성장률만 제자리로 돌아오면 되는 게 아니라, 고용 정상화도 이루어져야 하는데 이것도 굉장히 더디게 회복돼요. 경제가 회복되어도, 기업 입장에선 언제 무슨 일이 있을지 모르니까 보수적으로 사람을 뽑죠. 그러니까 실업률 같은 지표가 회복되려면 오랜 시간이 필요하고 이후에 차츰차츰 금리를 인상하는 것이죠.

다시 한번 강조하지만, 2022년 세계 경제의 특징은 '불균형 회복'이에요. 신흥국들이 회복하지 못했는데 금리를 인상하면, 금리 격차가 벌어지면서 또 다른 경제 위기가 올 수 있기 때문에 기준 금리 인상을 비롯한 통화 정책 기조의 전환은 금세 이루어지지 않을 것입니다. 또 한 가지, 모든 국가들의 난제가 바로 글로벌 가치 사슬GVC을 국내 가치 사슬DVC로 전환하는 것입니다. 이참에 신흥국들에 의존했던 생산 기지를 현지로 보내자는 노력도 가중되고 있어요. 신흥국에서 생산되는 제품에 대한 규제를 강화하면서 자국우선주의, 보호무역주의적인 경향으로 연결될 수도 있습니다. 이런 것들이 어떻게 진전되느냐에 따라 2021년, 2022년 경제 모습을 바꿔놓지 않을까 생각합니다.

박정호 선진국과 신흥국 간 발전 정도의 차이에서 비롯되는 첫 번째 현상은 물가 상승입니다. 신흥국은 주로 농산물 수급이나 광물 자원 수급을 담당했는데요. 하지만 구호 물자나 백신 보급에서 소외되거나 후순위로 밀려났기 때문에 경제적 피해를 봤다는 인식이 높아졌습니다. 이를 벌충하기 위해 자원과 농산물을 '무기화'할 가능성이 있어요.

이런 '자원과 농산물의 무기화' 과정에서 소소한 관세가 붙게 되면 전반적으로 제품 가격이 상승하게 되죠. 대표적으로 우리가 스마트폰 하나를 만들 때 희소 금속이 21개 정도 필요해요. 이 희소 금속은 몇 개국에서만 생산되는데, 이들이 관세를 200~300% 정도 부과하는 순간, 최종 제품 가격은 당연히 오르게 됩니다. 그리고 이들 국가 중 일부는 관세 올리는 것이 목적이 아니죠. 본인들의 통상 환경이나 경제 환경에서 얻어낼 것을 얻어내고자 하는 것입니

한국의 물가 상승률 추이

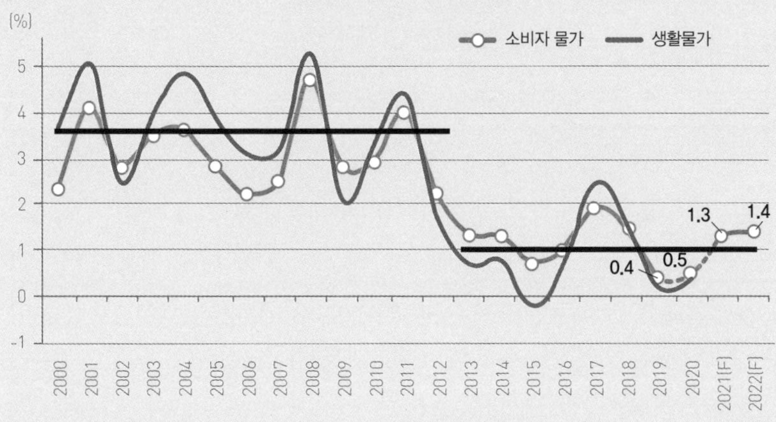

자료: 한국은행

주: 2021년과 2022년 소비자물가는 한국은행의 2021년 2월 전망치

다. 그 과정에서 수급에 지연이 일어나면 제품이 수요만큼 공급되지 않으니까 제품 가격이 상승할 수 있는 여지가 많습니다.

김광석 물가 상승이 우려되는 한편, 이것은 '착한 인플레이션'이라고 표현할 수 있습니다. 인플레이션이라기보다 리플레이션reflation이라는 표현이 더 정확한데요. 가장 이상적인 물가 상승률은 선진국을 기준으로 2%입니다. 우리나라 물가 상승률이 2019년, 2020년엔 1%가 채 안 됩니다. 2021년 물가 상승률은 한국은행 전망치로 1%입니다. IMF는 선진국 물가 상승률을 2021년 1.3%, 2022년 1.4% 정도로 전망했고요. 안정적인 물가 상승률보다 밑도는 수준이죠. 지금까지 디플레이션, 즉 물가가 떨어지는 것을 우려했던 거예요. 그런데 이런 우려를 자연스럽게 완화해주는 착한 인플레이션이라는 거죠. 이런 것들은 긍정적인 기회라고 볼 수 있어요.

다만, 제품 가격이 상승함에 따라서 식량이 안보 문제의 대상이 돼요. 앞서 박정호 교수님이 '자원과 농산물의 무기화'라고 표현하셨는데 적절한 표현입니다. 식량이 안보 문제가 되고 제품 가격이 상승하면, 양극화 이슈와 맞물리게 됩니다. 이때 물가 상승률은 2% 미만인데 서민들의 충격은 계속 가중된다는 것이 중요해요. 식료품과 같은 필수재적 소비 지출 분야의 가격이 치솟으면 고소득층은 별문제가 없어요. 그런데 저소득층에겐 굉장한 타격을 주죠. 저소득층은 전체 소비 지출액에서 식료품 소비가 차지하는 비중이 높으니까요. 최근 '에그플레이션eggflation(달걀값 급상승을 뜻하는 신조어)'이라는 단어가 떴을 정도잖아요. 현대경제연구원으로 재직하던 2013년에 '식탁 물가'를 주제로 보고서를 내면서, 물가가 안정돼도 식탁 물가가 급등하고 있음을 강조한 적이 있는데요. 이렇게 식탁 물가가 치솟으면 서민들이 큰 타격을 받게 됩니다. 따라서 정부에서는 원자재 수급 안정을 위한 정책 기조를 만드는 것이 중요합니다. 기업들의 적극적인 노력 역시 맞물려야 하고요.

백신 이후 시나리오: 대면 서비스업의 일시적 성장, '보복적 소비' 폭증할 것

김광석 2021년 2월 26일, 한국에서 백신 접종이 시작됐습니다. 백신이 보급되면서 이후에 등장할 이슈 중 하나가 '백신 여권'이에요. 다른 나라에 입국할 때 일종의 '백신 접종 증명서'를 보여줘야 하는 건데요. 유럽의 경우 2차 확산이 진행되면서 솅겐 조약Schengen Agreement 가입국들도 일시적으로 이동의 자유가 없어졌어요. 그런데 백신 접종이 시작되고, 백신 접종자들에게 국가

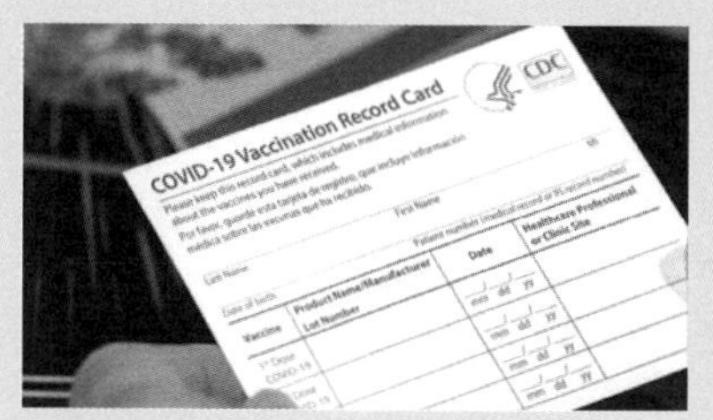

백신 여권

간 이동을 허락해준다면 백신 보급 속도가 더 빨라질 수 있다고 봐요. 지금 여행 수요가 멈췄는데, 백신을 접종한 사람에 한해 자가 격리 없이 여행이 가능해진다면 어떨까요? 특히 선진국을 중심으로 백신 여권 도입이 추진될 것이고, 관광 수요나 백신 보급 속도에 영향을 미칠 거라고 생각합니다.

백신 여권이 특히 중요하게 활용될 이벤트가 바로 도쿄올림픽이에요. 도쿄올림픽을 성공적으로 유치하기 위해서 일본은 백신 접종을 어느 나라보다 앞당길 거예요. 이 외에도 수많은 관련 업계 종사자들이 백신 여권을 활용해 다양한 이벤트를 촉진하려고 할 거고요. 백신 접종은 코로나19 종식 시점을 결정짓는 중요한 요소잖아요. 백신이 '불확실성'을 얼마나 감소시키는지에 따라 산업 전반에 걸쳐 정책적인 영향을 미칠 거라 생각합니다.

그리고 코로나19 종식 시점이 가까워지면 '보복적 소비' 현상을 목격하게 될 것입니다. 보복적 소비는 코로나19 때문에 억눌렸던 소비가 폭증하는 현상인데요. 특히 대면 교육 서비스나 마이스MICE, Meeting · Incentive trip · Convention · Exhibition 산업 등은 일시적으로 소비가 많이 늘어날 겁니다.

하지만 일시적인 현상일 겁니다. 중장기적으로는 전자상거래, 온라인 쇼핑 등 비대면 서비스가 중심이 될 것이라 생각해요. 비대면 서비스는 코로나19와 무관하게 계속 성장하고 있었고, 대면 서비스 의존도는 줄어들고 있었어요.

코로나19 충격으로 급격히 줄어들었던 거죠.

한편, 코로나19 충격에도 불구하고 도·소매 판매액은 줄지 않았습니다. 오히려 늘었어요. 총량은 유지가 되지만, 그 안에서 구조가 바뀔 뿐이죠. 대면이냐, 비대면이냐, 그 방법이 바뀌었을 뿐입니다. 코로나19가 종식되면서 일시적으로 대면 서비스가 늘어나기 때문에, 자연스럽게 비대면 서비스 수요가 줄어들 수 있겠지만 이는 일시적인 변화일 뿐 중장기적인 변화는 아닐 거라고 봅니다.

이재호 2021년 한 해만 놓고 보면 한국의 경제 성장률 전망치가 상대적으로 낮아 보일 수 있습니다. 2020년 바닥을 쳤던 기저효과에 의해 다른 나라들의 성장률이 크게 높아졌으니까요. 따라서 코로나19로 인한 구조적 경제 충격을 제대로 살펴보려면 2020년과 2021년의 평균 경제 성장률을 따져봐야 합니다. 다들 아시겠지만 한국의 평균 성장률은 2020년의 선방 덕분에 다른 선진국들에 비해 매우 높습니다. 적어도 경제 측면에서는 코로나19가 한국에게 기회로 작용하고 있는 것이지요.

국가 전체 성장률뿐만 아니라 온라인, 오프라인 비즈니스 분석에서도 평균 성장률을 살펴볼 필요가 있습니다. 코로나19가 종식될 무렵에 오프라인 여행이나 쇼핑에서 보복적 소비가 일시적으로 일어날 수 있습니다. 그러나 이를 두고 오프라인 비즈니스가 다시 활황이다라고 말하긴 어려울 것입니다. 코로나19 시대를 겪으며 사람들의 생활습관은 이미 온라인으로 전환됐어요. 오프라인 비즈니스에서 기저효과와 일시적 반등효과를 평균적으로 따져보면 결국 일시적 반등은 장기적 관점에서 큰 의미가 없을 수 있습니다.

박정호 대면 서비스 업종의 경우, 1년 이상 코로나19가 지속되면서 사업을 접거나 축소한 곳이 많습니다. 하지만 종식 시점에 대면 서비스 산업 부문에서 보복적 소비가 폭증할 거란 전망에는 동의합니다. 대면 서비스업은 완전히 사라질 순 없거든요. 아마 해당 시장은 남은 수요를 충족시킬 수 있는 공급자가 살아남는 방식의 독과점 구조로 개편될 거라 봅니다.

대표적인 대면 서비스업이 호텔업입니다. 최근 유명 국내 호텔들이 매각되고 주상복합으로 바뀌는 현상을 목격할 수 있습니다. 여행업도 마찬가지입니다. 기존 여행사들도 여행 플랫폼 기업으로 사업 방향을 전환하는 추세입니다. 예전처럼 패키지 여행 상품을 핵심에 두는 대신 다양한 여행 상품, 항공권, 숙박권을 이어주는 플랫폼으로 변모하고, 서비스의 형태가 달라질 것입니다.

김상윤 유통업의 경우 소상공인의 폐업은 늘어나고 있는 반면, 비교적 규모가 큰 업체들은 오히려 선전하고 있는 상황이 펼쳐지고 있습니다. 어느 정도 명맥을 유지하던 중소 유통업체들조차 대형 플랫폼에 들어가서 스마트 스토어 형태로 전환한 경우도 많습니다.

디지털 전환digital transformation이 이루어졌다는 측면에서 장점이라고 볼 수도 있지만, 소상공인 업체가 대형 사업자에 종속되는 구조가 될 수도 있어요. 오프라인 매장으로 명맥을 유지하던 경쟁력 있는 업체들이 스마트 스토어 형태로 전환하면서 온라인 매장만으로 운영하는 것은, 결국 다수가 폐업을 하고 살아남는 업체는 대기업 플랫폼에 속하게 되는 결과를 가져오는 거죠. 대기업 플랫폼에 유입되면 새로운 시장을 키우는 효과도 있지만, 사실 소상공인 입장에선 원치 않던 방향일 수도 있거든요. 어쩔 수 없이 매장을 철수하고 스마트 스토어 형태로 들어갈 때, 자신의 사업 방향과 다른 방향으로 갈 수도 있고, 수

수료 구조도 생길 수 있으니까요. 호텔업이든 유통업이든 중견 이상의 사업자들이 많은 몫을 가져가고 독과점 구조로 개편되는 것이 공통적인 현상이라고 할 수 있습니다.

지나친 조급함은 금물, 신뢰 기반으로 백신 접종 완료해야

김광석 백신 보급이 어느 정도 이루어진 시점은 2021년 3분기 정도가 될 텐데요. 우리는 어떤 대비를 해야 할까요?

박정호 우선 백신이 어느 정도 보급된 시점에 코로나19 재확산이 일어날 가능성이 있다는 점을 말씀드리고 싶어요. 방심하기 쉬우니까요. 백신 접종률이 80~90% 정도까지 미치지 않은 상황에서는 재확산 가능성이 있다는 점을 염두에 두고 있어야 합니다.

김상윤 백신에 대한 국민들의 신뢰도 많이 부족하죠. 백신이 있으면 과연 코로나19로부터 안전할 수 있을까 하는 불안이 여전히 존재해요. 완벽한 백신이라면 보급에 속도를 내는 게 맞지만, 지금은 그런 상황이 아닙니다.
가장 빠르게 백신 접종을 시작한 국가는 영국입니다. 이전까지만 해도, 영국이 백신 접종을 시작했음에도 확진자가 늘어난다는 뉴스가 보도됐고, 백신에 대한 불안감도 증폭했죠. 백신이 노년층에겐 효과가 없다거나, 변이 변수가 정리되지 않았다는 소식이 들려오면 불안감은 계속될 것입니다. 그래서 먼저 접종을 시작한 국가들의 소식이 정말 중요하죠. 그렇지만 백신 접종 이후 영국은 5개월 만에 신규 확진자가 최소 수치로 진입했는데요. 백신 효과에 대한 신뢰가 담보되면 빠르게 접종을 진행하는 게 여러모로, 특히 경제 회복의 측면에서 도움이 됩니다.

이재호 정상적인 절차에 따라 장기간 임상실험을 거친 백신이 아니라 중간 과정을 생략하며 급하게 개발한 백신이잖아요. 당연히 100% 신뢰가 담보되지 못하겠죠. 다른 나라 백신 접종 추이를 보고 우리의 접종 속도를 조절했던 것이 저는 현실적으로 적절한 전략이었다고 생각합니다.

그리고 저는 정부와 언론, 국민 모두 백신 접종 속도에 너무 집착하지 않았으면 좋겠습니다. 빨리 접종을 완료하는 것만으로 경제가 살아날 수 있다면 참 좋겠지만 효과는 내수 일부에만 제한적으로 나타날 수 있습니다. 우리나라 경제는 거의 모든 면에서 세계 경제와 밀접하게 맞물려 있잖아요. 따라서 우리의 주요 무역 상대국들의 접종 상황이 매우 중요합니다. 백신을 정치적인 공격의 수단으로 이용하려는 시도는 지양하고, 국민과 정부가 서로를 신뢰하며 접종을 진행할 수 있길 바랍니다.

02 바이든, 세계 경제 새 판을 짜다

김광석

2021년, 세계는 트럼프라는 터널을 빠져나와 바이든이라는 새로운 길에 들어섰다. 세계 경제 질서가 재편되는 역사적 순간이다. 미국 대통령 선거는 미국 국민의 결정이지만, 세계 경제에 영향을 미친다. 이 결정이 2021년 이후 미국의 경제, 산업, 외교, 국방, 기술, 교육 등 전 분야의 정책 기조를 좌우한다.

미국 경제를 넘어서 세계 경제에 그리고 한국 경제에도 상당한 영향을 준다. 미중 무역 분쟁을 포함한 보호무역주의, 온실가스 저감 노력을 포함한 저탄소사회화, 인종과 문화적 갈등을 포함한 사회문화, 리쇼어링 정책을 포함한 자국우선주의, 첨단 기술(인공지능, 빅데이터 등) 선점 경쟁을 포함한 패권주의 등 주요한 글로벌 현안에 걸쳐 새로운 흐름을 만들어낼 것이다.

이처럼 변화할 세상 앞에서 우리는 그 변화를 들여다보고, '준비된 나'를 만

불확실성 지수 추이

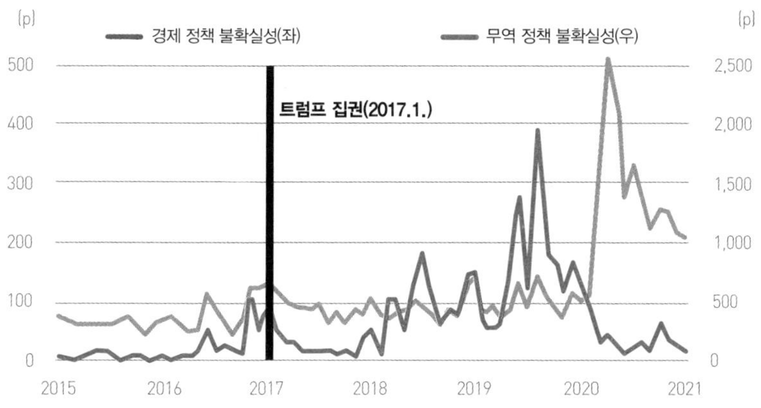

자료: EPU(Economic Policy Uncertainty)

들어야 한다.

글로벌 교역 환경의 불확실성 걷어낼 것

불확실성이 가고, 확실성이 온다. 보호무역주의와 자국우선주의로 똘똘 뭉친 트럼프라는 인물의 등장은 2020년까지 글로벌 교역 환경을 살얼음판처럼 만들었다. 실제로 경제적 불확실성은 2020년 코로나19의 충격으로 가장 높은 고점을 기록했지만, 무역 환경의 불확실성은 2019년 미중 무역 전쟁이 가장 격화됐을 때 고점을 기록했다.

바이든도 중국에 대한 강경한 태도를 가진 것은 매한가지다. 자유무역주의자인 바이든은 트럼프처럼 관세 혹은 비관세 장벽으로 중국을 공격하지 않을 것이다. 이미 대선 공약 등을 통해 밝힌 바처럼 바이든은 중장기적으로 우방국들과의 협력 체계를 공고히 해, 중국을 고립시키는 전략을 취할 것으로 보인다. 특히 UN, WTO, OECD 등의 국제 기구를 활용해 중국의 인권 탄압, 지식재산권 침해, 불공정 산업보조금, 환경 파괴 등의 문제들에 대해 강력히 규제할 방침이다. 그 결과, 세계적으로는 대외 거래 환경의 긴장감이 완화될 것이지만, 미국 동맹국들과 중국 동맹국들 간의 기 싸움이 치열해질 것으로 전망된다.

다시 찾을 미국의 경찰적 지위

환태평양경제동반자협정TPP, 북미자유무역협정NAFTA, 이란핵합의JCPOA, 유엔인권이사회, 유네스코, 중거리핵전력조약, 파리기후협약, 항공자유화조약, 세계보건기구WHO…. 무엇을 나열한 것일까? 트럼프가 재임하는 동안 미국이 탈퇴 혹은 재협상한 국제 기구와 협약들이다. 바이든은 이러한 다자주의적 약속들에 재가입할 것을 이미 공약으로 내걸었다. 특히, 바이든이 대통령직인수위원회 출범과 함께 첫 번째로 선언한 일이 트럼프가 탈퇴한 파리기후협약 재가입이다.

바이든은 미국의 세계 경찰적 지위를 굳건히 하고, 국제 질서에서 리더십을 회복하기로 약속했다. 트럼프는 그동안 중국뿐만 아니라 세계 많은 국가들과 싸워왔다. 한국과도 한미FTA 재협상, 주한미군 철수, 방위비 분담 등의 이슈로 갈등이 많았다. 심지어 유럽과도 디지털세DST, Digital Service Tax* 등을 놓고 상당한 신경전을 이어갔다. 전략가 바이든 입장에서는 적어도 동맹국들에게는 작은 일에 있어서 일정 부분 양보해주고, 강력한 리더십을 유지하는 게 미국에게 더욱 유리하다고 판단하기 때문에 이러한 트럼프의 행동들을 '소탐대실'한 것으로 평가했을 것이다.

산업 패러다임 대전환: 바이든식 경기 부양의 향방

트럼프든 바이든이든 경제 정책 공약은 경제 회복에 초점을 뒀다. 둘은 코로나19의 경제 충격을 극복하기 위해 2조 달러(한화 약 2,226조 원) 규모의 인프라 투자를 계획했다. 사실 미국뿐만 아니라 중국도 '일대일로一帶一路'라는 인프라 사업을, 한국도 '한국판 뉴딜'이라는 인프라 사업을 경기부양책으로 채택하고 있다. 인프라 사업만큼 생산 유발 효과와 고용 유발 효과가 높은 영역이 별로 없기 때문이다. 다만, 트럼프와 바이든은 각각 다른 형태의 인프라를 취하고 있다.

트럼프는 송유관을 깔고, 석유 시추를 확대하고, 석유 화학 발전을 일으키겠다고 계획한 반면, 바이든은 재생 에너지 산업에 초점을 맞췄다. 오바마 전 대통령이 8년 동안 중점을 뒀던 과제가 녹색 성장Green Growth이었던 만큼, 그동안 부통령직을 수행한 바이든의 생각도 크게 다르지 않을 것이다. 바이든은 2035년까지 전력 공급량의 100%를 재생 에너지로 끌어올리겠다고 공약한 만큼 이 분야에 상당한 드라이브를 걸 것으로 판단된다. 구체적으로는 태양광

•
현재의 세법 규정에서는 경제 활동을 '물리적 존재physical presence'인 '고정 사업장 PE, permanent establishment'을 기준으로 과세 관할권과 과세 대상 소득의 범위를 결정하고 있다. 즉, 물건을 판매하는 유통 매장이 존재하고, 그 사업장이 위치한 과세 관할권을 중심으로 과세하고 있는 모습이다. 디지털 경제하에서는 기존의 고정 사업장을 기준으로 과세 관할권과 과세 대상 소득의 범위를 판단하기가 모호한 영역들이 발생하게 된다. 과세 관청도 혼란이 가중되고 기업들 간의 과세 형평성 문제도 발생하게 됐다. EU 권역 내 일반 기업의 법인세 평균 유효세율은 23.2%인 반면, 디지털 기업의 법인세 평균 유효세율은 9.5%로 전통적인 제조 기업들과 비교할 때 매우 낮은 수준의 법인세율을 적용받고 있다.

지붕 800만 개, 태양광 패널 5억 개, 풍력 터빈 6만 개를 설치할 계획이고, 친환경차 의무 판매제 도입과 함께 정부 차량 300만 대를 친환경차로 교체할 것을 목표로 하고 있다.

제약·바이오 산업에도 상당한 기회가 열릴 것이다. 트럼프가 폐지하려 했던 오바마 케어•(전 국민 건강 보험법)를 바이든이 부활시킬 것을 약속했다. 미국의 의료 시장 규모가 커지는 것이다. 그뿐만 아니라 약값 인상률을 물가 상승률 이하로 제한하기 위해, 의약품 수입을 확대해 가격 경쟁을 유도할 방침이다. 보건·방역에 성공적인 모델을 제시한 한국에게 상당한 기회가 놓일 것으로 전망한다.

주요 기관들은 바이든이 이끄는 미국 경제가 트럼프가 이끄는 것보다 평균적으로 1.2%p 높게 성장할 것으로 내다보고 있다. 글로벌 교역 여건이 개선되고, 미국이 글로벌 리더십을 발휘하며, 코로나19 방역에 성공할 것으로 기대하는 것이다. 무엇보다 재생 에너지 등과 같은 새로운 산업에 관한 기대도 작용됐다.

향후 바이든은 어떤 방향으로 국정을 끌어갈까?

트럼프의 경제 아젠다가 '미국 우선주의America First'라면, 바이든은 '바이 아메리칸Buy American'을 제시하고 있다. 철저하게 자국만을 우선하는 정책들을

• 오바마 케어(환자 보호 및 부담 적정 보험법Patient Protection and Affordable Care Act)는 버락 오바마 전 대통령이 주도한 미국의 의료 보험 시스템 개혁 법안으로, 전 국민의 건강 보험 가입을 의무화하는 내용을 골자로 한다. 2014년 1월부터 시행됐고, 의료 보험료를 감당할 수 없는 경우 비용을 낮춰 모든 사람들이 의료 보험을 저렴하게 이용할 수 있도록 하는 것이 목적이다.

미국 경제성장률 전망치(바이든 당선 가정 – 트럼프 당선 가정)

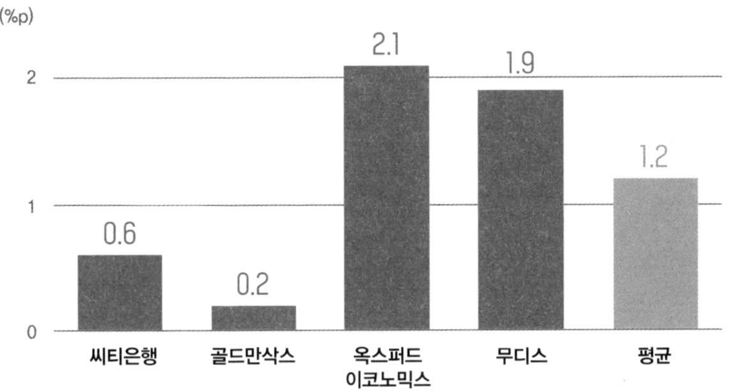

자료: 각 기관.

고집한 트럼프는 결과적으로 미국을 곤경에 처하게 했다는 비평을 듣고 있다. 바이든은 이에 맞서 동맹국들과의 우호적 관계를 형성하되, 연방 정부가 미국산 제품과 서비스를 우선적으로 구매하도록 하는 미국산 우선 구매법의 추진을 주요 공약으로 제시했다. 2008년 글로벌 금융 위기의 충격에서 벗어나기 위해 오바마 행정부는 약칭 경기부양법Recovery Act•을 시행했는데, 이 중 미국산 우선 구매법 조항이 있었다. 경기부양법 1605조에 따르면, '철강 및 모든 공산품이 미국산이 아닐 경우 공공 건물의 건설, 개조, 유지 보수에 사용될 수 없다'고 명시돼 있다. 당시 주요 선진국들은 이 조항이 WTO 정부조달 협정상 의무 위반이라고 강하게 비판했고, 보호무역주의 논란이 크게 불거졌었다. 바이든도 자국주의를 표방하지 않는 것처럼 모습을 취하고 있지만, 관

• 법의 원 명칭full name은 '미국 회복 및 재투자법ARRA: American Recovery and Reinvestment Act'이다.

세가 아닌 우회적인 방법으로 미국을 우선하고 있는 것이다.

바이든이 향후 어떻게 국정을 운용할 것인지 예상해보자. 특히, 트럼프의 정책 기조와 비교하면서 2021년 이후 경제적 변화가 나타날지 감지해보자.

① 조세 정책

트럼프는 2018년 법인세율을 35%→21%로 인하하고, 개인소득세율도 10%~39.6%→10%~37%로 조정했다. 만약 트럼프가 재선됐다면 이러한 조세 정책 기조를 유지했을 것이다. 트럼프는 효율성과 성장을 강조하며 '기업하기 좋은 나라'를 목표로 삼았기 때문이다. 반면, 바이든은 현행 법인세율을 21%→28%로 인상하고, 개인소득세는 2018년 이전 수준으로 다시 돌려놓겠다고 공약했다. 형평성과 분배를 강조하는 정책 기조를 취하며 축적된 부가 '공정하게 배분되는 나라'를 목표로 하고 있다.

② 환경·인프라 정책

트럼프와 바이든은 환경 정책 영역에서도 극명한 차이를 보인다. 2017년 6월 트럼프 행정부는 자국의 재정, 경제적 부담을 이유로 파리기후협약 탈퇴를 공식적으로 선언했다. 당시 중미의 니카라과, 내전이 소강 상태로 접어든 시리아도 가입 서명을 하면서 미국은 세계 유일의 파리협정 불참국이 됐었다. 게다가 환경을 무시하고, 화석 연료 개발과 사용을 장려했다. 트럼프는 2조 달러(한화 약 2,226조 원) 규모의 인프라 계획을 마련할 것으로 공표했는데, 송유관이나 도로 확장 및 원유 시추 등과 같은 대형 건설 사업 추진에 적극적이었다.

바이든은 4년간 2조 달러 규모의 인프라 분야 지출을 계획하고 있다. 특히,

태양광 지붕 800만 개, 태양광 패널 5억 개, 풍력터빈 6만 개를 설치할 계획이고, 전기차와 수소차 충전 인프라를 확대 보급할 계획이다. 정부 차량 300만 대, 스쿨버스 50만 대를 친환경차로 교체할 계획도 있기 때문에, 충전 인프라 보급은 바이든의 주요한 인프라 사업이 될 것으로 보인다.

③ 경제 정책

트럼프와 바이든은 중국에 대해 강경한 기조를 가지고 있다는 공통점이 있다. 다만, 그 정도와 방향은 다르다. 트럼프는 자국주의고, 바이든은 동맹주의다. 트럼프는 집권 기간 동안 중국에 대해 매우 적대적이었지만, 다른 나라들에 대해서도 강경한 태도를 보인 바 있다. 한국 등의 우방국들에게 방위비 분담을 강행하고, NAFTA 등 경제 협력국들과의 FTA를 파기 · 재협상을 추진하며, EU와도 무역 분쟁을 확대했었다. 반면 바이든은 동맹국과 연대해 중국에게 압박을 가할 전략을 취하고 있고, 중국 이외 지역에 대해서는 상대적으로 유화적이라는 면에서 큰 차이가 있다. 또한, 트럼프가 관세를 수단으로 중국과 무역 협상을 단행해왔다면, 바이든은 인권, 노동, 환경 기준을 핵심적인 협상 조건에 포함할 계획이다.

④ 보건 · 복지 · 노동

트럼프와 바이든은 보건 · 복지 · 노동 분야에 대해서는 극명한 차이를 보인다. 분배적 영역이기 때문에 트럼프는 매우 소극적인 반면, 바이든은 적극적이라고 해석된다. 트럼프는 공공 의료를 확대하는 오바마 케어를 지양했지만, 바이든은 오바마 케어를 개선해나갈 계획이다. 바이든은 보육 · 노인돌봄복지 확대에 7,750억 달러(한화 약 862조 원)를 지출하고, 건강 보험 체계에 공공 옵

션을 추가하는 정책을 추진할 방침이다. 노동 정책 면에서는 트럼프가 일자리의 양에 초점을 뒀던 반면, 바이든은 일자리의 질에 초점을 둔다. 최저 임금에 대한 견해도 트럼프가 시간당 최저 임금을 낮게 유지하려고 노력했다면, 바이든은 현행 7.25달러(한화 약 8,069원)에서 두 배 이상 인상하는 15달러(한화 약 1만 6,695원)를 공약으로 내세웠다.

바이든이 이끄는 세계 경제 질서 재편에 대응하라

트럼프 시대에 통했던 방식이 바이든 시대에는 통하지 않는다. 지금까지는 '전략적 모호성'이라는 이름만 거창한 대응을 했다. 누구와도 적이 아님을 강조했던 것이다. 동맹을 강조하는 바이든 시대에는 소위 줄을 서도록 강요받을 가능성이 있다. 바이든은 우방국들과의 경제 협력을 강화해나갈 것이고, 한국은 미국과의 협력 관계를 구축하는 과정에서 중국으로부터의 경제 보복을 감수해야 하는 상황에 놓일 수 있다. 우리는 이미 '사드 보복'을 경험하지 않았는가? 중국으로부터의 경제 제재에 대응하기 위한 선제적 움직임이 필요하다. 무엇보다 수출 대상국을 다변화하고, 생산 기지를 이전하는 등 중국에 전적으로 의존하던 경제 구조에서 벗어날 필요가 있다.

둘째, 바이드노믹스는 산업의 흥망에도 영향을 줄 것이다. 바이든은 세계적으로 저탄소 사회로 도약하기 위한 기후 협약 등의 움직임을 가속화할 것이다. 따라서 태양광, 풍력, ESS Energy Storage System(에너지저장장치) 등의 신재생에너지 산업에 상당한 투자 기회가 열리는 반면, 석유 정제 산업이 크게 타격을 입게 될 것이다.

셋째, 오바마 케어가 부활될 예정이다. 코로나19를 경험한 미국 국민들은

트럼프 vs 바이든 경제 이슈별 성향

후보	통상 전반	대중국 통상 관련	내수 경제	환경/에너지
트럼프	· 보호 무역 옹호	· 중국에 대해 강경 대응 · 관세를 통해 무역 협상을 이끔	· 부자 감세 · 법인세 감면 · 최저임금 동결	· 탄소 발생 용인 · 화석에너지 중심
바이든	· 자유 무역 옹호	· 중국의 문제점에 대해서 인정 · 동맹국과의 연대를 통해 해결	· 부자 증세 · 법인세 인상 · 최저임금 인상	· 저탄소 사회 구축 · 신재생에너지 확산

자료: 저자 작성

의료와 보건이 얼마나 중요한지를 크게 인식했다. 의료 서비스의 보편화를 추진하는 바이든은 저소득층에게 의료 지원을 제공하는 메디 케이드를 도입할 계획이다. 그뿐만 아니라 약값 인상률을 물가 상승률 이하로 제한하고, 약품 수입을 통해 가격 경쟁을 유도할 것이다. 즉, 바이오 시밀러 수요가 확대될 것이다. 코로나19 방역에 모범적인 사례가 되고 있는 한국의 제약 및 바이오 기업들은 상당한 기회를 맞이할 것으로 판단된다.

이 밖에도 바이든이 이끄는 정책 기조에 따라 다양한 기술, 산업, 외교, 안보적인 움직임이 달라질 것이다. 오바마 행정부에서 트럼프 행정부로 바뀔 때의 변화와 불확실성을 기억해보라. 당선자의 정책 기조를 이해하고, 그 결과에 따라 기민하게 대응하는 노력이 필요하다. 정부의 정책이나 기업들의 전략뿐만 아니라, 가계의 투자 관점에서도 큰 불확실성을 주는 동시에 큰 기회를 주기도 할 것이다.

바이든과 새로운 미국
미중 무역 분쟁, 유럽과의 관계는?

김상윤 트럼프 정부의 정책 행보는 상당히 과격했다고 평가받았고, 바이든 정부는 좀 더 평화적일 거라고 기대하는 분들이 많습니다. 특히 중국과의 관계를 포함한 외교적인 측면에서 그렇죠. 외교, 인권, 환경, 기술과 같은 영역에서 바이든 정부는 트럼프 정부와 어떻게 차별화되며, 어떤 전략을 가지고 있을까요?

박정호 앞서 김광석 실장님 글에 '불확실성이 가고, 확실성이 온다'는 표현이 있습니다. 여러 맥락에서 설명할 수 있을 것 같은데요. 일단 바이든 정부와 트럼프 정부는 내각의 질이 완전히 달라요. 물론 내 사람이 아니면 함께 일하기 어렵겠죠. 하지만 트럼프 정부 시절, 폼페이오 전 미국 국무부 장관은 하원의원 딱 한 번 해본 게 정치 경력의 전부였습니다. 정치가 아닌 다른 활동을 하다가 입각한 사람은 뭘 해야 하는지 학습하는 데 적어도 6개월에서 1년이 걸려요. 판을 읽고 업무를 파악하는 기간 때문에 트럼프 정부는 초반에 아무래도 우왕좌왕했죠.

반면 바이든은 준비된 인물들로 내각을 구성했어요. 대표적으로 국가안보보좌관인 제이크 설리번의 경우, 힐러리 클린턴이 국무부 장관일 때 정책기획국장으로 일했던 사람이에요. 백악관 출입을 오래 했던 사람이기 때문에 입각한 당일 바로 업무를 추진할 수 있는 거죠. 현안에 대해 매뉴얼을 가지고 발 빠르게 대응하고 있고요. 중국과의 관계에서도 메시지에 일관성이 있죠. 이런 부분이 트럼프 정부와의 차이입니다.

저는 미중 간 갈등은 바로 시작될 거라고 봐요. 그 과정에서 유럽과 북대서양조약기구NATO와의 군비 협상 등을 원만히 해결하고, 단일 전선을 구축하려는 게 바이든 정부의 계획일 텐데요. 하지만 유럽의 입장은 달라요. 유럽은 코로나19로 치명적인 손상을 입었고, 향후 10년 안에 이전 수준으로 회복하긴 어려울 거예요. 그리고 2021년 유럽 각국에 예정된 선거가 많은데, 극단주의적 성향을 가진 정당의 지지율이 높아요. 극단주의적 정당이라고 하면 '유로존 탈퇴'를 주장하거나, 친중 성향의 정당이라고 볼 수 있죠. 유럽 내 극단주의적 정당의 영향력이 커진다면 미국과의 관계가 원만해지리라 낙관하기 어렵습니다.

이재호 다들 아시겠지만 미중 사이의 갈등은 몇 년 안에 해결될 문제가 아니에요. 미국과 중국이 세계 경제의 두 축으로 완전히 자리 잡은 만큼 또 다른 새로운 축이 등장하기 전까지는 앞으로 몇십 년 지속될 것입니다.

저는 여기서 캐스팅 보트 역할을 할 수 있는 것이 유럽이라고 봅니다. 전통적으로 유럽은 미국의 우방이기 때문에 대부분의 상황에서는 미국에 힘을 실어 주겠죠. 그러나 경제 상황이 좋지 않은 일부 유럽 국가는 중국에서 투자를 유치해 경제를 회복하고자 친중 노선을 따를 수도 있어요. 이미 현실에서 나타나고 있죠.

유럽이 완전히 사분오열된다면 이러한 캐스팅 보트 역할까지도 상실할 수 있습니다. 그렇기 때문에 겉으로라도 '하나의 유럽'을 유지하면서 미국과 중국 사이에서 줄타기를 하며 실리를 얻어가는 모습이 앞으로 전개될 수 있습니다. 유럽에 대한 미국과 중국 양쪽의 다양한 구애, 경우에 따라서는 협박이 본격화되지 않을까 전망합니다.

코로나19와 유럽의 위기, '유로존 탈퇴' 시나리오

박정호 한국이 IMF 경제 위기를 '외환 위기'라고 부르는데, 유럽은 글로벌 금융 위기 이후 남유럽발 '재정 위기'를 맞았어요. 한국은 통화를 발행할 권한을 스스로 갖습니다. 기업도 돈이 없고 국가도 돈이 없으면 한국은행에서 돈을 찍어낼 수 있는 거죠. 그래서 재정 위기는 없어요. 재정 위기는 자체적인 발권력을 가진 국가에서는 불가능한 일입니다. 대신 외화의 가치가 급등해서 외환 위기가 생기죠. 그런데 유럽 국가들은 유럽중앙은행ECB, European Central Bank에서 통제하니까 갑자기 돈이 필요한 상황이 생겼을 때, 결국 재정 위기에 빠지게 됩니다. 그래서 유럽에서 주도권을 잡으려는 극단적인 성향의 정당들은 EU를 탈퇴하자고 얘기도 하고, 일부 유럽 국가 중 몇 개 지역이 독립을 선언하기도 했어요. 우리나라로 예를 들면, 재정 자립도가 높은 지자체가 재정 자립도가 낮은 지자체를 지원할 때 '왜 우리한테 쓸 돈을 다른 지역에 쓰냐'는 식의 갈등이 생기는 거죠. 결국 화폐가 중심이 된 이슈입니다.

김광석 유로존Eurozone은 유럽 지역 내 단일 화폐인 유로를 국가 통화로 쓰는 국가들의 모임을 가리키는 말입니다. 유로화를 발행하는 유럽중앙은행에서 통화량, 기준 금리 같은 통화 정책을 결정한다는 의미예요. 이때 굉장히 중요한 쟁점이 되는 게, 바로 금리 인상 시점이에요. 어떤 개별 국가가 독립적으로 금리를 인상해버리면 아직 금리 인상 시점이 오지 않은 국가는 곤란하잖아요. 코로나19로 인한 경제 충격과 회복에 필요한 시간은 다 다르겠죠. 각 국가가 독립적으로 통화 정책 의사 결정을 해야 하는 시점에 있는데, 이게 '유로존 탈퇴 시나리오'를 생각하는 이유입니다. 게다가 코로나19 충격 이후에 EU 내 많은 국가가 멀어졌어요. 잘살 땐 똘똘 뭉치지만 힘들 땐 피폐해지고 결속력도 약해지죠. 코로나19의 경제 충격을 한마디로 표현하면 '락 다운Lockdown' 입니다. 이전엔 정책적 의사 결정을 함께했지만 국가 간, 지역 간 왕래가 줄어들고, 의사 결정도 각자 하게 되면서 유로존 탈퇴에 대한 이야기가 나오는 겁니다. 대표적인 예가 솅겐 조약입니다. 솅겐 조약은 유럽이라는 단일 시장을 만들어서 국제적 영향력을 발휘하기 위해 만든 협정이죠. 조약 가입국 간 국경 검문을 철폐해 사람과 물자의 이동을 자유롭게 하고, 쪼개져 있는 시장을 하나로 합쳐서 미국, 중국 등과 경쟁하겠다는 취지였습니다. 그런데 코로나19로 지역을 봉쇄하면서 솅겐 조약 자체가 흔들리고 있는 상황이에요.

박정호 유로존 탈퇴 가능성이 높아진 국가로는 아이슬란드, 그리스, 스페인, 포르투갈, 이탈리아 등을 꼽을 수 있습니다. 이걸 막기 위해서 지금 EU 집

행위원회가 의제로 설정한 단어가 중요한데요. '은행 동맹', '자본시장 동맹', '그린 본드' 등입니다. 금리를 조절하는 건 쉽지 않고, 돈이 고갈돼 문제가 생기는 것도 원치 않으니 은행 동맹을 완성해 십시일반 서로를 돕고, 자본 시장 동맹을 이루자는 거죠. 더불어 '그린 본드Green Bond'•를 만들어 유럽 중심으로 친환경 산업을 육성하는 프로젝트를 추진하고 있죠.

유럽의 많은 나라가 많이 망가진 상황입니다. 감이 잘 오지 않을 수 있으니 우리나라와 비교해 설명해볼게요. 우리나라에서는 소상공인 가게 하나가 없어지는 게 큰 이슈가 아닌데, 유럽에서는 그렇지 않아요. 유럽은 200년 이상의 역사를 가진 식당이나 카페가 많죠. 한국으로 치면 삼성전자가 없어진 것과 비슷한 수준의 충격이라고 볼 수 있어요. 이런 가게들이 문을 닫는 건 단순한 문제가 아니에요. 이들 가게도 금융 거래를 했을 겁니다. 동네 은행과 당연히 여수신 거래를 했겠죠. 그런데 유럽의 은행들은 영세 소상공인에게 담보를 요구하지 않았어요. 은행보다 오래된 가게이니 신용 평점을 보고 담보 없이 대출을 해줬겠죠. 그런데 그런 가게가 완전히 문을 닫아버리게 된 거예요. 신용 평점을 믿고 여신與信을 제공했는데, 갑자기 막혀버린 거죠. 게다가 유럽의 은행은 비상장이 많아요. 자산가들이 돈을 숨기기 위해 유한회사로 운영하는 경우가 많습니다. 그런 상황에서 대손 처리가 어느 정도 규모인지는 4월에 나오거든요. 그래서 생각보다 유로존 내에서도 만만치 않은 일이 될 거 같다고 생각하고 있습니다. 문제는 코로나19 팬데믹이 아직 끝나지 않았다는 거예요. 유럽의 금융 시스템이 견디려면 동맹과 연대가 필요하겠죠. 이게 바로 EU 집

• 환경친화적인 프로젝트에 투자할 자금 마련을 목적으로 발행하는 채권

행위원회가 은행동맹, 자본시장 동맹, 그린 본드에 방점을 찍은 이유입니다.

다자 체제로 전개될 미중 갈등, 한국의 위치는?

김광석 미중 무역분쟁에 대해 조금 다른 의견을 말씀드리면, 저는 다자 체제하에서 분쟁이 전개될 거라고 봅니다. 트럼프 정부 시절엔 미국과 중국이 일대일로 맞붙었는데 앞으로는 다대다로 싸우는 거죠. 이를 계기로 유럽 국가들은 오히려 결속력이 강해질 수 있고요.

미국 입장에서 유럽은 매우 중요한 존재입니다. 환경이나 인권 문제처럼 이념적인 이슈가 다 맞아떨어지거든요. 중국을 비롯한 개발도상국들은 "너희도 이산화탄소를 뿜어내며 성장했으면서 왜 우리의 성장을 막느냐"고 생각하고 있어요. 이러한 중국의 환경 문제를 지적하려면 미국은 유럽 선진국들과 뜻을 함께해야 해요. 파리기후협약을 비롯한 국제적 협약에서 유럽은 물론 한국, 호주, 뉴질랜드, 일본 같은 국가들과 함께 중국을 압박해나가는 게 중요해질 겁니다. 중국 입장에서도 러시아, 브라질, 아프리카 내 국가들과 합세해 다대다의 싸움을 전개하지 않을까 생각합니다.

그런 관점에서 유럽의 결속력이 강화되는 게 아니라 미국을 중심으로 한 다자 간 결속이 강해질 거라고 봅니다. 한국과 일본의 관계도 달라질 거라고 봐요. 트럼프 시절엔 한국과 일본이 싸워도 아무 문제가 없었는데, 바이든 정부에서는 한국과 일본의 갈등을 원치 않을 거예요. 미국은 세계에서 경찰적 지위를 자처하기 때문에 다자 간 협의체 안에서 목소리가 분산되는 것을 경계하고 있어요. 자연히 미국 우방국 진영과 중국 우방국 진영 간 다대다 싸움으로 전개될 것이라고 예측하고 있습니다.

특히, 선진국들은 환경 문제나 소비자 관점에서 ESG Environmental, Social and Governance를 무엇보다 강조하고 있습니다. 환경 문제나 노동 시장에서의 양극화 같은 문제를 신경 쓰지 않는 기업에 배타적인 소비자가 많죠. 그런 사람들은 환경 이슈에 있어서도 친환경 인증 표시를 한 기업에 지불 의사가 훨씬 높습니다. 반면, 개발도상국 입장에선 너무 먼 그림이에요. 이런 상황을 극복하기 위해 중국은 나름대로 다자 간 협의체를 구축할 겁니다. 한국은 일본이나 유럽과의 경제적 교류는 많아지는 한편, 중국과의 교류는 축소되고 관계가 소원해지는 시나리오를 떠올릴 수 있습니다.

박정호 정부 중장기 계획안을 보면 2025년까지 경항공모함을 구축하겠다는 계획이 국방부 중기 운영 계획에 포함돼 있어요. 핵잠수함 건조도 국방 계획에 들어가 있고요. 그런데 절대 미국을 빼놓고 할 수 없는 일이거든요. 과학 기술 분야에서는 고해상도 카메라가 달린 인공위성을 띄우는 게 숙원 사업이었어요. 위성을 띄우는 것도 미국의 허락 없이 하지 못했던 게 사실인데, 이 사업도 과학기술부의 중장기 운영 계획에 들어가 있어요. 아마도 우리 내부에서는 미국으로부터 받아낼 걸 받아내자는 입장을 세우고 전략을 구상한 게 아닐까 추측하고 있습니다.

국내 산업에 미치는 영향: 배터리·전기차 산업 '맑음', 데이터 산업도 기대

이재호 앞서 김광석 실장님께서 바이든 시대 정책 노선에 힘입어 부상할 산업으로 재생 에너지와 전기차 산업, 바이오·제약 산업을 꼽으셨어요. 우선 재생 에너지와 전기차의 핵심 부품이라 할 수 있는 배터리는 LG에너지솔루션, 삼성SDI, SK이노베이션이 이미 글로벌 시장을 선도하고 있습니다. 단기적으로는 여러 이슈에 따라 부침이 있을 수 있어요. 일부 자동차 회사가 자체적으로 배터리를 생산하겠다고 밝혔고, 중국 기업의 공세도 엄청나죠. 하지만 결국엔 어려움을 헤쳐나가며 우리나라의 새로운 성장 동력으로 완전히 자리 잡을 것으로 기대합니다. 그간의 기술과 경험은 시장에서 무시할 수 없는 자산이죠.

재생 에너지 중에 태양광의 경우에는 한화솔루션이 미국 시장에서의 선전을 앞으로도 이어갈 것으로 기대합니다. 셀과 모듈 분야에서는 중국과의 기술 격차가 쉽게 좁혀지지 않을 것으로 많은 전문가들이 예상하고 있습니다.

국내 전기차 산업도 유망합니다. 많은 분들이 전기차 하면 아직 테슬라Tesla만을 생각하실 수 있어요. 하지만 지난 2020년 12월 현대자동차그룹이 전기차 전용 플랫폼 E-GMP를 공개했습니다. 이어서 이 플랫폼을 기반으로 한 모델 아이오닉5, EV6를 출시하며 전 세계의 주목을 받고 있습니다. 자동차 산업에서 플랫폼이란 하부 섀시에 주요 부품을 얹은 기본 구조물을 뜻합니다. 지금까지는 기존의 내연기관 플랫폼을 변형해 전기차를 만들어왔지만, 이제는 전기차 전용 플랫폼을 기반으로 차를 만든다는 것이지요. 내연기관 자동차에만 있던 엔진, 변속기, 연료탱크 등의 공간을 완전히 새롭게 활용할 수 있게 되면서, 전기차의 성능과 효율은 크게 좋아질 것입니다. 많은 전문가들이 테슬라의 아성을 무너뜨릴 수 있는 대표주자로 폭스바겐과 현대자동차를 꼽고 있습니다.

바이오·제약 쪽은 글로벌 시장 확대에도 불구하고 국내 기업에 직접적인 수혜가 있을지 다소 미지수입니다. 우리나라가 코로나19 방역을 잘하기는 했지만, 그렇다고 관련 산업이 발전해 있는 것은 아니죠. 국내 바이오·제약 기술은 아직 세계 기준에 비해 부족한 것이 사실입니다. 부가가치가 큰 영역이니만큼 투자는 꾸준히 이뤄지고 있어요. 빠른 시일 내에 국내에서도 관련 분야의 대표 기업이 등장하기를 기대합니다.

김상윤 한국 기업이 두각을 나타내는 분야로는 데이터 플랫폼 사업을 꼽을 수 있어요. 중국이나 미국같이 경제 규모가 큰 국가는 자국 내 플랫폼이 정착돼 있는데, 한국 정도의 경제 규모에서 자국 플랫폼이 활성화된 나라가 별로 없거든요. 대표적으로 '우버Uber' 같은 서비스는 한국에 제대로 안착을 못하는 상황이에요. 외국 기업이 침투하지 못하는 이유를 따져보면, 우리나라 토종 기업이 구축해놓은 영역이 많다는 것입니다. 물론 네이버나 카카오 같은 기업의 힘이 많이 작용했고요. 이 정도 경제 규모에 자국 플랫폼이 버티고 있는 경우가 흔치 않거든요. 어떻게 보면 이 상황에서 발판이 될 수 있는 일이죠. 2022년만 봐도 데이터 관련, AI, 블록체인, 핀테크 같은 사업은 꾸준히 주목할 필요가 있겠습니다.

김광석 우리나라도 코로나19뿐만 아니라 바이든 시대에 대응하기 위해서는 친환경 산업 중심으로 디지털 뉴딜 산업을 추진하는 계획을 세웠습니다. 데이터 산업 관점에서 중요한 핵심 중 하나가 5G 인프라 보급이에요. 그리고 당장 2020년에 6G 개발을 시작했습니다. 각 국가별로 6G 개발 전쟁이 시작됐는데, 저는 이게 중요한 대목이라고 봅니다. 미중 간 패권전쟁의 과정에서 우리에게 유리한 디지털 산업은 5G, 6G이에요. 5G를 선도했던 나라답게 6G를 선도하기 위한 전쟁이 진행될 것이고, 데이터 산업 관점에서도 중요한 영역이 될 것 같습니다.

자동차 산업, '조직 구축 비용' 극복: 친환경 기조로 발전할 것

박정호 저는 자동차 산업이 뜰 거라고 봐요. 전 세계에서 자동차 공장을 쌓아 올릴 수 있는 나라는 몇 없습니다. 테슬라 같은 경우도 5개 국가만 자동차 공장을 새로 만들 수 있어요. 자동차 산업에는 협력 업체가 굉장히 많아요. 예를 들어 현대자동차가 중국에 자동차 공장을 짓는다면 협력사도 같이 진출하는 거예요. 회사 하나가 움직이는 게 아니라 한 산업군, 한 나라가 움직이는 거죠. 얼마 전에 특이한 통계를 봤는데, 우즈베키스탄이 한국에 자동차 부품을 계속 수출하더라고요. 알고 보니 우즈베키스탄에 있던 옛 대우 공장을 GM이 인수했고, 그곳 협력사에서 부품 공장을 만들었던 것이었어요. 그런데 GM이 문을 닫자, 한국 GM에 부품을 납품하게 된 것입니다. 즉, 자동차 공장 같은 것을 새롭게 구축하는 것은 최소 불가능에 가깝고, 긴 시간의 조각들을 맞춰야 하는 일이라 리스크가 굉장히 큽니다. '조직 구축 비용'이 굉장히 높다고 표현할 수 있겠네요.

그럼 테슬라는 어떻게 한 걸까요? 글로벌 금융 위기 이후 GM이 거대한 구조 조정을 하면서 미국 18개 공장을 폐쇄했는데 테슬라는 그중 한 공장을 싸게 인수했어요. GM이 망하지 않았으면 지금의 테슬라는 없는 것이죠. 그런데 GM의 18개 공장 중 어떤 걸 인수했을까요? 이에 대해서는 사전 지식이 조금 필요합니다. 당시는 미국 자동차가 잘 안 팔릴 때였어요. 일본 자동차가 좋으니까 타긴 타는데, 일본 자동차 때문에 자신들의 자동차가 망가졌다는 분위기가 있었거든요. 그래서 도요타가 자동차 만드는 기술을 전수해주겠다면서 GM과 합작해 공장을 세운 적이 있어요. 테슬라가 바로 그 공장을 인수한 거예요. 도요타가 최첨단 설비를 갖춰놓은 걸 테슬라가 인수해서 가져간 거죠.

자동차 공장은 돈이 있으면 만들 수는 있어요. 단, 어려울 뿐이죠. 따라서 미래 자동차 시장에 뛰어들려는 많은 회사가 우리나라에 러브콜을 보낼 거예요. 한국은 전 세계에서 자동차 공장이 가장 많은 다섯 나라 중에 하나니까요.

김상윤 자동차 산업의 대세적인 흐름이 내연기관 자동차에서 전기차나 자율주행 자동차로 넘어가면서 기존 엔지니어링 중심의 자동차 제조사에서 IT 중심의 기업으로 흐름이 넘어가고 있습니다. 내연기관 자동차의 부품이 차 한 대 만들 때 1만 5천 개에서 2만 개 정도 쓰인다고 봤을 때, 전기차를 만들 때는 1만 개 정도 쓰여요. 내연기관차 산업의 생태계가 가장 복잡하고 관련 기업이 많은 데 비해, 전기차는 덜 복잡하죠.

통상 자동차 관련 기업은 해외에 공장을 짓게 되면 함께 움직이거든요. 그런데 전기차나 자율주행 자동차로 흐름이 바뀌면서 자동차 기업과 함께 움직이는 기업의 수는 줄어들 수 있어요. 즉, 자율주행 자동차, 전기차로 넘어가는 시대에는 과거보다 생산 공장 자체가 중요하지 않을 수 있다고 봐요. 다만 아직 과도기라는 점을 주목해야 합니다. 기존 내연기관 자동차 산업이 모빌리티 산업으로 넘어가는 향후 2~5년 정도는 공장이라는 거대한 생산 기지를 구축함으로써 발생하는 위험을 감당하고 싶지 않을 겁니다. 더구나 애플이 대만의 폭스콘이라는 회사를 통해 스마트폰을 만드는 비즈니스 모델처럼 자동차도 OEM Original Equipment Manufacturing 형태로 가는 게 아니냐는 얘기도 나오는 실정입니다.

결국 거대한 공장에 투자하지 않으니, 과거 자동차 산업에 비해 생산 자체의 중요도는 다소 떨어질 겁니다. 지금은 과도기적이라고 볼 수 있어요. 생산기지를 갖고 있는 기업과 협업하는 형태로 일단 산업에 진입하는 형태가 될 겁니다. 따라서 단기적으로는 2022년, 2023년은 우리가 캐스팅 보트를 쥘 수도 있다고 봅니다.

김광석 자동차 제조업 관점에서도 세계적으로 자동차 교체 수요가 가장 많이 집중되는 해는 2021~2022년입니다. 교체 수요가 많아지는 이유 중 하나는 친환경 산업 때문이죠. 구체적으로는 정부 중심으로 공공 부문 정부 차량을 친환경 자동차로 교체하는 수요가 많아질 것입니다. 그린 뉴딜Green New Deal 산업 안에서도 노후 경유차 폐차 지원이 늘어날 것이기 때문에 교체 수요가 많아질 수밖에 없죠. 또 그린 뉴딜 산업의 한 축은 수소차와 전기차를 보급하기 위해 전기 수소 충전 인프라를 구축하는 것입니다. 이는 전 세계적인 흐름이기도 합니다. '친환경'을 넘어 '필必환경'이죠.

그리고 2021년에 도쿄올림픽이 개최된다고 가정했을 때 일본은 '수소 사회'를 선보이려 할 겁니다. 일본은 수소 생성에 경쟁력이 있습니다. 수소는 수소차는 물론 지하철, 열차에도 활용도가 높아요. 국내적으로는 자동차 제조업에서 전망이 좋습니다. 그래서 일본과의 관계가 개선될 여지가 있어요. 정치적으로 갈등의 골이 깊었던 2019년과 비교할 때, 일본과의 관계가 더 나빠지긴 어려울 것이라고 봅니다.

특히 수소 생성으로 기업 간 교류가 활발해질 것으로 내다봅니다. 일본과 교류를 통해 수소 생성의 기술 격차를 줄여나갈 목표가 있으니 그런 관점에서 발전하는 기회가 올 거라고 생각합니다. 이미 GS칼텍스, 현대오일뱅크 등 정유 사업 기업이 수소 사업에 진출에 대해 고민하고 있거든요. 친환경 산업 중심으로 전환되고 있기 때문에, 고유가의 시대는 거의 끝났다고 볼 수 있어요. 우리나라는 현재 전력 공급량의 9~10% 정도를 재생 에너지에 의존하고 있습니다. 석유 화학 기반의 에너지 발전은 축소하고 재생 에너지 의존도를 높이는 기조로 발전하리라 봅니다.

03 통상 축의 이동에 주목하라

김광석

위기는 위기다. '위기는 기회다'라고 외치지만, 그런다고 달라질 것은 없다. 콩은 콩이고 팥은 팥이지 않은가? 다만, 변화된 환경에 맞게 대응하는 자에게는 위기가 기회가 될 수 있다. 위기는 항상 구조적 변화를 가져오기 때문에, 변화를 기민하게 관찰하고 변화된 환경에 걸맞게 대응하는 자만이 위기 상황에서 기회를 찾을 수 있게 된다. 비가 올 것으로 예보될 때, 우산을 준비하듯 말이다.

코로나19의 충격은 경제, 사회, 문화, 기술 전반에 걸쳐 구조적 변화를 불러왔다. 그 모든 변화는 사실 원래부터 전개되고 있었다. 다만 팬데믹이 그 변화를 앞당기고 가속화시켰을 뿐이다. 통상 환경도 마찬가지다. 통상 환경이 구조적으로 변화하고 있다. 수출 의존도가 높은 한국의 통상 환경이 어떻게 변화하고 있는지를 확인하고, 변화된 환경에서 기회를 찾을 수 있도록 정부는 유연한 무역 정책을 강구하고, 기업은 판이 다른 수출 전략을 꾀해야 할 때다.

디지털 무역 전쟁의 서막

무엇보다도 중대한 통상 환경의 변화는 디지털 무역 환경으로의 변화다. 주요 국제 기구들의 전망에 따르면 미국은 기술 패권을 중국에 빼앗기지 않기 위해, 중국은 미국으로부터 빼앗기 위해 끝없는 통상 갈등이 전개될 것이라고 한다.* 아날로그 경제에서 디지털 경제digital economy로 전환되고 있기에 향후 유망한 기술과 산업도 달라지고 있고, 이에 미래 경제 패권을 놓치지 않기 위해 미중 무역 전쟁은 지속될 것으로 판단된다.

코로나19 이후 미국 정치권에서는 반중국 정서를 확산시키며 중국 경제 제재를 정당화하고 있다. 바이든 신행정부도 중국에 대해 강경한 태도를 고수하고 있기 때문에 미중 무역 전쟁의 방식이 달라질 뿐, 갈등의 정도가 완화될 것이라고 보지는 않는다. 실제 디지털 기술의 극단이라고 할 수 있는 AI논문 점유율 면에서도 중국의 맹추격을 받는 현재의 상황에서 다양한 보호 무역 조치들과 경제 제재를 디지털 기술의 영역에 집중하고 있는 모습이다. 그 대

---

*
WTO(2020), World Trade Report 2020: Government policies to promote innovation in the digital age.
IMF(2019), Trade Wars and Trade Deals: Estimated Effects using a Multi-Sector Model.
WEF(2020), Global Future Council on International Trade and Investment.
World Bank(2020), The Impact of the China-U.S. Trade Agreement on Developing Countries.

미국 국민의 대중국 정서

자료: PEW Research Center

주1: 매년 봄 기간 중 설문조사 실시
주2: 2020년은 6~7월 중 설문조사 실시

미국과 중국의 AI 논문 점유율

상위 50% AI 논문의 점유율

자료: Allen Institute for AI

주: 가장 많이 인용된 논문 50%(most-cited 50% of papers)를 기준으로 함

표적인 예가 '화웨이 때리기' 아닌가?

미국은 2020년 8월 청정 네트워크 정책Clean Network Program을 발표해 중국 IT기업의 부상을 견제하기 시작했다. 청정 네트워크는 중국의 통신사, 앱, 클라우드, 해저케이블, 5G 통신장비 등을 미국 통신 네트워크에서 사용할 수 없도록 규제하는 미국 국무부 프로그램이다. 중국도 2020년 9월 '글로벌 데이터 안보 이니셔티브'를 제시해 본격적으로 미국의 압박에 대응하고 있다.

그뿐만 아니라 중국은 디지털 위안화를 활용해 달러 패권을 흔들고자 하고 있다. 중국은 중앙은행 디지털 화폐CBDC, Central Bank Digital Currency를 발행해 통상 환경 내에서 영향력을 행사하기 위한 움직임을 취하고 있다. 즉, 위안화 기반의 대외 거래를 확대하려는 움직임인 것이다. 중국은 수년간 위안화의 국제화를 추진해왔지만, 사실 뚜렷한 성과가 나타나지는 않았다. 세계 외환 시장에서 중국 위안화의 비중은 2.2%에 불과하다. 유로화, 엔화, 파운드화 등의 주요 통화들의 영향력도 쇠퇴하고 있는 과정에서, 미국 달러화는 44.2% 수준의 외

세계 외환 시장에서 주요국 통화의 비중 변화

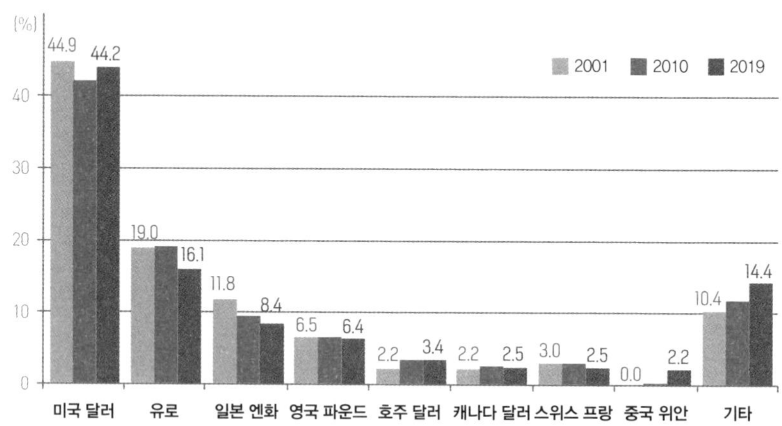

자료: BIS Triennial Central Bank Survey(2019.12)

주: 일 평균 장외 외환 거래량, 역내외 간 쌍방 거래로 거래량의 합이 200%이나 이를 100% 기준으로 환산함

환 시장 거래 비중을 유지함으로써 기축 통화로서의 영향력이 흔들리지 않고 있다.

미국 달러 중심의 국제 금융 질서에서 중국 위안화의 영향력을 확대하고자 중앙은행 디지털 화폐가 유용하게 활용될 것으로 보인다. 특히, 중국은 일대일로 사업 등에 참여하는 국가와 기업들이 디지털 위안화를 사용하도록 환경을 조성해 위안화의 국제화를 추진할 것으로 분석된다. 실제 중국 인민은행은 페이스북에서 디지털 화폐 '리브라' 프로젝트를 발표한 이후 미국의 금융 지배력이 확장될 것을 우려하면서 디지털 위안화 사업을 더욱 앞당기는 모습이다.

디지털세라는 새로운 과세 표준은 통상 환경을 더욱 디지털 무역 전쟁으로 치닫게 만들고 있다. 2019년 7월 프랑스에서 디지털세를 도입한 이후 유럽을 중심으로 많은 국가들이 디지털세를 이미 도입했거나 계획하고 있다. OECD는 2018년 4월 디지털세와 관련해 보고서를 발표하면서 디지털세의 필요성을 인정한 바 있다.* OECD는 빠르게 변화하고 있는 디지털 환경을 조세 체제가 반영하고 있지 못하다고 평가했다. 구글세나 GAFA세Google · Amazon · Facebook · Apple로 많이 알려진 만큼 IT기업들의 디지털 서비스 제공에 따른 매출에 대해 과세함으로써 보호 무역의 수단으로 활용되기도 한다.

통상의 중심에 환경이 있다

파리기후협약은 2015년 12월에 체결됐지만, 2020년까지 각국은 온실가스 감축을 위한 계획안을 준비했었고, 2021년 1월부터 본격 시행되기 시작했다. 세계 각국이 온실가스 감축을 위한 목표를 이행해나가는 과정에서 생산, 소비, 유통뿐만 아니라 통상에 이르기까지 환경이 중요한 이슈로 부상하기 시작했다. 특히, 환경 보호에 관한 논의를 이끌어가는 선진국들이 상대적으로 환경 규제를 느슨하게 적용하는 신흥국들에게 환경 조건에 부합하는 생산 방식과 제품 구성을 요구할 것이다. 실제로 각국의 무역 협정에 환경 관련 조항이 지속적으로 늘어나고 있다.

앞만 보고 달리느라 주변을 살피지 못하듯, 산업화가 진전되는 동안 세계 각국은 환경에 무심했었다. 지구 온난화, 이상 기후, 해수면 상승, 지구 사막화 등의 환경 문제가 심각한 이슈로 부상했다. 이제 더 이상 환경을 고려하지 않

---

* OECD(2018), "Tax Challenges Arising from Digitalisation–Interim Report 2018."

지구 온도 지수

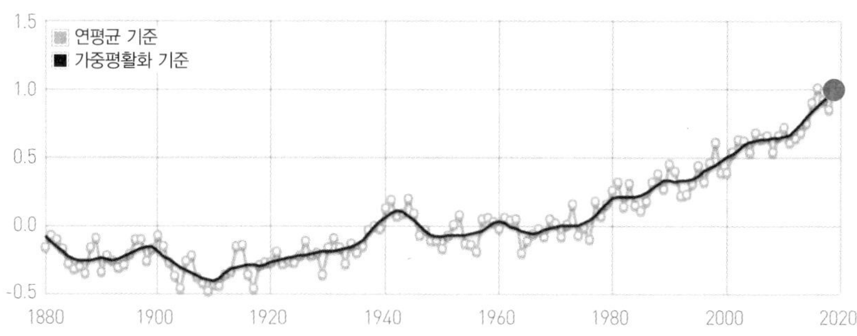

자료: NASA Global Climate Change

주: 지구 온도는 Land-Ocean Temperature Index를 기준으로 함

을 수 없게 됐다. 지속 가능 발전sustainable development에 대한 논의가 본격화되고, 경제와 환경이 조화를 이루도록 하는 녹색 성장이라는 패러다임이 세계 경제를 주도할 것이다.

탄소 국경 조정 제도는 환경이 글로벌 교역 조건에 중대하게 고려되는 모멘텀이 될 것이다. 탄소 국경 조정 제도는 탄소 배출 비용이 발생하는 국가로부터 상품이 수입될 때에 수출국에게 관세를 부과하는 제도다. 2021년 2분기 중 EU는 탄소 다배출 산업에 대해 탄소 국경 조정 제도를 도입하기 위해 입법을 추진할 계획•이다. 미국 바이든 대통령 또한 친환경 산업에 대한 관심이 매우 높고 탄소 무역 장벽 제도를 주요 정책으로 언급해온 만큼 교역 상대국에게 환경 규제에 대응하도록 요구할 것으로 전망된다. 특히, 구글, 애플, BMW 등 280여 개의 글로벌 기업들은 'RE100' 캠페인에 참여하고 있어, 글

• European Commission(2020), "Carbon Border Adjustment Mechanism Inception Impact Assessment".

로벌 가치 사슬GVC상의 상대국 기업들에게 캠페인 참여를 압박해나갈 것으로 보인다. 이러한 조치들은 선진국들이 가격 경쟁력을 확보하는 수단이 되고, 탄소 배출에 의존하는 신흥국 제조 기업에게 상당한 위협 요인이 될 것으로 보인다.

GVC, 자국 중심으로 재편

글로벌 가치 사슬GVC이 자국 중심으로 재편될 것으로 전망된다. 첫째, 세계 각국은 글로벌하게 분산돼 있는 생산 네트워크를 자국화localize or nationalize함으로써 일자리를 창출하고, 경제를 선순환하려는 움직임이 이미 본격화됐다. 둘째, 풍부한 노동력을 보유하던 기존 신흥국들의 인건비도 상당한 수준으로 올랐다. 셋째, 디지털 경제로 재편되면서 기업 최종 생산물의 경쟁력을 결정짓는 기준이 더 이상 노동력이 아니라 기술과 정보로 이동했다. 넷째, 선진국들이 스마트 공장을 도입하면서 제조 공정이 자동화됐다. 다섯째, 미중 무역 전쟁이 장기화되면서 중국이 생산 거점으로서의 매력을 잃어가고 기업들이 대거 이동하고 있다. 여섯째, 코로나19의 충격으로 글로벌 공장이 셧다운Shut-down됨에 따라 많은 기업들이 완제품 생산에 차질을 겪었고, GVC의 허점을 인식하게 됐다. 마지막으로 마스크나 인공호흡기 등과 같은 위생, 보건 용품들의 생산 공정을 신흥국에 의존했던 선진국들이 코로나19 이후 보건 영역의 안보를 강조하고 자국 중심으로 GVC를 재편하기 위한 움직임을 가속화했다.

한편, 중국의 쌍순환雙循環; Dual Circulation* 정책이 GVC 재편을 촉진할 전망이다. 중국이 2020년 10월 발표한 쌍순환 정책의 핵심은 기술 자립도를 높

미중의 주요 기술부문 시장점유율 **중국 반도체 기술 국산화율(%)**

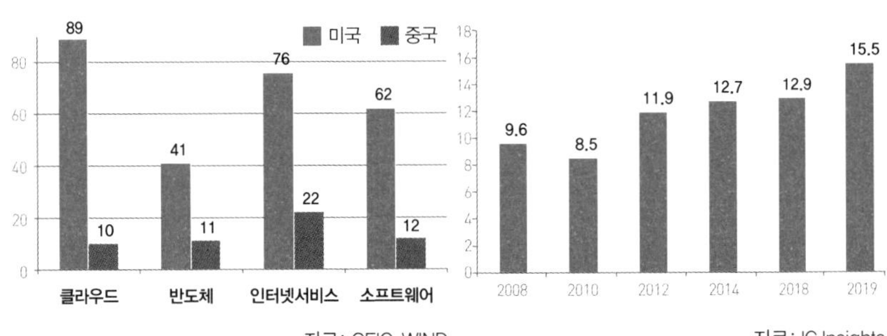

주: 중국은 홍콩을 포함함.

여, 해외로부터 중간재 수입 의존도를 완화시키는 데 있다. 중국은 고부가가치 제품을 자국 내에서 직접 생산하기 위해 첨단 부품에 대한 해외 조달을 줄이고 기술 투자를 집중할 계획이다. 중국 반도체 기업의 기술 국산화율은 2010년 8.5%에서 2019년 15.5%로 상당한 수준으로 도약했으나 여전히 낮은 수준이다. 반도체뿐만 아니라 휴대전화 칩, 산업용 로봇 등의 10대 핵심 산업의 부품과 소재를 국산화하기 위해 지원을 확대할 방침이다.

세계 각국은 다국적 기업들을 리쇼어링하기 위해 좀 더 적극적인 정책들을 제시하기 시작했다. 기업들 또한 다양한 요인에 의해 리쇼어링을 추진해나가고 있다. 예를 들어 포드Ford는 멕시코의 픽업트럭과 중국의 상업용 밴의 각 생산 라인을 미국으로 이전했고, GE는 멕시코의 가전 제품 제조 라인을 미국

• 대외 불확실성 확대에 따른 대응으로 내수 위주의 자립 경제 구축에 방점을 두고 국내(내수)와 국제(수출) 양방향 순환이 상호 촉진하는 중장기 경제발전 전략을 의미한다.

으로 이전했다. 아이리스오야마는 중국에서 생산하는 마스크 공장을 일본 본국으로 이전했고, 도요타는 미국에서 생산하는 캠리, 캐나다에서 생산하는 렉서스를 일본 공장으로 이전했다.

통상 환경 변화에 대응하기 위한 몇 가지 방법

통상 환경을 구조적으로 변화시키는 주요 어젠다를 점검할 필요가 있다. 첫째, 디지털 무역 전쟁의 시나리오를 그리고 대응 전략을 사전에 강구해놓아야 한다. 미중 무역 전쟁의 확산으로 중국에 대한 경제 제재가 늘어난다거나, 중국의 보복 조치가 단행될 수도 있다. 그뿐만 아니라 디지털세 부과, ICT 규제, 디지털 통화 등과 같은 중장기적 대응 전략도 모색해야만 한다.

둘째, 환경을 고려한 통상 전략을 새롭게 짜야 한다. 주요국들의 환경 규제와 수입품에 대한 환경적 요구 사항들을 점검하고, 국내 기업들이 사업 전략을 마련하고 제품을 기획하는 단계에서부터 주지할 수 있도록 해야 한다. 특히, 수출 중소기업들이 환경 변화를 직시할 수 있도록 하는 정보 공유의 장이 마련돼야 하겠다.

셋째, 생산 기지 이전을 고려하는 기업들에게 맞춤화된 지원책을 제공해야 한다. 해외에 생산 거점을 두고 있는 이유가 기업들마다 각기 다를 것이기 때문이다. 노동력을 이유로 하는 기업들에게는 자동화 설비 지원을, 까다로운 국내 규제가 원인인 기업들에게는 규제 자유 특구 등과 같은 제도적 지원을 제공할 수 있겠다. 일괄적인 리쇼어링 지원책이 아니라, 필요를 충족시키는 유인책을 제공함으로써 글로벌 리쇼어링 전쟁에서 승리할 수 있도록 해야 하겠다.

종이 화폐 통장을 개설하시겠습니까,
디지털 화폐 통장을 개설하시겠습니까?

박정호 독자 여러분들은 '내가 앞으로 화폐를 어떻게 쓰게 될까?'를 궁금해할 것 같아요. 입법 절차도 필요하고, 향후 변화 가능성은 많지만 일단 지금의 논의를 토대로 설명드릴게요. 가까운 미래에 통장을 개설하기 위해 은행에 가면, '종이 화폐 통장입니까, 디지털 화폐 통장입니까?'하고 물을 거예요. 종이 화폐 통장은 지금의 통장 개설 방식이죠. 반면 디지털 화폐 통장을 개설한다면, 여러분은 그 은행과 계약을 맺는 게 아니에요. 은행은 중간 역할을 할 뿐이고, 여러분은 한국은행 통장을 개설하는 거예요. 한국은행이 전국에 지점을 만들 순 없잖아요. 은행은 상품을 전달하는 창구이고, 통장에 대한 어떠한 법적 책임도 없는 거죠.

CBDC, 즉 중앙은행 디지털 화폐의 이점이 뭔지 궁금하실 텐데요. 일단 실물 화폐를 보관하고 운송하는 데 발생하는 여러 비용을 줄일 수 있습니다. 동전의 경우, 화폐주조 비용이 많이 들죠. 10원짜리 동전을 만드는 비용이 10원보다 더 비싸요. 많은 돈을 들여서 돈의 가치를 절하하는 꼴인데, 이런 비용을 줄일 수 있고요. 그럼 여기서 두 번째 질문. 디지털 화폐 통장의 이자 문제가 있어요. 이자를 준다면 기준 금리에 맞춰서 줄 것인가? 왜 이게 큰 논의거리일까요? 이자를 주느냐 안 주느냐에 따라서 사금융에 대한 전반적인 선호도가 달라지기 때문이에요. 지금도 고액 자산가들은 예금자보호법 때문에 15개 시중은행에 통장을 개설하고 저축은행에 5천만 원씩 넣어놓는 경우도 많잖아요. 돈을 둘 데가 없다는 것이 이유인데, 발권력을 가진 중앙은행에서 통장을 개설할 수 있다면 이 숙제가 풀리는 거죠. 중앙은행은 시중은행처럼 사기업이 아니잖아요. 그런데 여기에 이자까지 준다면, 어떤 고액자산가가 시중은행에 돈을 맡기겠어요. 그래서 금융 생태계에 큰 교란이 올 수 있다는 논쟁이 계속 있어요.

CBDC 도입과 관련해선 연구가 진행되고 있습니다. 블록체인 방식으로 관리를 하는 것인지 많이 물어보시더라고요. 아직 결정된 건 없어요. 블록체인 방식이 될지, 다른 방식으로 될지 논의 중에 있고, 계속 진척되고 있습니다.

김광석 독자들이 일반적으로 알고 있는 디지털 화폐는 '비트코인'이에요. 소위 암호화폐(가상화폐)죠. 비트코인은 발행 주체가 없어요. 탈중앙화된 화폐죠. 하지만 CBDC는 각국의 중앙은행이 발행합니다. 가장 큰 차이점이에요. 물론 민간 기업이 발행할 수도 있어요. 그건 '스테이블 코인stable coin'이라고 하는데, 발행 주체가 있다는 점에서 암호화폐와 차이가 있죠. 스테이블 코인은 관리·감독이 가능하기 때문에 안정성 면에서 암호화폐와 차이가 있습니다. 원래는 2019년 페이스북에서 '리브라' 발행을 시도하려는 즈음에 각국에서

디지털 화폐의 분류와 특징

	암호화폐	스테이블 코인	중앙은행 디지털 화폐
발행 주체	없음(탈중앙화)	민간 기업	중앙은행
감독 방식	명확한 관리·감독 기관 없음	여러 국가가 관리·감독에 관여	정부 직접 관리·감독
특징	익명성	–	익명성 제어 가능
가치	불안정 – 수요 공급에 의해 정해짐	안정 – 통화 가치와 연동	안정 – 통화 가치와 연동
사례	비트코인(bitcoin)	리브라(Libra), 테더(Tether), JPM Coin	중국 CBDC

자료: 김광석(2020), 《포스트 코로나 2021년 경제 전망》, 지식노마드

반대가 있었습니다. 그러면서 중국이 갑자기 CBDC 발행에 탄력을 받았죠. 이어서 CBDC에 미온적이던 일본이 탄력을 받고, 스웨덴도 움직였어요. 중국은 이미 2020년에 공무원 월급을 CBDC로 지급하기 시작했어요. 아직 시범사업 정도지만, 중국이 인민은행(중앙은행)에서 시중은행으로 디지털 화폐를 발행하면 개인, 자영업자, 기업은 시중은행을 통해서 실물화폐와 교환을 하면서 CBDC를 실제 사용할 수 있다고 이해할 수 있습니다. 현금을 대체한다는 개념으로 이해하면 됩니다.

김상윤 맞습니다. CBDC와 가상화폐를 혼동하기 쉬워요. 가장 큰 차이는 중앙은행이 관리·감독할 수 있는 권한을 계속 유지하고, 확장하겠다는 거예요. 가상화폐는 탈중앙화된 화폐거든요. 현재 일어나고 있는 일들은 중앙은행이 아닌 민간은행, 전문기관도 발행을 할 수 있는 상황에 대한 실험이라 할 수 있습니다. 바로 '탈중앙화', '분산화'라는 개념이죠. 하지만 CBDC는 중앙에서

중국 인민은행 디지털 화폐 발행 및 활용 개념도

자료: 김광석(2020), 《포스트 코로나 2021년 경제 전망》, 지식노마드

계속 돈을 관리하겠다는 것이죠. 가상화폐와 정반대라고 볼 수 있습니다.

디지털 화폐 도입 이후 금융 산업의 변화

이재호 아직 중앙은행의 디지털 화폐 도입은 준비 단계에 있지만, 실제 도입이 이루어진다면 우리나라 금융 산업은 어떤 변화를 맞이하게 될까요?

박정호 금리 정책이나 통화 정책이 다시 논의돼야 하죠. 지급 준비율, 재할인율 등 기존 중앙은행이 금리 정책을 펴는 모든 수단을 대폭 수정해야 합니다.

김상윤 CBDC는 지폐 형태로 발행되지 않고 디지털 형태로만 존재하고, 중앙은행이 통제하는 방식의 돈입니다. 국가 입장에선 신속하고 안정적일 수 있지만, 개인 입장에선 자금 거래 내역이나 자산 상태를 추적당할 수 있어요.

디지털 방식의 취약점이 그대로 화폐로 확장된다는 우려도 있죠.

중국부터 에콰도르, 우루과이, 세네갈까지… 이들이 CBDC 도입에 적극적인 이유

김광석 왜 중앙은행이 CBDC 발행을 할까요. 뭔가 이로운 게 있어야 하잖아요. 우선 현금 없는 사회로 이행하며 소위 화폐 발행 및 관리 비용을 줄여나가기 위한 목적이 근저에 깔려 있어요. 그리고 위안화로 위조라든가 자금 세탁 같은 장난을 많이 치니까 지하 경제를 양성화하기 위해 CBDC를 발행해서 관리·감독하겠다는 목적이 있습니다. 현금 같은 경우는 오프라인에서 관리·감독이 불가능하죠. 그리고 중국의 경우 온라인에선 민간 핀테크 기업에 많이 의존하고 있습니다. 금융 시스템 의존도가 민간에 치우쳐 있다는 거죠. 바로 이러한 것들에 대해 중앙은행이 통제하고자 하는 의지가 있다는 차원으로 생각을 해봐야 합니다.

더불어, CBDC 발행의 배경이 된 대외 환경에 주목해야 합니다. 구체적인 예를 들자면, 전 세계 해운업계 시장점유율 1위 기업인 '머스크MAERSK'가 2019년에 블록체인 기술을 사업에 도입했습니다. 그런데 통상 해운 물류 과정에 필요한 신용장, 화물운송장 등과 같은 문서를 작성하는 데 들어가는 비용을 전체 물류비의 15% 정도라고 추산했어요. 이 과정에 블록체인 기술을 도입하면 모든 문서가 디지털화되니까 기록에 드는 비용을 절감할 수 있죠. 결제가 무척 중요한 교역 환경에 블록체인을 활용한 결제, 계약, 관리 시스템을 구축한 거죠.

김상윤 제가 생각할 때 중국이 CBDC에 가장 적극적인 이유엔 두 가지 맥락이 있는데요. 일단 아무리 노력을 해도 기축 통화국이 되지 못하는 상황에 대한 대안점을 모색하는 거라고 생각해요. 디지털 화폐만큼은 중국이 주도하면서 기축 통화의 입지를 강화하겠다는 전략이라고 보고요. 특히, 중국의 '알리페이'라는 지급 결제 기업은 전 세계에서 가장 많은 사용자를 둔 기업입니다. 그런 만큼 시장에 대한 자신감도 있는 거죠.

김광석 맞아요. 중국과 교역하는 국가들에 CBDC로 결제할 것을 요구해 나간다면 전체 결제 통화에서 위안화가 차지하는 비중이 늘어나고, 기축 통화의 지위를 가져갈 겁니다. 디지털 통화를 선점함으로써 표준을 제시하는 것. 그것이 중국이 갖고 있는 가장 큰 야욕이 아닌가 생각합니다.

중국은 수년간 위안화의 국제화를 추진해왔지만, 사실 뚜렷한 성과가 나타나지는 않았거든요. 세계 외환 시장에서 중국 위안화의 비중은 2% 수준에 불과하죠. 미국 달러화는 44% 수준으로 기축 통화로서의 영향력이 흔들리지 않고 있잖아요. 중국의 목적은 CBDC를 활용해 교역국들에게 수출입 결제를 디지털 위완화로 진행하도록 강요하고, 이를 통해 기축 통화국으로서의 지위를 구축하려는 데 있다고 판단합니다.

김상윤 한편, 금융 선진국이라고 하는 유럽이나 미국이 다소 소극적인 이유도 주목할 필요가 있습니다. 우선 유럽의 경우 여러 국가의 시스템이 통합된 형태이기 때문에 시도 자체가 부담스러운 측면이 있습니다. 또 하나는 디지털의 취약점이에요. 개인에 대한 추적, 사생활 침해 등이죠. 유럽은 개인정보 보호에 대한 인식이 높기 때문에, 이런 우려가 해소되지 않는다면 시작하지 않을 가능성이 큽니다. 미국의 경우, 중국이 CBDC 도입 선두주자로 입지를 굳힌 상황에서 미국이 이 흐름에 따라가는 형국을 좋아하지 않겠죠. 한국은 유럽과 미국의 흐름에 발맞춰 갈 가능성이 큰데, 어떻게 확장될지는 계속 지켜봐야 할 것 같습니다.

박정호 CBDC 도입에 대해 가장 적극적인 움직임을 보이는 세 나라가 있어요. 바로 우루과이, 에콰도르, 세네갈입니다. 이 세 나라가 왜 이렇게 적극적일까요? 이 나라들은 금융 시스템이 완벽히 구축돼 있지 않아요. 우리가 금융 서비스를 누리려면 어떤 회사가 규모를 키워 시스템을 구축하고, 가가호호 은행 지점을 갖춰야 합니다. 그 역할을 완수한 기업이 없는 거예요. 하지만 다들 스마트폰은 사용하거든요. 그러면 중앙은행에서 '금융 포용'이라는 관점에서 국민들이 효과적으로 금융 시스템에 접근할 수 있는 수단을 만들 필요가 있습니다. 그게 바로 디지털 화폐죠.

김광석 그리고 지금 중국 이외에 스웨덴, 아이슬란드, 터키가 CBDC를 시범 운영하고 있습니다. 의외의 국가들이 빨리 움직이고 있어요. 스웨덴 CBDC 이름은 E-크로나인데, 시범 사업을 하면서 미비한 것을 보완해나가는 단계입니다. 유럽중앙은행 차원에서도 연구가 진행되고 있고요. 미국은 CBDC 발행에 소극적이었다가 최근 태도가 바뀌었습니다. 싱크탱크 기관인 디지털달러재단Digital Dollar Foundation에서 연구를 시작했습니다. 미국은 리브라를 중심으로 대응하지 않을까 싶어요. 2020년 1분기까지만 해도 미온적이었지만, 중국이 시범 사업까지 벌이자 각국에서도 발 빠르게 움직이기 시작한 거죠. 이미 CBDC는 중국이 선두를 점한 상황입니다. 미국은 중국 CBDC에 대응하기 위해 페이스북과 중앙은행이 제휴 관계를 체결하고, 기술적 기반을 만들어 중앙은행 통화로 활용할 가능성이 있다고 봅니다.

'미래 화폐=CBDC'? 나라마다 최적화된 제도는 다르다

이재호 여러 말씀들을 해주셨지만 조세 회피가 불가능하고 지하 경제가 양성화된다는 것이 인상적이네요. 가장 보통의 사람들은 현실에서 또 어떤 풍경을 맞이하게 될까요?

김광석 과도기 때에는 현금과 맞교환이 되겠죠. 그런데 쉽게 생각해보면 궁극적으로 먼 미래엔 현금 자체가 사라질 겁니다. 인출이라는 게 없고, ATM 기기가 사라지는 거죠. 이런 '동전 없는 사회', '현금 없는 사회'라는 방향성하에서 CBDC가 발행될 겁니다. 현금을 사용할 일이 없고, 자금세탁, 금고, 지갑이 일상에서 사라지는 거예요.

김상윤 다수의 사람이 이미 화폐를 보유하지 않고 디지털로 거래를 하고 있어요. 신용카드도 그렇고 스마트폰 결제도 그렇잖아요. 지폐를 가지고 다니는 경우가 현격히 줄어들었고, 실제로 금융업에서 이뤄지는 거래 중 92%가 비대면으로 이루어지고 있습니다. 이미 일상생활에서 실물 화폐 없이 거래를 많이 하고 있습니다. 그 중간에 여러 업체가 있는 거예요. 은행도 있고, 결제를 전문으로 하는 업체도 있습니다. 하지만 CBDC가 도입되면 중앙은행이 바로 처리하게 되는 거예요. 현재는 지폐로 발행된 화폐를 중앙에서 은행권으로 대체해 사이버상의 숫자로 활용하고 있는 형태입니다. 바로 중앙은행이 발행하는 디지털 화폐를 사용하는 방식으로 바뀌는 것이므로 일반 국민들의 생활이 급변하진 않을 거라고 봐요.

김광석 지금 중앙은행이 화폐를 발행한다고 하면 종이돈을 찍어내는 걸 상상하겠지만, 그렇지 않습니다. 전자적으로만 발행하는 것이죠. 이때 디지털 소외 계층도 중요한 문제예요. 지금 이 순간에도 7.5% 정도의 국민은 직접 종이 통장을 찍어봐야 돈이 들어왔다고 생각해요. 거래 내역을 조회하기 위해 반드시 은행을 방문해서 종이 통장으로 찍어봐야만 하는 분들이 분명 있어요. 하지만 돈을 직접 세보진 않잖아요. 현금을 모조리 인출해서 금고에 보관한다거나 지갑에 넣고 다니는 모습은 점점 더 보기 힘들어질 겁니다. 이것이 바로 지폐와 동전 없는 세상이에요. 관리·감독이 용이해진다는 것은 지폐와 동전을 발행하지 않기 때문에 일어나는 부수적인 장점이에요.

박정호 CBDC는 화폐가 디지털화되는 것을 넘어 기존 금융 정책 전반에 변화를 가져옵니다. 디지털 화폐 도입을 추진하는 이유도 국가별로 달라요. 대표적으로 세네갈이나 우루과이, 에콰도르에서는 금융 시스템을 제공해주는 수단으로 생각하죠. 유럽권은 이미 현금 사용률이 굉장히 낮기 때문에 관심이 많죠. 전 세계에서 현금 사용률이 가장 낮은 벨기에의 현금 사용률이 7%입니다. 한국은 현금 사용률이 26.4%예요.[•] 꽤 높은 편이죠? 그러니까 한

• 한국은행, 〈2019년 지급수단 및 모바일금융서비스 이용행태 조사결과〉, p4.

국은행에서 종이 화폐를 없애겠다는 생각을 하지 않고 있어요.

CBDC는 자연 법칙이 아니라는 점을 강조하고 싶네요. 또 국가마다 최적화된 제도는 다 달라요. 일본의 경우, 지진 때문에 가상화폐를 쓰기 어려운 환경이에요. 정부 차원에서 전자적 결제 수단을 권장해봤지만, 지진이 일어나면 가장 먼저 끊기는 게 전기거든요. 그럼 ATM 기기나 신용카드 단말기가 다 먹통이 되죠. 이런 지정학적 이유 등을 생각하면, 미래 화폐 모습이 하나의 모습으로 통일되진 않을 거예요.

김광석 사실 일본은 CBDC 도입에 적극적이라기보다 다른 나라들이 치고 나가니까 가만히 있으면 안 되겠다 싶어 움직이는 면도 있죠. 다만 일본은 자연재해가 일상적이기 때문에 기술 도입에 있어 보완책을 만들어가면서 전개돼야 하지 않을까요? 전기가 끊기는 바람에 지급 결제가 안 되면 곤란하잖아요. 전기가 끊겨도 자체적으로 전원을 공급하는 배터리나 ESS 등 기술적 배경을 갖춰나갈 필요가 있습니다.

PART 2

FUTURE SCENARIO 2022

산업

INDUSTRY

미래
시나리오
2022

04 백신 작동 이후, 산업에 대한 새 접근법

김상윤

모든 산업을 뒤흔들고 있는 코로나19

집 앞 분식집 하나가 결국 문을 닫았다. 퇴근길 몇 천 원이면 하루의 피로를 다 잊기에 충분할 만큼 정말로 맛있는 분식집이었다. 문을 닫기 직전 마지막 방문에서 사장님에게 들었던 얘기는 역시 코로나19와 관련이 있었다. 매출 감소를 힘겹게 버텨왔는데 그 기간이 이렇게 길어질 줄은 몰랐다고 한다. 코로나19의 장기화로 인한 피해는 이렇게 직접적이고, 구체적이다. 그 누구도 코로나19의 완전한 종식 시점을 장담하지 못하는 현재의 상황에서 2021년 하반기와 2022년은 필자가 집 앞 '최애' 분식집을 잃은 것처럼, 보유 경쟁력과는 별개로 우리 산업에 있어 '최애' 기업을 잃을지도 모르는 절체절명의 상

코로나19 팬데믹 기간의 G7 주요국의 생산량 감소 (2020. 2Q)

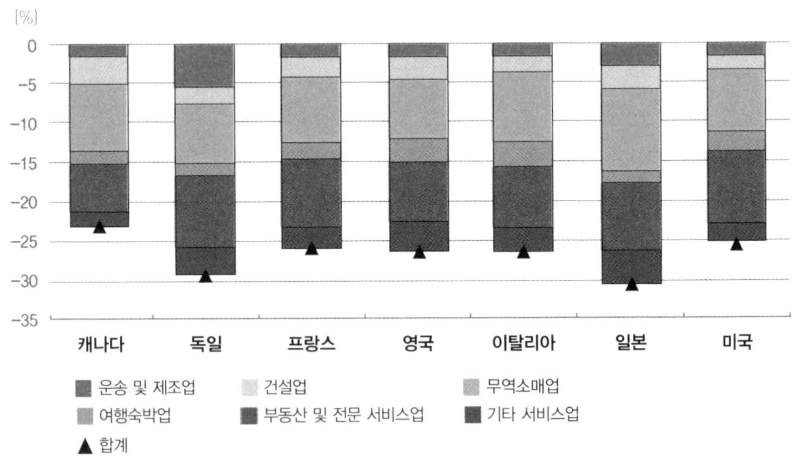

자료: OECD, Evaluating the initial impact of COVID-19 containment measures on economic activity (2020)

황에 다다르고 있다.

코로나19로 인한 전 세계 산업에의 영향은 생각보다 그 폭이 넓고, 깊다. 이제껏 경험해보지 못한 대혼란 속에 주요국 여러 산업 영역에서 반복적으로 셧다운 조치가 취해지면서, 기업들은 끝이 보이지 않는 위기의 긴 터널을 지나고 있다. OECD의 자료에 따르면 코로나19 팬데믹이 극한의 상황을 맞이한 2020년 2분기, G7에 속한 선진국들조차도 여러 산업 영역에 걸쳐 평균 GDP 대비 30% 이상의 생산량 감소를 경험했다.

특히, G7 모든 국가에서 공통적으로 도소매업, 물류 유통업, 부동산 및 전문 서비스업에서의 피해가 컸다. 전체 피해의 약 50% 이상에 이르는 수준이다. 또한 이탈리아, 일본과 같은 국가에서는 관광·레저 산업에서 피해가 도드라졌으며, 제조 강국 독일에서는 제조업에서 피해가 상대적으로 컸다. 그러나

코로나19 팬데믹 기간의 G7 주요국의 소비량 감소 (2020. 2Q)

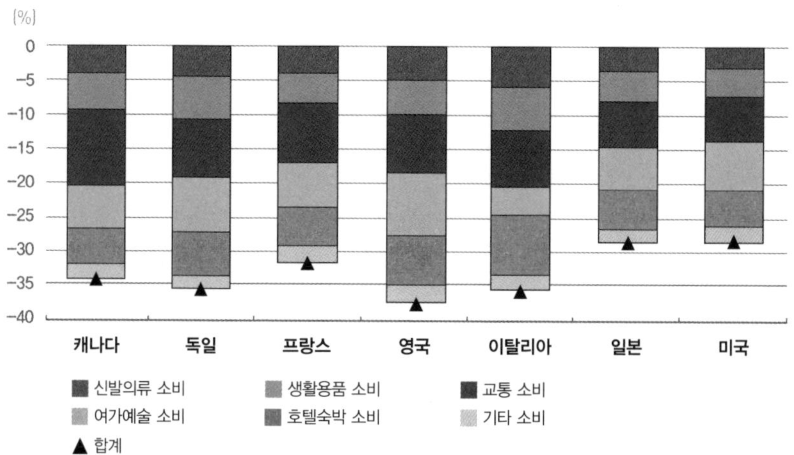

자료: OECD, Evaluating the initial impact of COVID-19 containment measures on economic activity (2020)

이는 G7 국가 간의 기본적인 산업 구조의 차이를 반영한 것일 뿐, 코로나19로 인한 산업 침체는 특정 지역 또는 특정 산업에 국한되지 않는다.

코로나19 팬데믹으로 인한 산업 침체를 확인하는 또 다른 방법은 산업 영역별 소비 지출 감소를 살펴보는 것이다. G7 국가의 소비자들은 코로나19 팬데믹 기간 동안 소비 지출을 평균 약 30% 정도 줄였다. 일반적으로 소비자들이 소비 지출을 줄이게 되면, 재화의 수입량이 줄거나 국내 기업들의 생산량이 줄어들게 된다.

그중에서도 항공, 호텔, 식당 등 관광 산업 기반 서비스업 내 소비 지출 감소폭이 가장 컸다. 코로나19 창궐 이후 현재까지 전 세계 50여 개 항공사가 파산했거나, 운영을 중단했다. 경쟁력 보유 여부와 상관없이 버티기 경쟁에 들어간 글로벌 항공 업계는 코로나19 종식을 누구보다도 애타게 기다리고 있다. 공연·예술 산업 또한 심각하다. 코로나19로 인한 소비 지출 감소 중 약 5분의 1을 공연·예술 산업이 차지하고 있을 정도다. BTS, 두아 리파 등 최소 1~2년 전에 기획, 예정돼 있던 글로벌 아티스트들의 공연도 모두 취소되었다. 특히 공연·예술 업계는 부분 공연, 축소 공연이 어렵기 때문에 거의 0zero에 가까운 상황이다. 2021년 2분기부터 유럽을 중심으로 일부 공연이 개최되고는 있으나, 코로나 이전으로 돌아가는 것은 상당한 시간이 걸릴 것으로 보인다.

서비스업, 회복탄력성 잃어버릴 우려

회복탄력성resilience이라는 말이 있다. 탄성을 가진 용수철에 빗대어 위기의 상황에서 매출이 줄거나 경쟁력을 상실한 기업이 특정 계기에 의해 새로운 역량과 기회를 발굴해 이전의 모습으로 복귀하거나 혹은 그 이상의 성과를 얻게 되는 힘을 말한다.

세계적인 맥주회사인 벨기에 안호이저부시 인베브는 2008년 금융 위기를 겪는 과정에서 현금 흐름을 안정적으로 유지하고자, 미국 내 2위였던 시월드SeaWorld라는 테마파크 사업을 매각해 23억 달러(한화 약 2조 5,599억 원)의 현금을 마련했다. 당시에는 시장 잠재성이 충분한 사업 영역이었지만, 세계 경제가 불확실한 상황에서 본업인 주류업에 좀 더 집중하고자 이러한 선택을 했다. 이후 몇몇 글로벌 주류 기업이 도산했고, 인베브는 이를 파고들어 금융 위기 이후 1년 만에 매출을 두 배로 키울 수 있었다.

미국 타이어 기업 브릿지스톤은 2008년 당시로서는 크게 주목받지 못했던 재생 타이어 시장에 선제적으로 진출했다. 연구 개발 비용이나 사업적 노력이 상대적으로 적게 드는 분야에서 '친환경' 이미지를 강조하면서 타이어 시장의 새로운 영역을 개척한 것이다. 최근 모든 업계에서 '친환경'이 중요한 경쟁력이 되고 있는 상황에서, 브릿지스톤의 선택은 탁월했다.

현재 코로나19 위기를 겪고 있는 기업들도 비용을 줄이고, 리스크를 최소화하고, 안전한 투자를 지향하고, 유망한 비즈니스로 전환하는 등 회복탄력성을 갖추기 위해 고군분투 하고 있다. 그러나 문제는 기업들의 노력에 비해 너무나도 더딘 산업 전체의 회복 속도에 있다. 특히나 몇몇 서비스업은 산업 존폐의 위기가 올 수 있다. 앞서 지적했던 항공-여행-숙박업, 공연-예술-스포츠 산업, 무역-유통-도소매업 등은 전 세계적 코로나19 종식 선언이 이루어지지 않고서는 급반등하기 어려운 산업적 특성을 갖고 있다. 2021년 하반기를 넘어 2022년까지 팬데믹 자체가 장기화되면, 취약 업계에 속한 기업들은 회복탄력성을 발휘할 기회조차 얻지 못하는 상황에 이를 수 있다.

최근 몇몇 설문 조사들도 이러한 우려를 확인시켜주고 있다. OECD가 벨기에와 영국 기업을 대상으로 한 설문에 따르면, 벨기에에서는 응답 기업 중 약 5분의 1이 지금 당장 추가 자본 마련을 위한 신용 대출을 받지 않고서는 3개월 내에 부도 가능성이 높다고 응답했다(왼쪽 그림). 특히, 앞서 지적한 취약 업계인 공연·예술, 호텔·숙박, 음식서비스업에서 부도 가능성이 가장 높았다. 대략 30~40%의 기업이 3개월 내 부도를 우려했다. 영국에서는 응답 기업 중 약 5분의 1이 현재 운영 비용이 매출액을 초과하고 있으며, 그 초과액은 50% 이상이라고 응답했다(오른쪽 그림). 영국에서도 공연·예술, 호텔·숙박, 음식서비스업에 속한 기업들의 우려가 가장 컸다.

이 모든 짐을 개별 기업에게 떠넘기기에는 산업 전체의 부실이 우려된다. 위기 속에서도 회복탄력성을 갖추려 노력하는 기업들에게 최소한의 안전장

코로나19 팬데믹으로 인한 기업들의 부도 위험성 증대

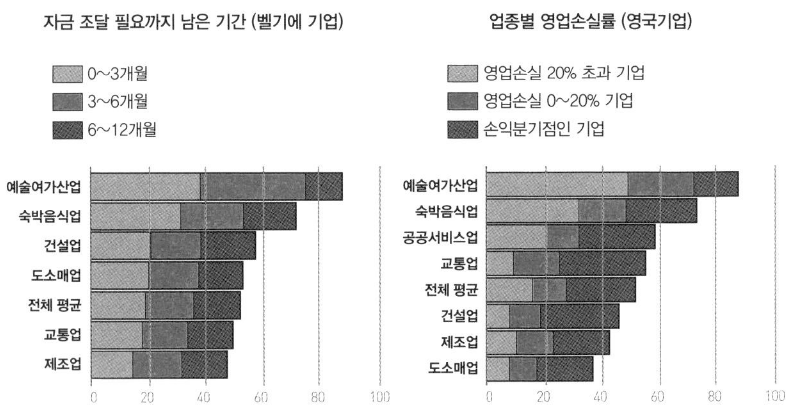

자료: OECD, The impact of the COVID-19 pandemic on sectoral output (2020)

치는 마련해줘야 한다. 취약 업계를 중심으로 강력하고 선제적인 국가적 지원이 2021년 하반기와 2022년에 더욱 집중돼야 할 것이다.

제조업, 코로나로 인해 글로벌 가치 사슬 감염되다

2020년 1월 28일, 중국 후베이성 우한에 생산 거점을 둔 글로벌 제조 기업들은 공장을 일시 폐쇄했다. 혼다, 르노, PSA 등 글로벌 자동차 기업뿐만 아니라 지멘스, 스미모토 전기, 이케아 등 다수였다. 당시는 우한을 비롯한 중국 지역에서 약 4천여 명의 코로나19 확진자가 나온 시점이었다. 이후 코로나19의 전 세계 확산세와 함께 제조업 생산기지 가동 중단 또한 독일, 미국 등 주요 제조 강국으로 확산됐다. 다수 기업의 가동 중단과 더불어 세계 무역량 또한 급감하면서 글로벌 공급 사슬에 속해 있던 기업들은 자재, 설비, 기술의 공급을 받지 못하는 상황에 이르렀다. 이즈음 한국의 현대자동차는 자동차 조립 시 내부 전선들을 묶어주는 와이어링 하네스wiring harness라는 장치를 협력 기업으로부터 공급받지 못해 약 2주일간 10만 대 정도의 생산 차질을 빚었다. 의료기기 제조업체 필립스는 코로나19 팬데믹으로 인해 인공호흡기 수요가 폭증하면서 모처럼 대량 주문을 받았으나, 인공호흡기에 들어가는 작은 부품 하나를 공급받지 못해 절호의 기회를 놓친 사례도 있었다.

현대자동차와 필립스의 사례에서처럼, 코로나19 팬데믹 기간 공급망 위기를 겪은 글로벌 기업들은 글로벌 공급 사슬을 바라보는 관점에 대해 새로운 고민을 시작했다. 지금껏 대부분의 기업들은 글로벌 분업 구조를 활용해 비용 효율을 추구하는 것에 초점이 맞춰져 있었다. 하지만, 코로나19 팬데믹에 따른 공급망 위기의 경험으로 인해, 안정적인 공급망에 대한 중요성을 인식하는 계기가 됐다.

2020년 출간한《미래 시나리오 2021》에서 필자는 20세기 세계 제조업의 성장 과정은 분업 구조의 강화와 맥을 같이한다는 점을 기술한 바 있다.• '저임금을 활용한 효율적 생산'은 개도국에 맡기고, '고급 인력과 기술력 중심의 고부가가치 영역'은 선진국이 담당하는 글로벌 분업 구조는 지난 50년 이상 세계 제조업을 지배해온 대전제였다. 그러나 2008년 금융 위기 이후 대전제가 깨지고 있다는 것을 여러 통계에서 확인할 수 있었으며, 코로나19 팬데믹 공급망 위기의 경험은 이를 더욱 강화할 것으로 전망된다.

•
스마트 제조 기반의 선진국, 혁신 산업 중심의 리쇼어링 유행. 선진국-개도국 간 공정 및 제품 품질 격차 축소 및 권역 내 자체 수급 강화 등 제조업 역글로벌화 추세 강화

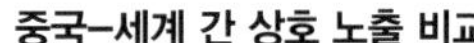
중국-세계 간 상호 노출 비교

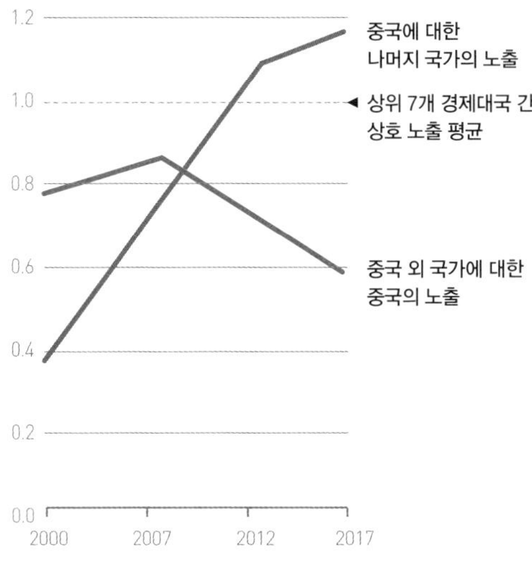

주 : 대체로 1이 넘어가면 해당 국가의 무역, 상품, 기술, 자본이 다른 국가에 많이 노출(확산)되고 있다는 의미
자료: Mckinsey Global Institute analysis, China and the world: Inside the dynamics of a changing relationship (2019)

가장 대표적으로 중국의 역할 변화를 들 수 있다. 2018년 중국은 전 세계 GDP 기준 미국의 66%로 세계에서 두 번째로 큰 경제 국가가 됐다. 또한, 세계 GDP의 16%를 차지하고 있다. 중국이 이렇게 성장하기까지는 '세계의 공장Factory of World'이라고 불릴 정도로 세계 제조업의 핵심 생산 기지 국가로서의 역할을 키워온 것이 주효했다. 그러나 최근 제조업 글로벌 공급 사슬에 있어서 중국의 역할 확대는 정체되고 있다. 이는 근본적으로 글로벌 산업의 관점에서 세계가 원하는 중국의 모습과 중국이 원하는 중국의 모습이 서로 충돌하고 있기 때문이다.

맥킨지는 무역, 기술, 자본 영역에서 중국과 나머지 세계 간의 상호 노출을 분석했다. 2000년부터 2017년까지 중국에 대한 세계의 노출은 모든 영역에

WTO의 글로벌 공급망 구조 변화 분석

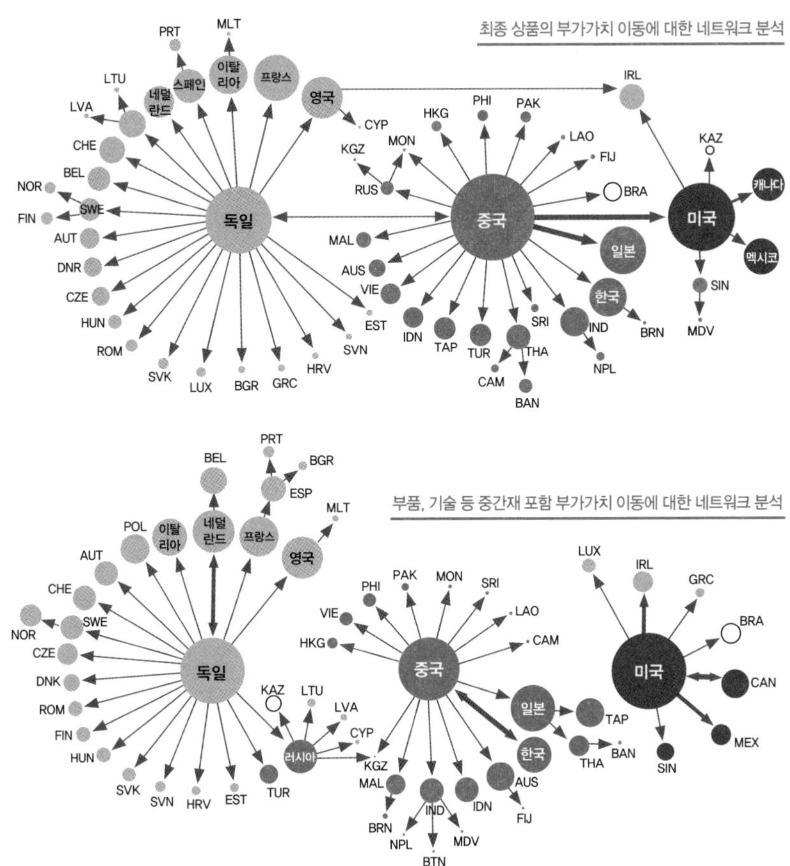

주: 원의 크기는 부가가치 수출의 규모, 화살표의 두께는 관계의 중요도를 표시

서 증가한 반면(0.4 →1.2), 세계에 대한 중국의 노출은 2007년 정점(0.9)을 찍고, 2017년 0.6으로 감소했다. 이는 중국이 세계를 향해 열어놓은 문을 약간 닫으려 하고 있다고 표현할 수 있다. 다시 말해, 중국의 경제가 선진국에 비해 상대적으로 폐쇄적이고, 산업 또한 거기에 맞춰서 폐쇄성을 강화하고 있다는

점으로 설명할 수 있다. 이는 결과적으로 '제조업 글로벌 분업 구조 약화', '역글로벌화'를 더욱 부추기고 있다.

WTO는 최근 글로벌 공급망 구조 변화를 소셜 네트워크 분석을 이용해 시각화했다. 앞의 그림은 최종 상품의 부가가치 거래에 대한 패턴을 보여주고, 아래 그림은 부품, 기술 등 글로벌 공급망 거래의 전체 패턴을 보여준다. 거품의 크기는 부가가치 수출의 규모를, 화살표의 두께는 그 중요도를 나타낸다.

결론적으로 부품, 기술까지 포함한 글로벌 공급망은 최종 상품만을 봤을 때보다, 훨씬 더 지역화돼 있다는 것이다. 필자는《미래 시나리오 2021》에서 이러한 현상을 유럽권, 중국권, 미국권 중심의 권역 내 자체 수급 비중 강화(지역화, 권역화)로 설명했다.

다만, 아직까지 중국이 글로벌 분업 구조에 극히 의존하고 있는 분야는 하이테크다. 중국의 산업적 성장에도 불구하고 대부분의 하이테크 분야에서는 아직 선도국과의 격차가 존재한다. 중국은 인공지능, 드론 등 일부 디지털 분야에서는 선도국과의 격차를 빠르게 좁히고 있지만, 나머지 하이테크 분야에서는 선도국과의 격차가 여전히 커서, 해외의 기술을 도입한 기업이 자국 시장에서 우선적으로 성장할 수 있도록 정부가 지원하고 있다.

예를 들어, 태양광 패널, 고속철도, 디지털 결제 시스템, 전기차의 경우 중국 업체가 자국 시장의 90% 이상을 차지하고 있다. 해외 진출 시에는 철저히 글로벌 표준 기술을 활용하고, 현지 기업과의 협업을 통해 안전하게 시장에 정착하기 위한 방법을 적극 활용하고 있다.

코로나19 이후 1등 기업의 독식 구조 목격할 것

김상윤 코로나19가 언제 종식될지 모르잖아요. 물론 2021년에 종식될 수도 있지만 장기화될 가능성도 있는데요. 가장 피해가 큰 산업은 무엇이고, 반대로 가장 회복이 빠르거나 피해가 적은 산업은 무엇일까요?

이재호 제조업은 이미 많이 회복됐습니다. 아무리 코로나19 시대라도 사람들은 스마트폰을 사야 하고 자동차, 냉장고, 에어컨 같은 물건을 사야 하거든요. 사람들이 집에 머무는 시간이 길어지면서 오히려 코로나19 특수를 누리고 있는 품목도 많습니다. 우리나라에 한정하면 제조업은 별로 걱정할 게 없습니다. 위축됐던 수출이 금방 회복했고 오히려 사상 최고치에 다가가고 있어요.

문제는 항공여객, 레저, 숙박 · 음식, 문화 · 예술, 교육 등 대면 서비스업인데요.

저는 그중에서도 가장 큰 위기에 처해 있는 분야가 문화·예술이라고 생각해요. 이건 단순히 산업이나 일자리 차원의 문제가 아니죠. 미국 대공황 시기 루스벨트 행정부가 뉴딜 정책을 시행할 때도 문화·예술인에 대한 지원이 굉장히 중요한 항목으로 들어가 있었어요. 우리나라에서 대면 서비스 업종에 대한 여러 가지 정책적인 지원을 하고 있지만, 그중에서도 문화·예술에 대한 지원이 좀 더 확장될 필요가 있습니다.

김상윤 공연·예술, 스포츠 분야는 각 업종의 정상급에 위치한 경우는 큰 피해가 없어요. 그 이외엔 타격이 정말 크거든요. 다른 산업처럼 수입이 20~30% 줄어드는 정도가 아니고 활동이 거의 중단되는 상황이라 피해가 가장 크죠. 지역 상권에서도 상당히 큰 역할을 했는데, 지역 내 행사도 다 중단됐거든요. 그걸로 먹고 살던 사람들이 있는데, 코로나19가 장기화되면 타격이 상상하기 어려울 정도로 큽니다.

이재호 대공황 때 루스벨트 행정부는 공공사업진흥국을 중심으로 여러 일자리 사업을 진행했어요. 음악·미술·연극 등 예술 분야에도 엄청난 예산을 투입했습니다. 한국형 뉴딜에도 이런 내용이 일부 포함돼 있기는 하지만 더욱 적극적이고 과감한 지원이 필요하다고 생각해요.

박정호 코로나19로 인해서 가장 취약해진 산업 구조가 글로벌 금융 위기 때와 똑같은 양상으로 전개되고 있습니다. 자금 여력이 있는 회사들 중심으로 재편되거나 나중에 그 회사들만 남아서 시장 집중력이 높아지는 형태로 바뀌는 전조가 보여요. 숙박업을 예로 들어보죠. 2021년 우리나라에서 내로라하는 호텔들이 매물로 나오고, 매각이 이루어지고 있어요. 자금 유동성이 부재한 회사들이 매물로 나오고 있는 상황입니다. 그러면 코로나19가 일단락된 뒤에는 남아 있는 특정 시장 플레이어 몇몇으로 집중화될 수 있어요. 글로벌 금융 위기 때와 똑같은 일들이 일어난 것이죠. 문화·스포츠·레저 분야에 대한 승자독식 구조, '잔존 세력 독식 구조'라고 할 수 있겠네요. 이 구조가 전개되기 직전의 모습이 목격되고 있어요. 국내에서 자금 여력이 있는 기업이 문화·예술 관련 시설을 대거 매입하고, 코로나19 이후 문화 콘텐츠 관련 큰 판을 벌일 수 있는 공간을 갖게 되는 거죠. 문화·예술계 대기업의 독과점이 앞으로 전개될 모습 중 하나라고 점쳐집니다.

이런 상황에서 문화·예술 분야에 대한 지원도 섬세하게 이루어질 필요가 있습니다. 얼마 전 녹화 때문에 방송국에 갔는데, 고용 보험과 관련해서 서명하라고 하더라고요. 뭔가 했더니, 모든 고정 출연자들에게 예술인 고용보험을 들어주는 거였어요. 최근에 바뀐 법인데, 문화·예술 분야 종사자에게 기본적인 생계 보장을 해주겠다는 취지죠. 그런데 발 빠르게 시행하는 건 좋은데, 굳이 저 같은 사람도 해당돼야 할까 싶더라고요. 제도적 보완은 계속 필요할 거 같습니다.

패키지 여행, 갈 수 있을까? 코로나19가 끝나도 돌아오지 않을 것들

김광석 코로나19라는 충격의 특성 자체가 '셧다운', '사회적 거리두기'이기 때문에 여행업, 항공업, 면세점업과 같은 오프라인 기반의 서비스업은 코로나19가 장기화할수록 회복이 어렵겠죠. 하지만 백신이 보급되고 코로나19

종식 선언을 하게 될 즈음에 말 그대로 펜트업 효과pent-up effect가 일어날 것인지, 그렇게 되면 기존의 언택트untact나 디지털 기업들은 어떻게 될지, 종식을 염두에 두고 이야기 나눠보고 싶습니다.

이재호 여행 산업에 대해 먼저 말씀을 드릴게요. 과거 여행사 매출의 큰 축은 저가의 패키지 여행이었어요. 하지만 업계에서는 코로나19가 종식된 이후에도 단기적으로는 그런 형태의 여행 상품이 다시 만들어지기 어려울 것이라고 전망하고 있습니다. 코로나19 재확산에 대한 두려움과 강화된 방역 수칙 때문에 코로나19 이후 개별 고급 상품 중심으로 재편될 가능성이 큽니다.

김광석 코로나19의 충격으로 사라졌던 산업이 다시 제자리로 돌아오느냐 아니면 사라지느냐, 일시적 변화인지 구조적 변화인지의 문제죠. 패키지 여행 상품은 일시적인 충격으로 잠깐 사라진 걸까요, 아니면 영원히 돌아오지 않을까요?

우선, 코로나19 종식 선언 이후엔 억눌렸던 여행, 교육, 패션, 화장품 등의 소비가 폭증할 거라고 생각해요. 그리고 상당 기간 시간이 지나면 돌아오겠죠. 동시에 이 기간엔 코로나19 충격으로 폭증했던 전자 상거래, 게임, 비대면 서비스업과 같은 일부 산업은 다시 상쇄되리라는 생각이 들어요. 코로나19 종식 선언과 동시에 대거 여행을 가고, 24시간 중 일부가 오프라인 서비스로 전환되는 과정에서 언택트, 디지털 서비스 산업은 일시적으로 충격이 있지 않을까 예상합니다. 이게 기본적인 그림이 될 거예요. 그리고 앞서 말씀하신 패키지 여행이 과연 없어질까요? 저는 조금 반신반의합니다. 코로나19 종식 이후에 다시 경험하지 못할 게 그렇게 많을 것 같진 않거든요.

이재호 다른 건 잘 몰라도 수십 명이 함께 가는 패키지 여행의 경우 수요는 있겠지만 공급이 쉽지 않을 것이라고 봅니다. 각종 방역 수칙 기준을 맞추다 보면 비용은 계속 올라갑니다. 패키지 여행의 최대 장점이라 할 수 있는 '저렴한 가격'을 달성하기 어려운 거죠. 코로나19 종식 이후에도 철마다 저렴한 패키지 상품을 통해 해외 여행을 가는 풍경은 꽤 오랜 기간 보기 어려울 거라고 전망합니다. 물론 세월이 많이 지나면 다시 가능하긴 하겠지만요.

박정호 이번 기회를 경영자들이 잘 이용할 가능성이 커요. 산업 구조 조정의 촉매로 삼는 거죠. 문화·숙박·레저 산업은 노동 집약적인 산업인데, 시장 흐름이 바뀌고 있어도 인력 문제로 발 빠르게 대응을 할 순 없었어요. 법적으로도 갑자기 사업부를 줄이는 건 불가능하죠. 그런데 지금은 디지털 전환을 할 수 있는 최선의 시기예요. ROI Return on Investment가 낮은 산업을 재건할 이유가 전혀 없는 상황이 된 거죠. 저는 여행업, 숙박업 등은 승자독식 구조로 전환되고, 디지털 전환도 가속화되고 관련 법 제정이 전개될 거라고 봅니다.

김광석 코로나19 종식 이후 다시 제자리로 돌아올 변화와 그렇지 않을 변화를 구분해서 대응 전략을 모색할 필요가 있다고 봅니다. 영구적인 변화가 예상되는 대표적인 예가 교육이에요. 제가 얼마 전 한 기업에 주재원 교육을 다녀왔어요. 이전까지 해외 주재원 교육은 오프라인으로 진행됐는데요. 이번엔 120개 나라에 흩어져 있는 300여 명의 주재원들이 실시간 비대면으로 각자 자기 나라에서 강의를 듣는 언택트 강의를 진행했습니다. 만약 코로나19가 종식되면, 다시 오프라인 교육으로 돌아갈까요? 제 생각엔 다시 돌아가지 않을 것 같아요.

한 가지 사례가 더 있어요. 얼마 전 모 은행의 전국 지점장 교육에 다녀왔어요. 저는 본사 강연장에 갔고, 전국적으로 분포돼 있는 지점장님들이 자기 방에서 교육을 듣는 거예요. 만약 지점장들이 한자리에 모여서 강의를 듣는다면, 비용이 많이 들겠죠. 하지만 그 효과는 언택트 강의와 별반 차이가 없죠. 만약 현장직이 8천 명인 한 공장에서 강의를 한다고 생각해보세요. 코로나19 이전에 80명씩 100회 강의를 제공했다면, 지금은 800명씩 10회로 강의를 제공해요. 비용이 획기적으로 줄어들겠죠. 교육 사업 분야의 경우, 온라인과 오프라인 강의 사이에 비용 차이가 크지만 그 효과가 비슷하다면 온전히 제자리로 돌아오기 어려운 영역이지 않을까요? 지형의 변화가 가장 크고, 영구적인 변화가 예상되는 영역인 거 같습니다.

김상윤

코로나19가 야기한 데이터 주권주의•

2020년 2분기, 코로나가 전 세계를 강타하기 시작할 무렵 우리나라에서는 사회적으로 크게 부각된 이슈가 하나 있었다. 코로나19의 확산 방지 목적으로 정부가 긴급재난문자 제공 서비스를 시작했는데, 여기에 확진자들의 동선과 더불어 각종 개인정보가 포함돼 있었던 것이다. 보건 위기, 방역 비상 상황

• 신체나 재산의 권리처럼, 각 주체에 정보 권리를 부여해 자신의 데이터가 어디서, 어떻게, 어떤 목적으로 사용될지 결정할 수 있는 권리

각국 정부가 공개한 확진자 정보 유형 (WSJ, 2020년 4월)

	한국	싱가포르	홍콩	영국	독일	뉴욕
나이·성별	○	○	○	×	○	○
여행 이력	○	○	○	○	×	○
직장 주소	○	○	×	×	×	×
거주지	○	○	○	×	×	×
국적(사례 수집 시)	○	○	×	×	×	×
치료 위치	○	○	○	○	×	×
직전 방문 장소	○	○	×	×	×	×
확인된 접촉자	○	×	○	×	×	×
감염 확인 방법	○	×	×	×	×	×

자료: Wall Street Journal, 2020. 4

에서 공공의 목적 달성을 위해 개인정보의 공개가 불가피하다는 쪽과 아무리 공익을 위해서라도 개인의 기본권인 프라이버시의 침해는 안 된다는 쪽의 의견이 맞섰다. 영국 BBC, 미국 〈월스트리트저널〉 등 해외 언론들도 우리나라의 확진자 추적 과정에서 개인 프라이버시 침해 가능성이 있음을 집중적으로 보도했다.

실제로 2020년 4월 기준, 주요국 정부가 공개한 확진자 정보를 보면 우리나라의 공개 범위가 가장 넓었다. 나이, 성별, 주소, 거주지, 방문 장소 등 정보들을 종합하면 이 사람이 누구인지, 누구라도 식별 가능한 수준이었다. 그에 비해 유럽 국가들은 개인정보 공개에 상당히 보수적이었다. 국내에서는 한 달여 이상 갑론을박을 벌인 끝에 지금과 같이 나이, 성별, 구체적 주소지 등 개인정보 일부를 비식별화 처리해 공개하는 것으로 일단락됐다.

물론 우리나라는 신속하고 상세한 확진자 정보 공개로 효과적인 초기 방역을 이뤄냈다는 점에서 여러 국가들로부터 세계 최고 수준의 디지털 기반 방역 국가로 평가받고 있다. 그러나 코로나19로 부각된 프라이버시 문제는 개인의 일거수일투족이 디지털 정보로 수집되고 추적되는 현 시대에 개인의 개인정보 자기 결정권 침해 문제와 연결되며 사회적 논의에 불을 붙이는 계기가 됐다.

사실 디지털 개인정보에 관한 이슈가 근래에 생겨난 것은 아니다. 지난 2013년으로 거슬러 올라가 보면, 당시 전 세계 인터넷 업계를 들썩이게 만든 사건이 있었다. 미국 정부가 구글, 마이크로소프트 등 자국 IT 기업과 통신회사에 프리즘PRISM이란 프로그램을 설치해 세계의 모든 온라인 통신 내용과 개인정보를 무차별적으로 감시하고 있다는 사실이 드러난 것이다. 이를 폭로한 사람은 다름 아닌 미국 중앙정보국CIA 요원이었던 에드워드 스노든이었다.

전 세계는 공분을 감추지 못했고, 데이터 관련 질서를 바로잡기 위한 노력을 시작했다. 이때 부상한 개념이 바로 '데이터 주권data sovereignty'이다. 이후 개인들은 개인정보 유출·불법 활용 등에 관한 경각심을 높였으며, 주요국 정부는 자국 내 기업 또는 공공이 수집한 데이터는 자국 내에서만 저장·처리해야 한다는 개념을 정책적으로 도입하기 시작했다. 우리는 이를 '데이터 지역화data localization'라 부른다.

러시아의 경우 2015년 9월부터 러시아 내 기업들은 고객의 개인정보를 러시아 내 서버에만 저장·활용하는 것을 의무화하도록 했다. 마찬가지로 중국도 2016년 네트워크 안전법이라는 이름으로 중국 내 수집한 데이터는 중국 현지에 있는 서버에만 저장해야 한다고 규정하고 있다. 이후 데이터 분야 미국 기업들의 영향력이 점점 커짐에 따라, 매년 미국을 제외한 여러 국가에서

주요국의 데이터 주권주의, 데이터 지역화 관련 규제 사례

구분	중국	EU	러시아	미국
지도명	네트워크 안전법	GDPR	러시아 연방법 내 개인정보 보호법	소비자 프라이버시 권리장전
주요 내용	· 중국에서 사업하면서 수집한 정보는 중국 서버에 보관 의무화 · 데이터 이전 시 중국 당국 평가 필수	· 개인정보 삭제권 등 개인의 권리 강화 · 해외 이전 정보가 침해될 경우 소송 가능	· 러시아 개인정보는 현지 DB에 관리 · DB 위치는 당국에 신고	· 개인정보 삭제권, 출처 · 목적 요구권 등 개인의 권리 강화
시행 시기	2019년 1월	2018년 5월	2015년 9월	2020년 1월 (캘리포니아주)

자료: KISA-IITP

는 '데이터 주권주의', '데이터 지역화'를 강화하는 각종 규제들이 발표되고 있다.

'제2의 석유', 데이터 경제를 완성하다

앞서 언급했던 것처럼, 2021년은 4차 산업혁명 2라운드의 시작이다. 변화를 이끄는 주요 동인이 바로 데이터다. 데이터는 '제2의 석유'라 불릴 정도로 모든 산업에서 그 역할을 키우고 있다. 이로 인해 우리는 현 시대를 '4차 산업혁명 시대'와 더불어 '데이터 경제 시대'로 부르기도 한다.

우리가 눈을 깜빡하는 순간에도 사람과 기기가 인터넷이나 IoT로 연결돼 막대한 양의 데이터가 사이버 세계cyber world에 생성된다. 2019년 발표된 UN의 데이터 경제 관련 보고서에 따르면, 1초당 전 세계 이메일 전송 건수는 270만 건, 구글 검색 및 유튜브 동영상 시청은 각각 7만 건, 트윗 전송은 8천

세계 1초당 데이터 생성량 및 연간 데이터 이용 추이

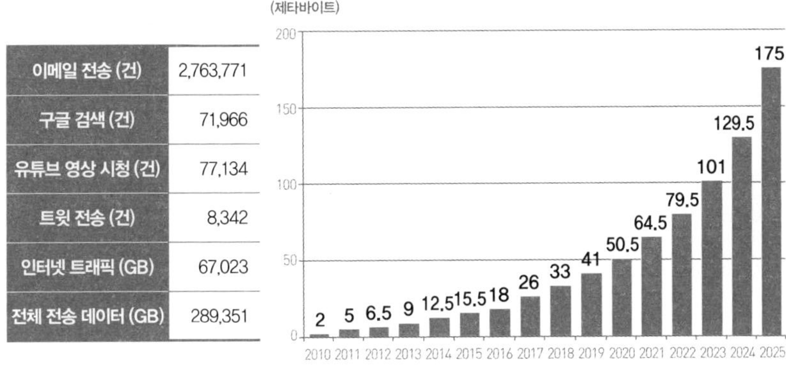

이메일 전송 (건)	2,763,771
구글 검색 (건)	71,966
유튜브 영상 시청 (건)	77,134
트윗 전송 (건)	8,342
인터넷 트래픽 (GB)	67,023
전체 전송 데이터 (GB)	289,351

자료: (왼쪽) UN, Data Economy: Radical transformation or dystopia?, 2019
(오른쪽) Statista,Volume of data/information created worldwide from 2010 to 2025 (in zetabytes), 2018.12

건, 인터넷 트래픽은 6만 7천 기가바이트 등 1초당 평균 28만 9천 기가바이트의 데이터가 생성되고 있다. 매 초마다 이렇게 막대한 양의 데이터가 생성되다 보니, 전 세계 데이터 이용량 규모는 2010년 2제타바이트에서 2025년 175제타바이트로 약 90배 급증할 것으로 전망된다.

이렇듯 개인, 기업, 국가 등 모든 영역에서 생성되고 있는 데이터의 양은 방대하고, 범위는 넓고 깊다. 지난 1980년대 인터넷이 처음으로 세상에 등장했을 때, 그리고 3차 산업혁명 시기인 2000년대 전후와 비교하자면, 현 시대의 데이터는 세상의 모든 것을 담고 있다. 사이버 세계와 물리적 세계physical world가 거의 일치한다고 말할 수 있을 정도다. 바로 이것이 2020년대, 데이터 경제가 시작되는 환경적 완성이다.

미국 데이터 경제 기업의 시가총액 변화, 1985~2020

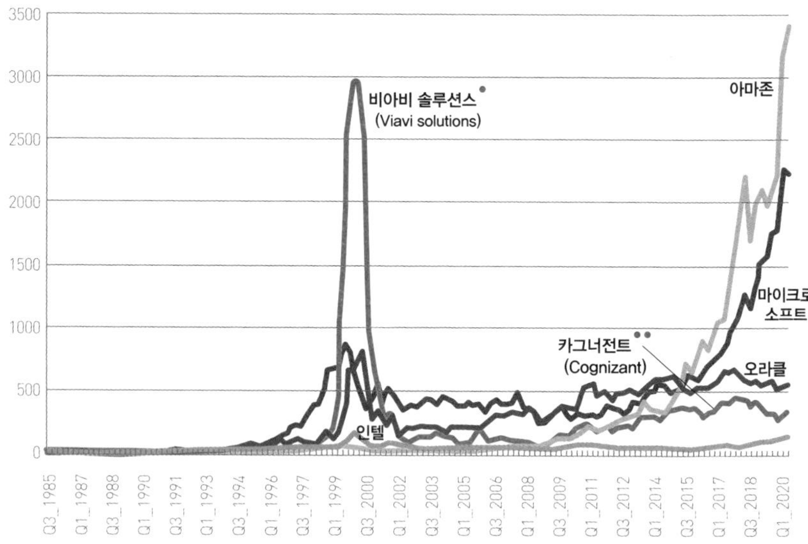

주 : 상장 당시 시가총액을 '1'로 보았을 때, 기업별 시가총액 변화 추이

자료: OECD, based on data from Yahoo! Finance, October 2020

전 세계 데이터 경제를 이끄는 기업

최근 거대 글로벌 기업들은 방대한 데이터를 수집·보유하고 이를 분석해 비즈니스 경쟁력을 확대하고 있다. 기업 활동에 있어 데이터 활용 역량이 해

• 미국의 네트워크 장비 업체

•• 미국의 IT 기술 아웃소싱, 컨설팅 업체

당 기업의 경쟁력을 좌우하고 있다. 미국의 대표적인 IT 공룡기업 GAFAM•을 살펴보면 이는 여실히 드러난다. 구글의 경우 검색엔진과 구글맵 이용자로부터 오랜 기간 동안 수집한 데이터와 함께 유튜브의 영상 콘텐츠 소비 데이터까지 연계해 개인의 관심사와 특성을 낱낱이 분석한다. 근래에는 단순히 분석에 머무르지 않고, 사용자의 생각과 의도를 사전에 예측해 이를 광고로 연계해 수익화한다. 아마존은 현재 전 세계 클라우드 시장의 약 45%를 장악하고 있다. 클라우드가 무엇인가? 바로 데이터의 저장소다. 클라우드에 쌓인 데이터를 가지고 그 어떤 데이터 비즈니스도 가능하다.

그렇다면 미국의 IT 공룡 기업들을 포함해, 현 시점에서 전 세계 데이터 경제를 이끄는 기업들의 영향력은 얼마나 클까? 사실 아쉽게도 아직까지 OECD, IMF 등 국제 기구들은 데이터 경제 내 기업들의 데이터 활용도나 이를 통한 비즈니스 효과, 산업적 영향력을 측정하는 지표를 완벽히 개발하지는 못했다. 다양한 시도가 이루어지고 있는데, 최근 OECD는 이를 어림잡아 유추할 수 있는 연구 결과를 발표했다.

전 세계 데이터 경제를 주도하는 기업들을 선별••해, 그중 나스닥과 뉴욕증권거래소에 등록된 76개 기업을 대상으로 1985년부터 2020년까지 시가총액 변화를 살펴봤다. 한국에서도 경험한 닷컴 버블 시기였던 90년대 후반, 몇몇 데이터 경제 기업들의 가치가 크게 증가한 가운데 특히 캘리포니아 네트워크 장비 기업인 비아비 솔루션스Viavi Solutions의 시가총액이 급등했다. 또

•
구글Google, 아마존Amazon, 페이스북Facebook, 애플Apple, 마이크로소프트Microsoft

••
1차로 전 세계 데이터 경제 기업 3천 개 선별 후, 2차로 미국 내 소재 기업 1,100개 선별

미국 데이터 경제 기업의 시가총액과 종합 주가지수 비교, 1985~2020

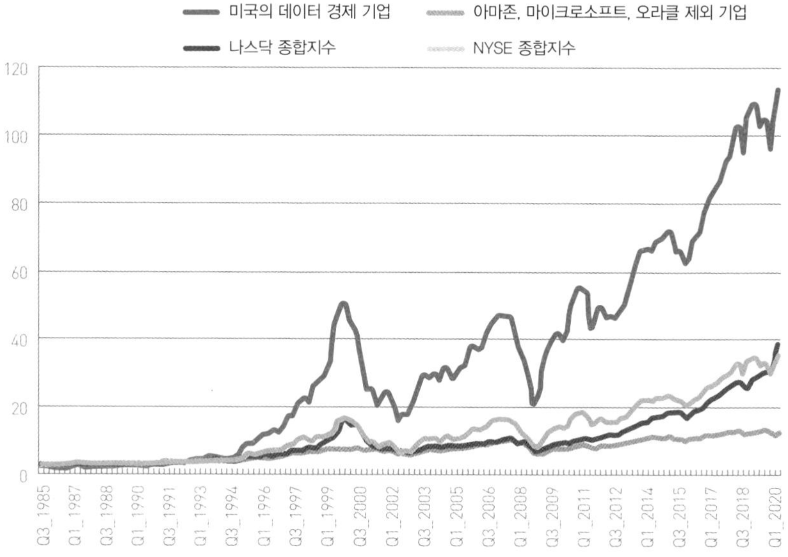

주 :1985년 당시 시가총액 합을 '1'로 보았을 때, 시가총액 합 변화 추이

자료: OECD, based on data from Yahoo! Finance, fred.stlouisfed.org, and OECD Main Economic Indicators database, October 2020

한 15년 이후 아마존과 마이크로소프트의 주가 급등이 있었다.

이들 기업들의 시가총액을 합산하면 데이터 경제 기업의 영향력을 살펴볼 수 있다. 1985년 3분기 시점 당시 존재했던 데이터 경제 관련 6개 기업•의 합산 시가총액은 2천 억 달러(한화 약 222조 원)에 불과했으나, 2020년 3분기 기준 76개 데이터 경제 기업의 합산 시가총액은 5조 달러(한화 약 5,565조 원)에

• Apache Corp., DXC Technology Company, Intel, IBM, Spectrum, Unisys

세계 데이터 관련 규제 법안 증가 추이

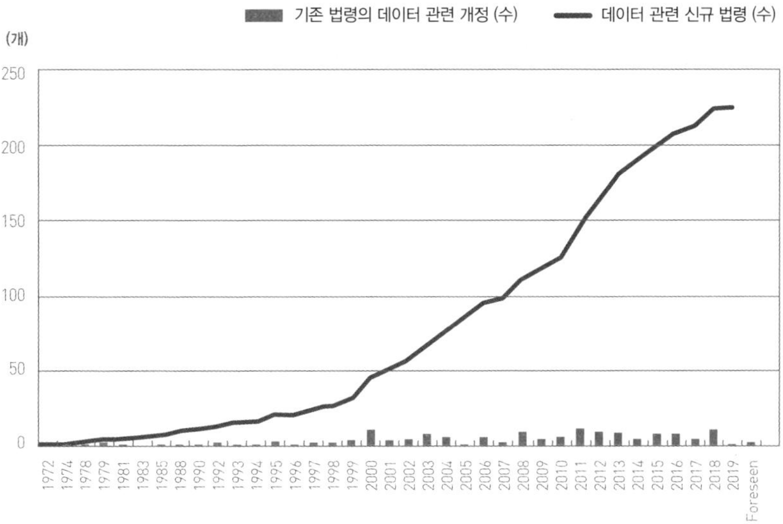

자료: OECD, Trade and Cross-Border Data Flows, 2019.1

달했다. 1차적으로는 기업 수가 크게 늘었기 때문이기도 하지만, 그 영향력도 함께 성장했다.

1990년대 이후 데이터 경제 기업의 평균 시가총액 성장률은 종합 주가 지수 성장률을 크게 상회하고 있으며, 2000년대 들어와서 그 격차는 오히려 더 벌어지고 있다. 이는 아마존, 마이크로소프트, 구글과 같은 IT 공룡기업들이 데이터 장악력, 데이터 분석/관리 기술의 장악력, 데이터 관련 비즈니스의 장악력을 모두 높여 독과점 형태를 취하고 있기 때문으로 해석된다.

데이터 활용 급증으로 인한 문제와 정책적 해결 방향

데이터 경제로의 진입은 산업 전체의 데이터 활용도를 높여 1차적으로 AI, 블록체인과 같은 데이터 전방 영역의 기술 혁신을 유도한다. 이를 통해 디지털 관련 산업이 혁신적으로 성장할 뿐만 아니라, 비디지털 산업의 디지털 전환이 가속화된다. 또한, 이 과정에서 소비자들은 데이터 기반의 초개인화 서비스, 실시간 맞춤 서비스의 혜택을 누릴 수 있다. 그러나 동시에 앞서 제시한 개인정보 침해 및 국가 간 데이터 다툼 등 데이터 주권주의 문제, 소수 기업의 데이터 독과점 문제 등 부작용을 해결해야 한다. 주요국들은 디지털 환경이 부각되기 시작한 2000년대 이후 데이터 관련 정책과 규제를 쏟아내고 있다.

우리나라가 데이터 경제로의 진입 과정에서 향후 개선되거나 보강돼야 할 국가 데이터 정책의 방향성은 다음과 같다. 첫째, 당사자의 동의를 얻지 않은 과도한 데이터 수집과 활용으로 인한 개인정보 보호 문제는 데이터 경제가 성장하는 데 가장 우선적으로 고려돼야 할 중요 이슈다. 이를 해결하기 위해서는 데이터에 대한 권리와 의무를 법, 제도적으로 명확히 밝혀야 하며 사회적 합의 형성과 함께 지속적으로 보완할 필요가 있다. 둘째, 막대한 양의 데이터를 축적한 데이터 경제 주도 기업들 중심으로 소수가 시장 지배력을 가지게 되면 오히려 경쟁이 저하돼 궁극적으로는 사회적 편익이 줄어드는 부작용도 발생할 수 있다. 국가 산업 관점에서 경쟁, 혁신, 데이터 공유 등을 유도할 수 있는 다양한 정책적 보완재가 필요하다. 마지막으로 글로벌 데이터 시장에 대한 국가 간 협력을 적극적으로 추진할 필요가 있다. EU는 이미 2020년 1월 GAIA-X*라는 프로젝트를 통해 미국으로부터의 데이터 독립을 선언한 바 있다. 향후 데이터 주권, 데이터 인프라를 지키기 위한 국가 간 협력과 단절이 끊임없이 생겨날 것이다. 여기에 제대로 편승하지 못한다면, 무역·금융 등 국경을 넘나드는 데이터로부터 얻을 수 있는 막대한 편익이 축소될 수 있기 때문에 이에 대한 정책적 대응도 요구된다.

2022년은 마이데이터 산업의 원년

2021년 데이터 경제와 관련한 산업의 가장 큰 변화는 마이데이터My Data 산업의 출범이다. 마이데이터란 말 그대로 개인이 '나의 데이터를 기업 또는 기관이 활용하는 것에 대한 자기 결정권을 갖는 것'을 말한다. 쉽게 말하자면 나의 데이터가 어디에서 어떻게 활용되는지 내가 결정하고 허락하고 확인할 수 있는 권리를 개인이 갖는다. 당연한 것인데도 기존의 법 제도 속에는 없던 내용이다.

해외 마이데이터 산업 활성화의 대표적인 사례로는 EU를 들 수 있다. EU는 2018년 GDPRGeneral Data Protection Regulation(개인정보 보호법)이라는 법안을 발효하면서 세계에서 가장 먼저 디지털 시대에 맞게 개인정보 관련 법안을 재정비했다. GDPR은 EU 시민권자의 개인정보를 활용하는 데 있어 다양한 보호 규정을 담고 있다. 여기에 바로 마이데이터라는 개념이 포함돼 있다.

주요 내용을 보면 사용자가 본인의 데이터 처리 사항을 제공받을 권리, 본인 데이터의 정정 요청·삭제 권리 등 개인정보에 대한 당사자의 권리 강화 등에 초점을 맞추고 있다. 여기에다 기업들은 전담 개인정보 보호 책임자DPO,

---

• 독일과 프랑스를 중심으로 EU 내 자체적인 데이터 인프라스트럭처를 만들고자 하는 프로젝트

마이데이터 28개 사업자 본 허가 대상기업

구분	회사명
은행(5개)	국민은행, 농협은행, 신한은행, 우리은행, SC제일은행
여신(6개)	국민카드, 우리카드, 신한카드, 현대카드, BC카드, 현대캐피탈
금융투자(1개)	미래에셋대우
상호금융(1개)	농협중앙회
저축은행(1개)	웰컴저축은행
핀테크(14개)	네이버파이낸셜, 민앤지, 보맵, 비바리퍼블리카, 뱅크샐러드, 쿠콘, 팀윙크, 핀다, 핀테크, 한국금융솔루션, 한국신용데이터, 해빗팩토리, NHN페이코, SK플래닛

출처: 금융위원회, 2021. 1

Data Protection Officer를 지정해야 하고 개인정보에 대한 암호화 체계를 필수로 갖춰야 하는 등의 규정도 담겼다.

이를 심각하게 위반할 경우 최대 글로벌 매출의 4% 혹은 2천만 유로(한화 약 270억 원) 중 높은 금액을 과징금으로 내야 한다. GAFAM과 같은 미국 IT 대기업이 개인정보를 쓸어가고 있는 현 상황에 대한 유럽의 법 제도적 반발이기도 하다.

EU 외에도 영국의 금융·통신·에너지 분야 중심 마이데이터Midata 산업, 미국의 보건·에너지·교육 분야 중심 스마트 공시Smart Disclosure 서비스, 호주의 소비자 데이터 권리CDR, Consumer Data Right 정책 등 개인정보 보호를 강화하면서도 기업들의 데이터 활용을 장려하는 마이데이터 산업과 관련된 법 제도, 정책이 개발되고 있다.

국내에서도 2016년부터 개인정보 보호법 개정에 대한 논의가 시작됐다. 그러나 사회적 공감대 형성과 세부 개념화 과정의 갑론을박으로 인해 논의

마이데이터 서비스 데이터 흐름

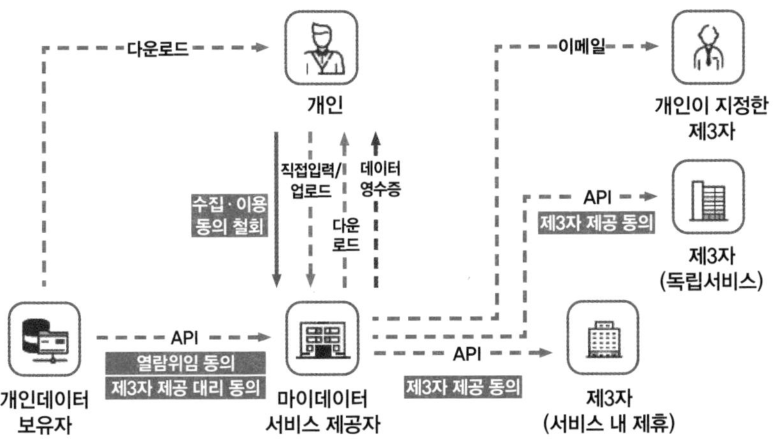

출처: K-Data '마이데이터 서비스 안내서'(2020)

4년 만인 2020년 1월에야 데이터 3법이 통과됐다. 데이터 3법은 '가명정보'의 개념이 정의된 개인정보 보호법과 마이데이터 산업의 도입이 명시된 신용정보법, 개인정보 보호와 관련된 법적 거버넌스 체계를 정비한 정보통신망법으로 구성된다.

데이터 3법의 발효와 함께 국내에서도 마이데이터 산업 활성화가 빠르게 진행되고 있다. 2020년 8월, 금융위원회는 마이데이터 플랫폼 사업 시행을 원하는 기업들의 신청서를 접수받고 심사를 거쳐 2021년 1월 28개 마이데이터 사업 본 허가 대상 기업을 발표했다. 은행, 여신 등 금융권 14개 기업과 핀테크 기업 14개 등 총 28개 기업이 선정됐다.

2021년 하반기 마이데이터 플랫폼의 첫 사업자가 나오면 금융, 유통, 공공 등 산업에 구애받지 않고, 해당 플랫폼에 참여하는 기업 및 기관의 개인정보 데이터가 해당 플랫폼에 모인다. 물론 데이터 탑재 과정에서 개인의 동의가 필요하다. 개인은 본인의 어떤 데이터가 제공되고, 활용될지에 관해 매우 구체적으로 동의, 조회, 변경이 가능하다.

기업들은 여러 이종 산업의 기업들이 수집한 고객의 데이터를 활용할 수 있어 고객에 대한 360도 분석과 맞춤형 서비스 개발을 할 수 있다. 데이터의 활용 범위를 넓히고 AI와 같은 다양한 분석 기술을 붙이는 과정에서 기존 서비스를 업그레이드해 수익을 확대하는 것뿐만 아니라 새로운 서비스의 창출도 가능할 것이다.

소비자의 입장에서는 나의 데이터에 대한 활용 동의, 수정 요구 등 자기 결정권을 갖는 것뿐만 아니라 궁극적으로는 기업들이 경쟁적으로 제공하는 데이터 기반 맞춤형 서비스를 제공받을 수 있게 된다.

이와 같이 마이데이터 산업은 데이터 경제로의 진화 과정에서 데이터, 특히 개인 데이터에 대한 기업의 활용도를 높이면서도 개인정보 자기 결정권과 같은 보호의 틀을 구축함으로써 산업적 혁신과 개인의 권리 보호 양쪽을 모두 잡고자 하는 기회이자 국가 산업적 도전이다.

100년의 밑그림을 그려라

인류는 역사적으로 세 번의 산업혁명을 맞으면서 기술의 발전이 우리에게 얼마나 많은 이기를 제공하는지 경험했다. 현재 우리가 경험하고 있는 4차 산업혁명 또한 디지털 기술의 이기를 제공하는 역할이 기대되는 상황이다. 4차 산업혁명의 변화 그리고 디지털 기술 혁신의 중심에는 바로 데이터가 있다. 기하급수적으로 증가하는 데이터 활용을 통해 인류는 새롭게 부각되는 난제들을 해결하고, 새로운 이기를 맞이하는 기회로 삼아야 한다.

국내 산업들이 데이터 경제로 원활하게 전환되면 전통 산업 등 기존 산업에는 변화의 활력을 제공할 것이며 AI, 블록체인, 로봇 등 새롭게 떠오르는 디지털 산업에는 혁신의 원동력이 될 것이다. 자율주행 자동차, 스마트 팩토리, 3D 프린팅, 로보 어드바이저 등 최근 각광받고 있는 신 성장 영역 중 데이터가 중요하지 않은 영역은 없다. 그렇다고 해서 모든 필요 데이터를 다 갖고 있는 기업 또한 존재하지 않는다. 국가 산업 측면에서 국내 기업 및 공공 기관들이 데이터를 얼마나 잘 수집하고, 공유하고, 활용하는지가 관건이 될 것이다. 그리고 그 과정에서 개인의 권리를 침해하지 않는 테두리를 잘 만들어줄 수 있다면 향후 100년을 좌우할 국가의 경쟁력을 확보하게 될 것이다.

기업은 고객 데이터를 얻고, 고객은 맞춤형 서비스를 얻고

김상윤 아마 2021년 하반기쯤 소비자들이 마이데이터 플랫폼을 만날 수 있을 겁니다. 마이데이터 플랫폼을 사용할 소비자들의 상황을 한번 그려볼게요. 마이데이터 플랫폼이 출시되면 소비자가 앱을 깔고 가입을 할 텐데요. 가입을 완료하는 단계에 금융사든, 유통사든, 공공기관이든 마이데이터 플랫폼에 참여하는 파트너사가 연이어 뜰 거예요. 소비자는 정보 제공 동의, 즉 기업들에게 데이터 사용 허가를 확인하는 단계를 거쳐요. 어떤 기업이 가지고 있는 나의 데이터가 이 플랫폼에 제공되지 않길 바란다면 체크를 안 하면 돼요. 소비자가 세부적으로 선택한 기업의 데이터는 플랫폼에 제공될 테고요. 그러면 같은 플랫폼에 속한 여러 기업이 함께 소비자의 데이터를 공유하게 됩니다.

기존에는 한 기업이 다른 기업의 고객 데이터를 얻는 것이 불가능했어요. 정확히 말하면, 불가능하다기보다 모든 건별로 고객에게 직접 동의를 얻어야 했어요. 아마 개인정보 취급 방침 동의에 관한 메일을 여러 번 받아보셨을 텐데요. 이제 마이데이터 서비스가 시작되면, 소비자가 플랫폼에 가입하는 순간 개인 데이터의 일괄 처리가 가능해지고, 기업들 입장에서는 한꺼번에 여러 데이터를 얻을 수 있게 됩니다.

소비자의 경우에는 여러 기업에 데이터를 제공한 대가로 리워드를 받을 수 있을 겁니다. 기업들은 리워드로 무엇을 제공할지 고민하고 있어요. 쉽게 생각하면 포인트나 상품 등 직접적인 혜택이 될 거예요. 궁극적으로는 기업이 소비자의 데이터를 광범위하게 취함으로써 맞춤형 서비스를 제공하게 될 겁니다. 금융 상품으로 예를 들면, 고객의 자산 상태나 지출, 소비 패턴 등 구체적인 데이터를 가지고 개인별 상황에 맞는 상품을 추천해주는 거죠. 마이데이터 플랫폼을 이용한다는 것은 이렇게 데이터 경제 시대에 부합하는 맞춤형, 초개인화 상품을 만드는 걸 허락하는 셈입니다.

김광석 저희 가족은 해마다 제주도 여행을 가는데, 재작년에 네이버 예약을 통해 뗏목 체험을 했고 작년에도 했어요. 두 번째 체험장에 갔을 때, 사장님이 특별히 잘해주시더라고요. 눈에 띄게 잘해주시기에 왜 이렇게 잘해주시냐고 물어보니 "두 번째 오신 고객님이잖아요."라고 말씀하시더라고요. 이게 데이터의 힘입니다. 데이터가 있으면 소비자의 구매 패턴이나 재구매 여부 등을 관리할 수 있어요. 이것은 엄청난 힘입니다. 제가 말씀드린 사례는 아주 소소한 사례지만, 데이터는 정말 중요하게 활용될 수 있어요. 2020년 1월에 데이터 3법이 개정되면서 실제 데이터 경제에 적합한 제도적 기반이 마련됐죠. 데이터 산업을 이해할 때 '가명정보'가 가장 중요한데요. 특정 개인을 알아볼 수 없는 '비식별화 처리'라고 하죠. 이름, 주민등록번호, SNS 활동, 의료기록 등 민감한 정보를 비식별화 처리를 해서 얼마든지 이용할 수 있게 바꿔놓은 것입니다. 그리고 수많은 데이터를 금융, 보험, 교통, 의료 등 다양한 분야와 결합해 활용할 수 있습니다. 예를 들면, 내비게이션 업체는 운전자의 운전 습관과 같은 데이터를 실시간으로 축적하고 있습니다. 웬만한 자동차 보험회사보다 운전자의 데이터를 많이 가지고 있기 때문에, 운전자가 얼마나 사고를 일으킬지 먼저 알고 있어요. 실제 T-Map은 DB손해보험, KB손해보험 등과 연계해 할인 혜택 서비스를 제공하고 있습니다. 운전 점수를 산출해서 점수에 따라 보험료 할인 혜택 서비스를 제공하는 건데요. 이렇게 소비자가 동의만 하면 데이터가 공유되고 이동할 수 있는 것을 데이터 포터빌리티portability라고 합니다. 소비자가 동의만 하면 다양한 산업과 연계돼 데이터가 무궁무진하게 활용될 수 있어요.

사실 마이데이터 산업보다 협소화된 개념이 '오픈뱅킹'이에요. 은행사끼리 데이터를 주고받는 건데요. 만약 고객이 원한다면 데이터를 이동시켜서 하나의 은행 플랫폼에서 다른 은행의 계좌 정보까지 다 볼 수 있어요. 일종의 포켓 금융 시대라고 볼 수 있습니다. 조금 더 확장되면 제2금융권까지 개방되는 것이죠. 지금 마이데이터 산업은 금융 산업을 넘어서 다른 산업까지 확장되고 있습니다. 데이터 폭풍의 시대가 열리는 것이니만큼, 앞으로 더 많은 기관이 데이터를 활용해 보다 맞춤화된 서비스를 제공할 수 있게 될 것입니다.

박정호 전 세계적으로 데이터를 기반으로 한 기업이 개인의 데이터를 적극적으로 활용할 수 있는 법과 제도를 갖춰가기 시작하면서 스케일 업scale-up이 진행되고 있는데요. 과거엔 지금의 빅데이터 기업들이 구축했던 자사의 제품과 서비스를 거의 무상으로 제공하면서 데이터를 수집해왔습니다. 소비자들과 암묵적으로 합의를 한 거죠. 소비자의 데이터를 수집하는 대가로 일상생활에 필요한 다양한 서비스를 무상으로 제공하는 방식으로요.

하지만 이 과정에서도 소비자의 불만이 높아지기 시작했죠. 왜 내 데이터로 돈 버냐는 불만이 가장 일차적입니다. 게다가 코로나19 팬데믹 기간에도 플랫폼 기업들은 오히려 수익이 높아지는 현실을 보며 일부 정서적 반감도 가질 수 있습니다. 이런 상황에서 마이데이터 산업과 관련된 전반적인 변화 흐름은 오히려 긍정적이라 할 수 있는데요. 그동안 암묵적으로 빅테크 기업들이 데이터를 수집하고 서비스를 제공한 것에서 벗어나, 데이터 활용 정도에 따라 가상화폐 등을 통해 소비자에게 직접 리워드를 지급하는 비즈니스 모델이 모색되고 있습니다. 마이데이터 산업을 통해 기업이 개인 데이터를 보다 적극적으로, 광활하게 활용할 수 있는 법적 기반이 전 세계적으로 갖추어지는 상황에서 기업과 소비자 모두 윈윈할 수 있는 상황이 펼쳐질 수 있습니다. 그렇게 되면 새로운 스타트업들에게도 데이터를 활용한 혁신 서비스를 통해 빠르게 이용자를 모으는 기회가 될 수 있습니다.

데이터 넘쳐나는 시대, 잊힐 권리는 있는가?

김상윤 해외에 서버가 있는 텔레그램, 슬랙, 클럽하우스 같은 커뮤니케이션 앱은 공통적으로 데이터가 축적되지 않는다는 특징이 있어요. 일정 기간이 지나면 서버에서 삭제되는 게 시책입니다. 카카오톡은 비교적 최근에 바뀌었고요. 외국에 서버가 있는 기업은 안전하다고 생각하는 경향 때문이죠. 소비

데이터 3법 핵심 정리

개정 전
개인정보 이용시 사전에 동의받아야 함

개정 후

개인정보 보호법	정보통신망법	신용정보법
모든 사항에서의 개인정보 이용	온라인 상의 개인정보	신용거래에서의 개인정보
· 가명정보 상업적 목적 활용 · 개인정보 관리 · 감독 기능 · 개인정보 보호위원회 일원화	· 융합산업 활성화 위해 개인정보 수집 이용 · 온라인상 개인정보 규제 감독 개인정보 보호위원회로 변경	· 가명정보 금융분야 빅데이터 분석 · 이용 · 가명정보 정보 주체 동의 없이 이용 및 제공 가능

자 입장에서는 데이터에 대한 잊힐 권리, 지울 권리가 중요하게 대두되고 있습니다.

2019년에 구글이 개인 사용자의 이메일 내용을 분석해서 논란이 됐죠. 사용자가 자세히 보지 않는 개인정보 수집 약관에 '유용한 제품 기능을 제공할 목적으로 귀하의 콘텐츠를 분석합니다'라는 조항에 자동으로 동의 체크가 돼 있었어요. 이메일 내용을 분석해서 이 사람이 누구와 거래하고 대화하는지를 분석하는 거죠. 이처럼 막강한 데이터 독과점 기업들은 소비자들이 하나하나 인지하지 못하는 합법적인 틀 안에서 데이터를 수집하고 있어요.

한편, 마이데이터 산업은 기업들이 데이터를 적극적으로 활용하는 동시에 소비자가 이를 잘 파악할 수 있어야 한다는 게 핵심입니다. 자신의 데이터가 어떻게 활용되는지 소비자가 직접 모니터링하고 삭제할 수 있는 권리를 강화한다는 조항이 법 체계에 포함됩니다. 소비자가 원한다면 기업이 보고를 해야 하기도 하고요. 사실 몇 년 전까지만 해도 소비자의 데이터 삭제 권한, 정정 권한이 법 체계상에 없었어요. 그런데 2020년 8월 발효된 데이터 3법이 개인의 권한을 명문화시켜준 거죠. 기업들은 데이터를 적극적으로 활용할 수 있고, 개인은 권한을 스스로 지키는 방향으로 두 마리 토끼를 다 잡는 것이 마이데이터 산업의 추진 방향입니다.

박정호 소비자들이 처음에 개인정보 수집 약관에 동의할 때, 본인의 데이터가 큰돈이 될 줄 몰랐던 거예요. 그런데 데이터를 모아서 벼락부자가 된 기업들이 나오면서 인식이 바뀌기 시작했습니다. 그러면서 우리나라에서도 데이터가 중요하다는 인식이 확대되기 시작했는데요. 2021년에는 마이데이터 산업이나 데이터 관련 환경이 바뀌면서 시행착오를 겪을 거라고 예상됩니다. 하드웨어 중심으로 사업을 설계하고 큰 비용을 지급하는 경우예요. 기업들은 데이터 관련 인프라를 구축하기 위해 너도나도 투자를 확대하고 있습니다. 그러나 하드웨어 투자만 한다고 해서 수익이 바로 창출되지는 않을 테니까요. 더불어 국가 산업 전반에 걸쳐 빠른 시일 내 성과를 제시하기 위해 정부 중심으로 사업이 전개될 우려도 있습니다. 물론 기업들이 자발적으로 모였다면 문제 될 건 없지만, 대체로 정부가 깊게 관여하고 있어요. 기업들이 능동적으로 협업할 수 있는 신뢰 체계가 아직 부재하기 때문에 관이 주도하는 사업의 추진 가능성이 있습니다.

김광석 인프라 중심으로 정책 모델이 단순화되고 있다는 우려가 분명히 존재합니다. 기업들이 어떻게 혁신할지, 어떻게 새로운 서비스를 제공할지 비즈니스 모델을 그리는 게 무엇보다 중요하잖아요. 그런데 그림이 제대로 그려지지 않은 상황에서 인프라만 보급된다면 과연 효율적인 방향으로 사업이 추진될지에 대한 정책적인 고민이 필요합니다.

이재호 더불어 데이터 독과점 기업들이 영향력을 키우고 있는 상황을 우려하는 목소리가 많은데요. 디지털 기업들의 독과점은 과거 제조업 시대 독과점과 다소 다른 맥락으로 이해해야 합니다. 중·고등학교 때 경제학 교과서에서 다들 배운 기억이 있을 거예요. 독점 제조기업은 시장 전체에 얼마나 많은 물건을 생산해 얼마의 가격에 공급할지 수량과 가격 자체를 결정할 수 있습니다. 기업의 이익을 극대화하는 지점에서 수량과 가격을 결정하다 보니, 그 과정에서 소비자 후생이 감소하는 효과가 발생하기도 하죠. 정부나 사회가 독점 기업을 규제해왔던 이유가 여기에 있습니다.

디지털 분야에서 독과점 기업은 조금 다릅니다. 오히려 소수의 기업이 전체 서비스를 담당함으로써 네트워크 효과에 의해 소비자 후생이 증가하기도 합니다. 소비자와 기업이 모두 이익을 얻는다고 하면, 정부나 사회가 구조적으로 규제할 명분이 다소 약해지겠죠. 다만 해당 기업이 시장 지배적 지위를 남용했거나 불공정한 거래 행위를 했는지 여부를 사후 감시하고 처벌하는 것은 여전히 중요합니다. 우리가 새롭게 연구하고 고민해야 할 지점이 많은 대목입니다.

마이데이터 시대를 상상하다

김상윤 마이데이터 사업의 핵심 중 하나는 고객이 데이터를 제공한 만큼 리워드를 받는 것인데요. 전 세계적으로 이제 출범하는 단계이기 때문에 대표 사례를 소개하긴 어렵지만, 유사한 사례로는 핀테크 영역의 개인 종합 자산 관리 서비스PFM, Personal Financial Management 시장을 떠올릴 수 있습니다. 개인 자산을 관리해주는 영역인데 주로 미국이나 유럽에서 활성화돼 있어요. 개인들이 플랫폼에 금융 정보를 올려주면, 다양한 자산 관리 서비스를 이용할 수 있는 코인을 주는 앱과 유사한 형태로 마이데이터 플랫폼이 운영될 거라고 상상해볼 수 있습니다. 이 사례가 마이데이터 산업과 접목되면 블록체인, 가상화폐가 제공되는 형태가 될 수도 있겠죠.

김광석 마이데이터가 활용되는 사례로 국토교통부가 추진하는 스마트 공항이나 스마트 시티를 떠올릴 수 있죠. 스마트 공항의 경우, 이미 신분증 없이 공항을 이용할 수 있게 바뀌었습니다. 여기에 활용되는 중요한 빅데이터 중 하나가 생체 인식 기술입니다. 안면, 홍채, 목소리, 지문, 정맥 등 생체 인식 기술이 교차 적용되는 것이죠. 일단 스마트 공항을 이루는 콘셉트는 신분증 없이 여행을 다니는 거예요. 아날로그식 신분증이 사라지는 거죠. 모바일 결제 방식까지 결합되면, 공항 리무진 버스를 타고, 면세점을 이용하고, 티켓팅하는 모든 순간에 현금, 카드, 신분증을 꺼낼 일이 없습니다. 그리고 소비 패턴에 따라 맞춤형 공항 서비스를 제공받을 수 있죠. 지금은 이용자가 알아서 출국 게이트를 찾아가지만 나중에는 알아서 길을 안내해주고, 면세점에 진입하면 소비 패턴 분석 기록을 토대로 맞춤형 광고가 따라붙는 거예요.

스마트 시티나 스마트 공항의 핵심은 키오스크라고 봅니다. 기술이 발전하면 키오스크의 질문 자체가 달라집니다. 지금까지는 단순히 '어떤 걸 드시겠습니까?'라고 물었다면, 이제는 '아메리카노 드시는 거 맞죠?'처럼 직접적인 질문

스마트 공항 종합계획 개념도

자료: 국토교통부

으로 바뀔 거예요. 생체 인식 기술이 적용돼 소비자를 알아보고, 구매 이력 등에 관한 데이터에 기초해 소비 패턴을 이해하고 있거든요. 구매·의사 결정 과정 자체가 짧아져요. 이처럼 최대한 맞춤 서비스를 제공하는 기술을 적용한 도시의 모습이 바로 스마트 시티입니다. 그만큼 앞으로는 데이터가 정말 중요한 시대가 열린 것입니다. 데이터를 잘 활용하지 못하는 기업들은 자연히 열외될 수밖에 없을 거라고 전망합니다.

데이터 제공에 대한 두려움, 엄격하고 체계적인 제도로 해결

김상윤 최근 한 글로벌 컨설팅 업체가 진행한 설문 조사에 따르면, '자신의 데이터를 기업에 무상으로 제공해줄 수 있냐'는 질문에 97%의 소비자가 안 된다고 답변했습니다. 고객들도 자신의 데이터가 얼마나 중요하게 사용되는지, 기업들이 얼마나 돈을 벌 수 있는지 안다는 의미예요. 데이터 경제 시대에 당연히 소비자들도 데이터에 대한 주인의식이 강화되고 있죠. 데이터의 중요성을 충분히 인지하고 있고, 기업들이 자신의 데이터를 막무가내로 활용하는 것도 경계하고 있어요.

박정호 소비자로선 기업에 개인의 데이터를 제공하는 것에 대한 두려움이 있어요. 하지만 이미 우리는 개인정보를 제공하고 리워드를 받는 행위를 오래전부터 해왔어요. 예를 들어 옥션이나 G마켓의 경우 초창기에는 굉장히 잘나갔었죠. 당시에는 회원가입을 하지 않아도 주문을 할 수 있었어요. 하지만 로그인을 하면 할인 쿠폰 같은 혜택을 받을 수 있으니 대부분 회원가입을 하고 물건을 구매하게 됩니다. 바로 이것이 개인정보를 이용할 수 있게 해준 대가로 리워드를 받은 초기 모델입니다. 이제는 일상적인 행위가 됐지만 여전히 두려움은 남아 있습니다. 내 개인정보를 보호하고 지키려면 내 개인정보를 활용하게 해줘야 하니까요. 일종의 아이러니이기도 합니다.

김상윤 마이데이터 산업은 바로 이러한 행태들을 공식화하는 겁니다. 개별 기업들이 암암리에 개인정보를 자체적으로 이용하다 보니 중구난방이 될 수밖에 없어요. 정말 엉망인 기업들은 불법적으로 조작하는 경우도 많았어요.

하지만 마이데이터 산업은 관련 법률을 기반으로 운영되기 때문에, 초창기엔 불신이 있을 수 있습니다. 하지만 점차 이를 최소화하는 방식으로 진행될 것입니다. 금융위원회를 중심으로 데이터 처리 방식과 제도 구축에 대한 여러 기술적 조항을 준비하고 있는데요. 이를 갖춰야만 출범할 수 있게 조직될 것입니다. 제도와 자격을 제대로 갖춘 기업은 별다른 문제가 없을 거라고 기대하고 있습니다.

이재호 2021년 하반기나 2022년 초쯤에는 마이데이터 플랫폼을 통해 새로운 비즈니스 모델이 등장하고 본격적인 사업이 진행될 텐데요. 처음 시도하는 것이다 보니 아마도 초기 모델에는 여러 문제가 있을 수 있어요. 소비자 입장에서 개인정보 유출 문제도 있을 수 있고, 기업 입장에서 예상과는 달리 투자 대비 실제 수익을 내지 못하는 문제도 있을 수 있습니다. 다만 그 과정에서 언론이나 시민 사회가 '그럴 줄 알았다, 당장 없애자'라고 과도한 비판을 하기보다 초기 시행착오를 슬기롭게 극복하고 마이데이터 산업이 새로운 성장 동력으로 자리매김할 수 있도록 발전적인 비판을 해주셨으면 해요. 다시 말하지만 모두가 처음 시도해보는 서비스입니다. 문제가 생긴다면 하나하나 보완해 가며 더욱 완벽한 시스템을 만들어가는 지혜가 필요합니다.

06 코로나19, '혼란 속의 새 질서'를 만들다

김상윤

4차 산업혁명, 2라운드의 시작

그럼에도 불구하고 버티고, 이겨내고, 도약하고자 하는 기업들은 무엇을 준비해야 할까? 앞서 언급한 회복탄력성을 갖추기 위한 주요 역량은 무엇일까? 우선적으로 코로나19 이전부터 '지속되고 있던 변화'와 코로나19로 인해 '새롭게 생겨난 변화', 그리고 '변화한 변화'를 살펴볼 필요가 있다.

첫째, 지속되고 있던 변화로서 4차 산업혁명이라는 대세적 흐름이 있다. 보편적으로 통용되는 4차 산업혁명의 정의는 '디지털 기술의 확산과 융합으로 인한 경제, 산업, 사회, 문화 등 인류의 네 번째 산업혁명' 정도로 언급할 수 있다. 다만 개별 산업과 개별 기업의 대응이라는 측면에서는 좀 더 구체적인 변화 양상을 살펴봐야 한다. 바로 4차 산업혁명의 2라운드가 시작되고 있다는 것이다. 물론 필자의 주장이기는 하나, 4차 산업혁명이 언급되기 시작한 2010년대와 현재의 2020년대에는 그 진행 내용에 있어서 명확한 차이가 보인다.

2012년 발표된 독일의 인더스트리 4.0 Industrie 4.0* 정책과 2015년 발표된 미국의 미국혁신전략 A Strategy for American Innovation**까지만 해도 디지털 기술의 영향력 확대, 산업 간 융합 혁신 강화라는 대전제는 유사했다. 그러나 독일은 제조업, 미국은 ICT, 바이오, 나노산업 등 '내가 잘하고 있던 영역을 더 잘하자'라는 성격이 강했다.

다시 말하자면, 기존에 경쟁력을 보유하고 있는 산업에 대한 방어적 수단으로서 디지털 기술을 활용하고자 하는 목적이 강했다. 그러나 2021년 현 시점에서 각 국가들의 4차 산업혁명 정책과 기업의 활약상을 보면, 상호 중첩돼 경쟁적으로 치받을 수 있는 양상이 펼쳐지고 있다.

예를 들어, 2020년 1월 EU가 발표한 GAIA-X라는 프로젝트가 있다. 4차 산업혁명 시대에는 데이터가 모든 영역에서 산업의 원유로 언급될 만큼 중요한 원천 자원이다. 이렇게 중요한 데이터를 관리하고, 저장하고, 분석하는 주요 산업 영역과 기업 생태계를 모두 미국 주도로 형성되고 있다는 데 EU가 제동을 건 것이다. 궁극적으로 GAIA-X 프로젝트의 목표는 유럽 기업 혹은 유럽 내에서 비즈니스를 영위하는 기업들이 모두 EU의 데이터 인프라를

---

* 독일의 ICT 융합 기반의 제조업 경쟁력 강화 정책

** 미국의 글로벌 선도국 위상 강화와 지속적인 성장을 위한 범국가 차원의 산업 혁신전략

유럽연합의 GAIA-X 프로젝트

자료: https://international.eco.de/news/gaia-x-ministerial-talk-and-gaia-x-virtual-expert-forum/

활용하게 한다는 것이다.

또 다른 사례로 중국의 인공지능 산업이 있다. 20세기의 중국은 '세계의 공장'이라 불릴 정도로 전 세계 제조업의 중심축이었으며, 특히 부가가치가 낮은 조립·제조 공정을 담당했다. 그런데 최근 중국은 4차 산업혁명의 대표적인 기술 혁신 산업이라 할 수 있는 인공지능 분야에서 미국과 TOP 2를 형성하는 국가가 됐다.

특히, 혁신 역량의 바로미터라 할 수 있는 우수 연구 논문 숫자를 보면, 미국에 이어 중국이 독보적인 2위를 차지하고 있다. 오히려 최근 논문 발표 수로만 보면 미국을 앞서는 통계치도 있다.

EU의 GAIA-X 프로젝트와 중국의 인공지능 분야 경쟁력 사례를 보고 어떠한 생각이 드는가? 그렇다. 4차 산업혁명은 이제 디지털 기술 경쟁력 확보를 중심으로 전 세계가 충돌하는 2라운드에 진입했다. 2022년 인공지능, 클

주요국 인공지능 관련 우수 연구 논문 수, 전 세계 인공지능 관련 논문 발표 상위 10개국

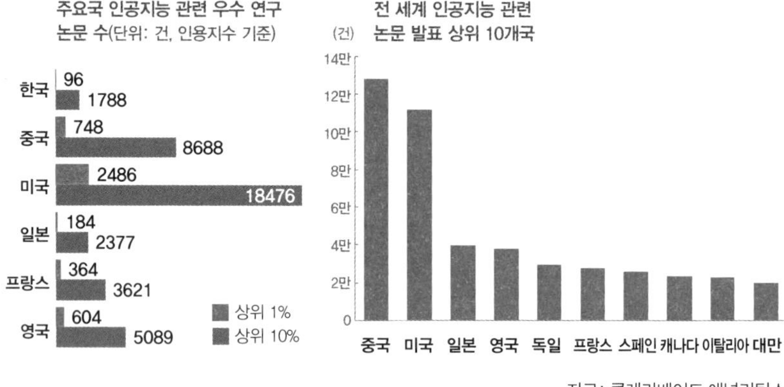

자료: 클레리베이트 애널리틱스

라우드, 핀테크, 블록체인, 로봇 등 모든 디지털 혁신 기술 분야에서 미국, 독일, 프랑스, 영국, 일본, 한국, 중국 등 전 세계 주요국들 다수가 경쟁하는 다자간 경쟁이 치열하게 펼쳐질 것으로 전망된다.

원격 근무, 생산성 향상에 도움이 될까?

원격 근무(또는 재택 근무)는 코로나19 팬데믹 기간 동안 많은 기업과 근로자에게 필수적인 관행이었다. 세계 경제 포럼WEF, World Economic Forum에서 CEO를 대상으로 한 설문에서도 코로나19 팬데믹으로 인한 변화 중 가장 오랜 기간 영향을 끼칠 변화로 원격 근무를 꼽았다.

실제로 국내외 많은 기업에서 코로나19 팬데믹 기간 동안 원격 근무를 제대로 활용하기 위해 다양한 고민과 투자를 했다. 그러나 원활한 원격 근무 도입을 위해서는 VPN Virutal Private Network, 클라우드와 같은 인프라, 화상 회의, 문

코로나19 이후 가장 큰 영향을 끼칠 변화는? (WEF CEO 대상 설문)

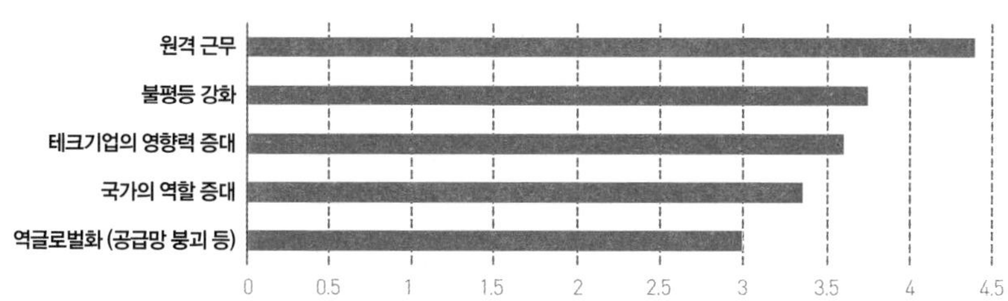

자료: World Economic Forum, Chief Economists Survey, January 2021

재택 근무에 필요한 기술

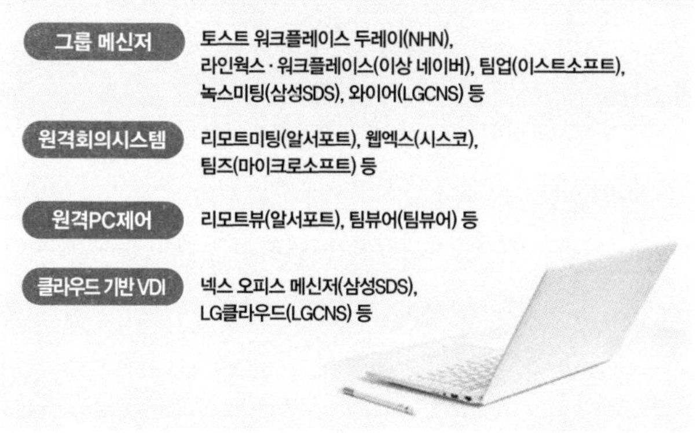

자료: 각 사

서 보안 등을 위한 소프트웨어, 업무 분담 방식, 보고 및 소통 방식 등과 같은 기업 문화나 제도에 이르기까지 많은 부분의 준비가 필요하다. 이는 하루아침에 준비되는 상황이 아니었다. 이로 인해 코로나19 팬데믹 이전부터 원격 근무 인프라가 갖춰져 있던 기업과 코로나19 팬데믹 기간 동안 부랴부랴 준비한 기업 간에는 원격 근무 운영에 차이가 있을 수밖에 없었다.

코로나19 이전까지 원격 근무의 필요성을 인식하지 못했던 기업이나 디지털 모바일 업무 환경이 꼭 필요하지 않았던 기업들은 원격 근무의 준비도가

업종별 원격 근무를 경험한 비율

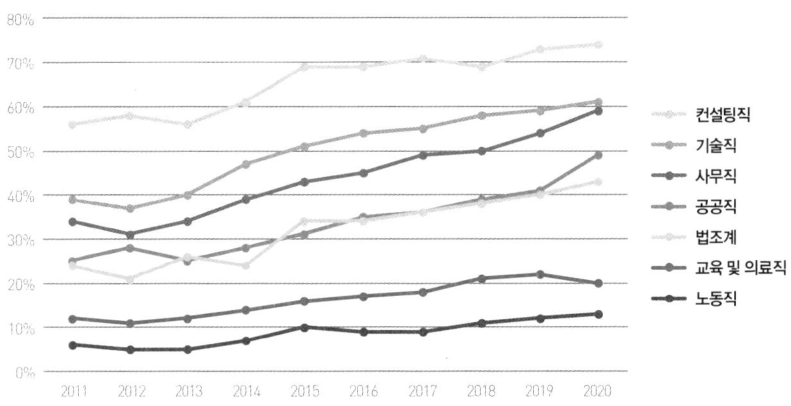

출처 : Glassdoor, Economic Research

낮은 상태였고, 이로 인해 원격 근무를 도입하지 못해 '교대 출근', '무급 휴가'와 같은 대안을 찾을 수밖에 없는 기업들도 있었다. 그러나 팬데믹이 장기화되고 있는 현재의 상황에서 많은 기업들이 원격 근무 환경을 제대로 구축해야 하는 상황이 됐고, 향후 코로나가 종식되더라도 원격 근무가 새로운 표준New Normal이 될지 모른다는 인식을 갖게 됐다. 최근 미국에서 기업 채용 담당자를 대상으로 한 설문 결과에 따르면, 61.9%가 코로나19 종식 이후에도 원격 근무를 활용하게 될 것이라고 응답했다.[•]

따라서 기업들은 장기적으로 생산성을 높이면서도 효율적인 원격 근무 방식을 찾고 있다. 원격 근무는 더 나은 일과 삶의 균형을 찾는 근로자의 만족도

•
Ozimek, A. (2020), The Future of Remote Work, Upwork

독일에서는 원격 근무 활용이 생산성 향상에 긍정적 영향을 보임

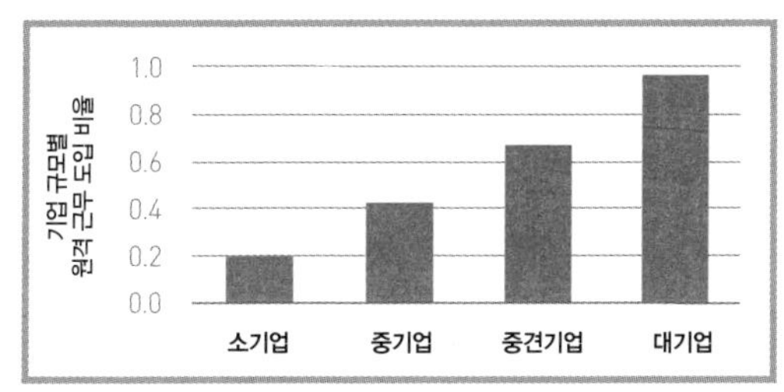

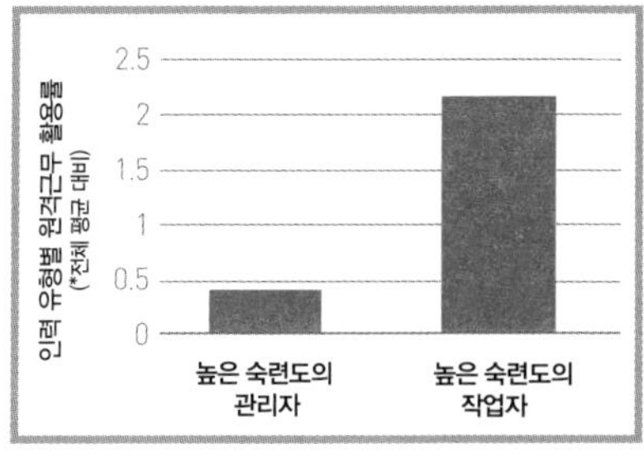

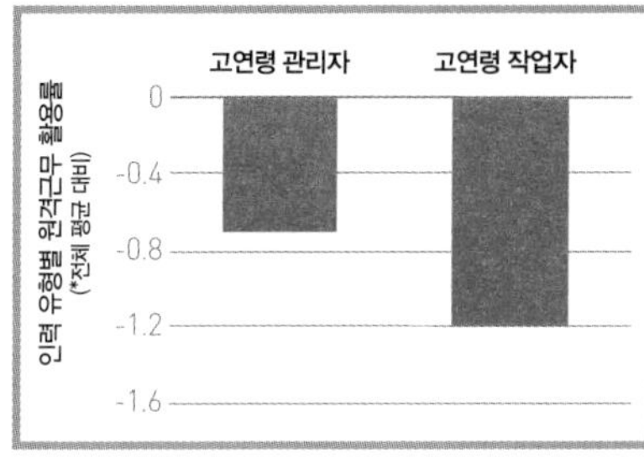

자료: Eurofound and International Labor Office (2017)

를 높여 회사 성과를 향상시킬 수 있다. 그러나 사생활과 직장 생활의 구분이 모호하다는 점과 가정 내 부적절한 근무 환경 등으로 인해 일부 근로자들은 오히려 만족도가 감소할 수도 있다.

독일의 원격 근무 관련 연구에 따르면 혁신적인 기업일수록, 규모가 큰 기업일수록 원격 근무 도입 비율이 높은 것으로 조사됐다. 또한 더 젊고 고급 인력일수록 원격 근무를 더욱 적극적으로 활용하는 것으로 밝혀졌다.

전반적으로 원격 근무를 통해 조직의 생산성을 높이려면 구성원간 소통의 어려움, 보안 위험 등 일부 부정적인 영향을 상쇄할 수 있을 만큼 작업자의 만족도를 높이는 것이 중요하다. 커뮤니케이션 기회가 감소함에 따라 개인적 상호 작용 부족으로 인한 부정적인 영향은 원격 근무 강도가 높을수록 더 강해

원격 근무 비율과 업무 효율 창출 정도

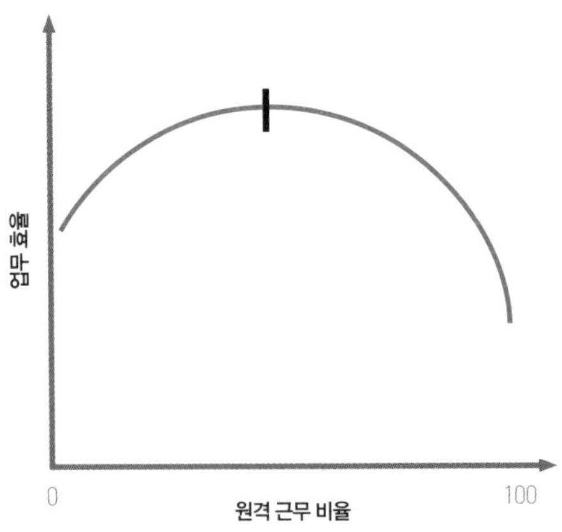

자료: Eurofound and International Labor Office (2017)

질 수 있고, 작업자의 만족도는 원격 근무 선택의 자율성을 높임으로써 극대화될 수 있다.

코로나19 팬데믹으로 인해 불가피하게 원격 근무를 처음으로 활용한 기업이든, 팬데믹 이전부터 원격 근무를 활용해온 기업이든 향후 코로나19가 종식된 이후에도 정규 근무 방식 중의 하나로 원격 근무를 채택할 가능성이 높다. 향후 기업들은 기술·시스템적 인프라, 제도·문화적 인프라 구축과 함께, 조직의 업무 생산성과 조직원의 만족을 동시에 고려하는 원격 근무 방식을 적극 도입할 것으로 기대된다.

권리가 된 원격 근무,
긱 이코노미 시대 가속화

김상윤 재택 근무, 원격 근무 관련해서 재미있는 에피소드가 많잖아요. 각 직장에서 설문 조사를 해보면, 20대부터 40대 초반의 젊은 직장인들은 원격 근무의 장점을 많이 체감하는 것 같아요. 상사 눈치 안 볼 수 있고 결과물로 실력을 인정받을 수 있다는 점을 높이 평가하고요. 반면 50대 이상의 분들은 힘들어하는 경향이 강합니다. 독일의 조사에서도 시니어들은 재택 근무를 할 때 회사에서 사용하던 수준의 장비가 집에 구축돼 있지 않아서, 자녀가 있어서, 근무하는 환경인지 쉬는 환경인지 구분이 모호해서 재택 근무가 비효율적이라고 답했더라고요. 재택 근무에 대한 평가가 세대별로 양분되죠.

김광석 어떤 정보를 확인할 때 검색을 하잖아요. 이때 세대를 구분할 수 있어요. '유튜브에 검색하는 Z세대', '네이버에 검색하는 X세대', 그리고 '네이버에 검색하라고 시키는 베이비붐 세대'로요. 디지털 격차, 디지털 소외에 대한 화두가 굉장히 중요한데요. 결국 비대면 환경에 익숙한 세대와 익숙하지 않은 세대 간 거리가 멀어지는 게 일종의 양극화라는 생각이 들어요. 소위 '아재'들은 회사에 출근하는 게 편하고, 대면으로 보고하는 게 익숙하다고 하죠. 무엇보다 아재들은 대개 직장에서 상급자이기 때문에 대면이 더 편해요. 디지털 환경에 친숙한 세대, 즉 X세대 이하는 인터넷 강의를 들으면서 큰 세대잖아요. 비대면에 익숙한 밀레니얼 세대는 원격 근무가 더 편하고, 효율성도 많이 느끼는 거죠.

이재호 경영진이나 리더들은 원격 근무의 취약점으로 직원 관리의 어려움을 꼽습니다. 내 직원이 일을 하는지 놀고 있는지 확인하기가 어렵다는 거죠. 그런데 저 개인적으로는 원격 근무 상황에서 일을 안 하는 사람은 원래 사무실에서도 일을 안 하던 사람이었을 거라고 생각해요. 단지 일을 하는 척하고 있었을 뿐이라는 거죠. 그런 사람을 애써 관리하느라 시간과 비용을 소비할 필요는 없지 않을까요.

원격 근무 도입 후 회사 전체의 효율성이나 성과가 실제 떨어졌는지를 조사해보면, 그렇지 않다고 응답하는 기업이 많습니다. 지난해 초부터 많은 기업들이 원격 근무에 적합한 의사 소통 방식이 무엇인지, 회의는 어떻게 진행해야 하며 기록은 어떻게 남겨야 하는지, 결재 구조를 어떻게 만드는 게 적합한지 등을 학습했고 경험이 많이 축적됐어요. 이렇게 일하는 방식이 코로나19 팬데믹 종식 이후에도 지속될 가능성이 높습니다.

또 하나 재밌는 사실이 있는데요. 이제는 노동자들이 원격 근무를 하나의 권리로 인식하기 시작했다는 점입니다. 경쟁사는 원격 근무를 시행하는데 우리

회사는 하지 않는다면 그 회사로 옮기겠다고 생각하는 직원들도 많습니다. '원격 근무를 할 수 있는 권리'가 명문화되진 않았지만 안전과 건강을 위한 노동자의 권리에 포함되고 있는 것이죠. 회사에서 좋은 인재를 영입할 때 원격 근무 자체를 하나의 셀링 포인트로 삼기도 합니다.

김상윤 원격 근무가 보편화되면서 원격 근무 환경을 갖춘 기업과 그렇지 않은 기업은 확연하게 차이가 나고 있습니다. 일단 확진자가 발생하면 올 스톱되는 상황은 대부분 직접 확인을 했죠. 한편 제조업 기업은 산업 특성상 현장이 중요합니다. 따라서 원격 근무 환경을 갖출 수 없는 기업이 있을 수 있죠. 특히 IT 업종을 제외한 국내기업들은 새로운 기술이나 업무 환경을 구축하는 데 보수적인 성향이 강하다보니, 원격 근무에도 소극적인 경우가 많습니다. 문화·제도적으로 선진적이지 못한 기업은 원격 근무를 도입하는 데도 과감하지 못했고, 오히려 세대 간 충돌도 발생했죠. '왜 우리 기업은 원격 근무하지 않느냐, 구시대적이다'라는 식의 갈등 요소가 맞부딪힌 것이 대표적입니다.

IT 분야의 플랫폼 기업이나 게임 기업들은 1년 넘게 원격 근무를 하면서 문화와 제도를 정비해나갔습니다. 이런 기업들이 점점 많아지면 자연스럽게 긱 이코노미Gig Economy 시대로 연결될 거라고 보거든요. 전문성과 능력을 갖춘 한 개인이 여러 기업에 속할 수도 있고, 소속이 아닌 업무 중심으로 평가를 받는 거죠. 긱 이코노미 시대엔 원격 근무가 가능한 시스템이나 문화·제도가 기본적으로 갖춰져 있어야 개인들이 일을 할 수 있거든요. 이번에 원격 근무 도입에 앞서 갔던 기업은 긱 이코노미 형태로 고용을 할 수 있을 거예요. 이게 코로나19 팬데믹 이후에 가속화될 부분이라고 할 수 있어요.

또 한 가지 재미난 사례가 있습니다. 원격 근무를 하면서 차장, 부장급이 가장 피해를 봤다고 해요. 이들은 주로 조직 내에서 상급자와 실무자를 연결하는 링커 역할을 맡고 있잖아요. 링커는 소통 업무가 많잖아요. 그런데 원격 근무 환경에 놓이자 스스로 일이 없다고 생각하게 되고, 심지어는 자괴감을 느끼는 경우도 있다고 해요. 인과관계를 100%라고 밝힐 순 없겠지만 과거와 비교할 때 지난 1년간 차장, 부장급의 퇴사 비율이 굉장히 높았다고 합니다.

김광석 원격 근무 환경에서 X세대가 막내 역할을 맡게 된 것도 주목할 만합니다. 팀장급은 임원급, 상급자로부터 관리에 대한 압박을 받잖아요. 이러한 내용을 비대면 환경에서 밑으로 소통해야 하니까, 대응에 어려움을 겪었으리라 생각합니다. 강연을 가보면 대체로 임원 이상은 대면으로 강의를 듣고, 임원 이하는 안 듣거나 비대면으로 들어요. 자연히 팀장이나 부장 같은 사람들이 가장 소외되고 힘들지 않을까 생각해봅니다. 한마디로 일 중심, 성과 중심으로 직업 사회가 전환되는 거죠. 대면 환경에서는 웃어주고, 비위를 맞춰주는 사회적 행동이 큰 역할을 했지만, 비대면 근무 환경에서는 효과가 떨어지니까요. 그야말로 업무 중심으로 재편되고 있는 현실입니다.

기업 전략이 될 원격 근무, 제도적 정비 필수

박정호 원격 근무가 확대되고 사회적 변화도 맞이하겠죠. 첫 번째로 고용 유연화가 훨씬 높아질 거예요. 직원을 채용하거나 해고할 때, 그 사람과 마주해야 한다는 심적 부담이 많죠. 하지만 온라인 환경에선 해고 통보를 하거나 대기 발령을 내릴 때 상대적으로 마음이 가벼울 수 있어요. 몇 가지 특수한 사례를 제외한다면, 전 세계적으로 계약직이나 파견직 등 임시직이 늘어나는 추세예요. 원격 근무가 보편화되면 이런 고용·근로 형태가 더 활성화될 가능성이 있습니다. 이런 근무 형태가 보편적인 시스템으로 구축되면, 최저임금제나 주 52시간 근무제는 완전히 무너지는 꼴이 돼요. 노동과 관련된 법과 제도를 전방위적으로 정비해야 합니다.

김광석 무엇보다 원격 근무는 기업 전략이 됐어요. 한 기업의 경우 원격 근무를 도입하고 인력이 20% 충원됐는데 오히려 사무 공간은 줄었어요. 생산성은 줄지 않는데 비용(임차료)은 줄어드는 효과를 체험한 것입니다. 즉, 원격 근무가 경영 전략이 되는 겁니다. 비대면 원격 근무를 가장 많이 하는 분야 중 하나는 컨설팅 분야예요. 약 74%가 원격 근무를 한다고 합니다. 출근할 필요가 없고, 비싼 임차료를 지불할 필요도 없고, 개인 책상도 필요하지 않아요. 원하는 사람에 한하거나 순환식으로 출근하는 방식으로 원격 근무를 활용하면서 인사 제도를 운용하는 거죠.
산업의 특성상 어쩔 수 없는 경우도 있고 기업 성격이나 전통에 따라 다를 수도 있겠지만, 결국 원격 근무를 활용하는 기업과 그렇지 않은 기업으로 양분될 겁니다. 원격 근무를 활용하는 기업과 그렇지 않은 기업 간 경영 전략은 매우 다를 거예요.

김광석 다음 그래프에서는 원격 근무를 하는 여성의 비중이 높을수록 그 나라의 경제력이 높다는 걸 보여주고 있어요. 선진국일수록 여성이 원격 근무를 할 수 있는 시스템을 구축한 거예요. 코로나19와 무관하게요. 원격 근무는

여성의 원격 근무 비율과 1인당 GDP

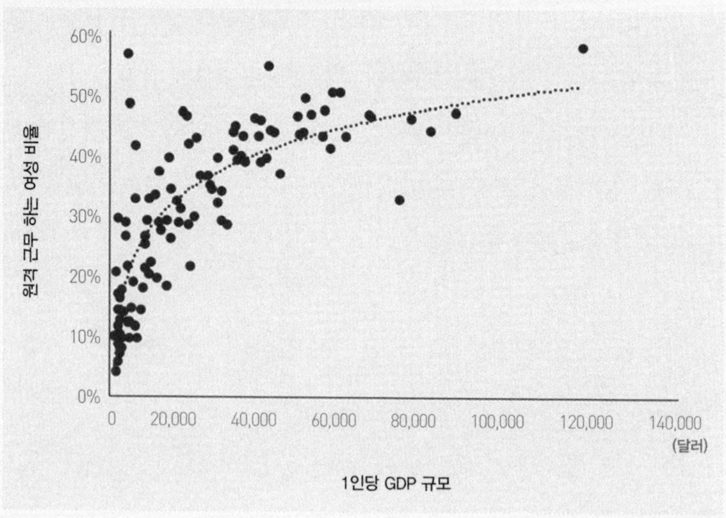

자료: WTO(2020), World Trade Report 2020: Government policies to promote innovation in the digital age.

여성의 일-가정 양립이 가능할 수 있도록 돕는 시스템이기 때문에 저출산 대책이기도 합니다. 앞으로 정책적으로도 시동을 걸 거로 생각해요.

전 세계적으로 잠재 성장률이 하락하는 속도를 보면 우리나라가 가장 빨라요. 그 이유 중 하나가 고령화입니다. 고령화는 한국에서 가장 중요한 중장기적인 현안이죠. 고령화가 진전되는 데는 기대 수명이 늘었다는 것도 한몫하지만, 가장 큰 이유는 저출산입니다.

저출산 대책을 마련하는 데 가장 중요한 요소 중 하나는 여성의 일-가정 양립이에요. 여성의 일-가정 양립을 위해서라면 원격 근무가 가능하도록 정책적·제도적 시스템을 마련할 필요가 있습니다. 기업들에게도 더 강력하게 권장해 촉진시켜야 해요. 코로나19 이후에도 원격 근무는 병행될 것입니다. 따라서 저출산의 대책으로서 원격 근무를 정책적으로 권장할 거라고 봅니다. 공공기관에서 먼저 나서서 원격 근무를 활용하는 방식으로 진행될 거라고 전망합니다.

PART 3

FUTURE SCENARIO 2022

기술

TECHNOLOGY

미래
시나리오
2022

07 기술의 속도, 상상력의 속도를 뛰어넘다

이재호

상상 속에만 머물렀던 기술들이 하나씩 현실 세계에 구현되고 있다. 코로나19는 기술의 실현 속도를 더욱 가속화시키고 있다. 자율주행 자동차로 출근하고 드론 택시로 공항에 가고 로봇이 서빙하는 식당에서 만찬을 즐기는 일이 이제 눈앞으로 다가왔다. 인간처럼 생각하고 행동하는 일반 인공지능AGI, Artificial General Intelligence의 실현도 머지않았다. 기술의 발전 속도는 이제 상상력의 속도를 뛰어넘고 있다. 기술이 수요를 만들고 시장을 창출하는 '테크놀로지 푸시technology push'의 시대가 다시 시작되고 있다.

미래를 예측할 때 기술은 매우 중요한 키워드다. 세상이 앞으로 어떻게 변할지, 경제와 산업이 어떤 방향으로 나아갈지, 그 과정에서 내가 속한 조직 또는 나 자신에게 어떤 기회가 있을지를 기술이라는 창을 통해 살펴볼 수 있기 때문이다.

지금부터 이어지는 세 개의 장에서는 단기적으로 우리가 특히 눈여겨봐야 할 기술들을 소개하겠다. 우선 국내외 권위 있는 기관들이 제시한 유망 기술 키워드들을 확인하겠다. 여러 국제 기구와 리서치 기관들은 가까운 미래에 우리 생활에 혁신을 가져다줄 기술들을 선정해 매년 발표하고 있다. 한 해만 반짝하고 사라질 기술이 아니라 3~5년 정도 지속적으로 새로운 변화를 이끌어 갈 아이템들이다.

시간적 여유가 있고 기술에 관심이 많은 독자라면 기관들의 보고서들을 하나하나 읽어보는 것도 좋다. 그러나 보통의 독자들은 시간이 부족할 수 있다. 수많은 기술들을 상세하게 이해하기도 어렵다. 그래서 이 책은 한국의 산업 구조와 기술 수준, 정책 방향을 종합적으로 고려했을 때 우리가 꼭 알아야 할 기술을 몇 가지로 압축해 소개하려 한다.

기술이라고 해서 어렵게 생각할 필요는 없다. 우리의 일상적인 삶이 어떻게 변하게 될지를 상상하며 읽으면 한결 더 재미를 느낄 것이다. 자, 이제 본격적으로 '미래 시나리오 2022 기술편'을 시작한다.

WEF가 선정한 10대 유망 기술

세계 경제 포럼WEF은 전 세계 정치, 경제, 사회 분야의 유력 인사들이 모여 경제 현안을 토론하고 연구하는 국제 민간 기구다. 우리에게는 다보스포럼Davos Forum으로도 알려져 있다. WEF는 미국의 저명한 대중 과학 잡지 〈사이언티픽 아메리칸Scientific American〉과 함께 매년 미래 유망 기술 10개를 선정해 발표한다.

WEF가 선정한 10대 유망기술

2018년		2019년		2020년	
증강 현실	유전자 드라이브	순환경제를 위한 바이오 플라스틱	협업 텔레프레즌스	마이크로 니들	전기항공기
정밀 의료	양자컴퓨터 알고리즘	소셜 로봇	첨단 식품 추적 및 포장	태양광 화합물	저탄소 시멘트
AI 기반 분자 디자인	플라즈모닉 재료	소형 장치를 위한 작은 렌즈	보다 안전한 원자로	가상환자	양자 센싱
다능한 디지털 헬퍼	연구실 생산 인공육류	신약 표적으로서 구조결함 단백질	DNA 데이터 저장	공간 컴퓨팅	그린 수소
전이가능 약물생산 세포	전자약	환경오염을 줄이는 보다 스마트한 비료	유틸리티 규모의 재생에너지 저장	디지털 의료	전체 유전자 합성

자료: WEF

WEF가 최근 3년간 선정한 기술들을 살펴보자.* IT 분야에서는 공간 컴퓨팅, 소셜 로봇, 증강 현실 등 데이터와 인공지능을 기반으로 현실에서 구현 가능한 다양한 응용 기술들이 선택됐다. 그중에서도 단기적으로 우리가 특히 주목할 분야는 소셜 로봇을 포함한 각종 서비스 로봇 기술이다. 국내에서는 몇몇 기업이 로봇을 미래 성장 동력으로 선포했고, 정부도 비대면 사회로의 전환 과정에서 로봇 산업 육성에 큰 공을 들이고 있다.

한편 바이오·환경·에너지 기술의 비율이 매년 꾸준히 증가하는 것도 주목할 만하다. 디지털 의료와 각종 유전자 기술, 환경 오염을 줄이는 바이오 플라스틱과 스마트 비료, 각종 신·재생 에너지 기술들이 반복해서 선정되고 있다. 코로나19 이후 의료와 건강에 대한 관심이 커지고 경제 위기를 극복하는

* World Economic Forum(2020.11), 〈Top 10 Emerging Technologies 2020〉; World Economic Forum(2019.7), 〈Top 10 Emerging Technologies 2019〉; World Economic Forum(2018.9), 〈Top 10 Emerging Technologies 2018〉

과정에서 각국이 그린 뉴딜 카드를 꺼내들면서 이들 분야 기술 발전은 더욱 가속화할 것으로 전망한다. 그중에서도 2020년 선정된 그린 수소와 2019년 선정된 바이오 플라스틱은 국내 수소 경제 정책, 폐기물 정책과 맞물려 크게 주목받을 것으로 전망한다.

가트너가 선정한 전략 기술 트렌드

이번에는 미국의 대표 리서치 기관 가트너Gartner가 선정한 기술들을 살펴보자.* 가트너는 IT 분야에 대해 매년 전략 기술 트렌드를 발표한다. 최근 3년간 선정된 기술들을 살펴보면, 인공지능을 활용한 초자동화, 스스로 운행하는 자율 사물Autonomous Things, 사이버 보안, 분산형 클라우드, 블록 체인 등이 여러 차례 언급됐다.

자율 사물은 자율주행 자동차, 로봇, 자율주행 비행체 등을 총칭한다. 한국에서 4차 산업혁명 시대에 대비한 새로운 국가 성장 동력으로 각광 받으며 그동안 많은 투자가 이뤄진 분야다. 특히 자율주행 자동차 분야는 2021년부터 2022년까지 다양한 형태의 상용 서비스가 등장하며 그동안의 투자가 결실을 맺기 시작할 것으로 기대한다.

한편 2021년 1월 이루다 사태에서 본 것처럼 한국에서도 디지털 윤리와 개인정보 보호, AI 보안 등이 본격적으로 중요한 이슈로 떠오를 전망이다. 보

---

* Gartner(2020.10), 〈Top Strategic Technology Trends for 2021〉; Gartner(2019.10), 〈Top Strategic Technology Trends for 2020〉; Gartner(2018.10), 〈Top Strategic Technology Trends for 2019〉

가트너가 선정한 전략기술 트렌드

2019년	
자율사물 (Autonomous Things)	몰입경험 (Immersive Experience)
증강분석	블록체인
AI 주도 개발	스마트 공간
디지털 트윈	디지털 윤리와 개인정보 보호
자율권을 가진 에지 (Empowered Edge)	양자 컴퓨팅

2020년	
초자동화	자율권을 가진 에지 (Empowered Edge)
다중경험 (Multiexperience)	분산 클라우드
기술의 대중화	자율사물 (Autonomous Things)
인간증강	실용적 블록체인
투명성 및 추적성	AI 보안

2021년	
행동 인터넷 (IoB)	사이버 보안 메시
총체적 경험 (Total Experience)	지능형 구성 가능한 비즈니스
개인정보 보호 강화 컴퓨팅	AI 엔지니어링
분산 클라우드	초자동화
어디서나 운영 (Anywhere Operations)	

자료: Gartner

안과 윤리는 데이터와 인공지능 기술개발의 선행 조건이다. 공학계뿐만 아니라 사회학, 법학, 정책학자들이 머리를 맞대고 활발한 논쟁을 전개해나갈 것이다.

KISTEP이 선정한 미래 유망 기술

해외 기술 동향은 국내 사정과는 조금 맞지 않는 부분이 있을 수밖에 없다. 한국의 특수성이 반영되지 않았기 때문이다. 따라서 한국 기관의 기술 전망을 반드시 함께 살펴봐야 한다. 국내에서 매년 기술 전망을 발표하는 대표적인 기관이 한국과학기술기획평가원KISTEP, Korea Institute of S&T Evaluation and Planning이다. 과학기술정보통신부 산하 공공 기관으로 과학 기술 정책을 수립하고 연구개발 사업에 대한 기획과 평가를 주관하는 곳이다.

KISTEP이 최근 3년간 선정한 미래 유망 기술을 살펴보자.* 이 역시 해당 년도에만 유행할 기술이 아닌 향후 10년 이내 유망한 기술임을 기억하자. 따

KISTEP이 선정한 미래 유망 기술

2019년		2020년		2021년	
친환경 바이오 플라스틱 필름	더 이상 무겁지 않은 초경량 수송체	실시간 건강 모니터링 기술	개인정보 흐름 탐지 기술	비침습 생체정보 기반의 심혈관질환 관리 기술	VR/홀로그램 기반의 실시간 협업 플랫폼
손실된 인체 감각을 대체하는 기기용 소재	1억℃ 이상 극한 환경을 견디는 차세대 핵융합 소재	고용량 장수명 배터리	정보 진위 판별 기술	교통약자를 위한 Lv4 자율주행 자동차	인터페이스의 벽을 허무는 Beyond Screen 기술
3D 프린팅 인공장기	스트레쳐블 디스플레이	스마트 자연재해 예측 및 통합 능동대응 기술	초실감 인터랙션 기술	LXP 기반의 개인 맞춤형 큐레이션 기술	초연결 시대의 사이버 지킴이, 인공지능 보안 기술
불이 안나는 고성능 고체 전해질	자율적으로 수명을 제어하는 화학소재	고정밀지도 제작기술	AI 플랫폼 구축 기술	자율주행 기반의 라스트마일 딜리버리 서비스	비대면 초실감 미디어 제작과 중계 기술
고속 충방전 가능한 수송용 배터리	완전 직물형 웨어러블 소자	오작동 실시간 모니터링 및 이상징후 탐지 기술	설명 가능 인공지능	지능형 에지 컴퓨팅	온라인 쇼핑 쓰레기를 줄이는 녹색포장 기술

자료: KISTEP

라서 최소한 최근 3년 치의 보고서를 모두 확인하는 것이 필요하다. 최근 동향을 보면 자율주행, 사이버 보안, 친환경 소재 등의 키워드가 반복해서 등장하는 것을 알 수 있다.

가까운 미래, 우리가 주목해야 할 기술은?

이제 여러 기관들이 제시한 키워드들을 종합할 차례다. 이 책의 저자 네 명은 한국의 산업 구조와 기술 수준, 정책 방향을 종합적으로 고려해 2021년 하반기부터 2022년까지 우리가 특히 주목해야 할 기술을 다섯 가지로 압축했

•
한국과학기술기획평가원(2020.12), 〈2021년 KISTEP 미래유망기술 선정에 관한 연구: 비대면사회의 미래유망기술〉

다. ① 자율주행 서비스 ② 서비스 로봇 ③ 디지털 보안과 윤리 ④ 친환경 수소 에너지 ⑤ 제로 웨이스트 기술이 그것이다. 선정 과정에서 저자들 사이에 치열한 토론이 있었다. 어디까지나 주관적 선택이므로 위 다섯 가지 외에 다른 기술들이 중요하지 않다는 얘기는 아님을 밝힌다. 지금부터 선정된 다섯 개 기술에 대해 하나하나 간략히 살펴보겠다.

① 자율주행 서비스: 한국에서도 상상이 아닌 현실

국내에서도 테슬라가 큰 인기를 끌면서 자율주행이라는 기술이 그리 낯설지 않은 키워드가 됐다. 인공지능의 발전으로 자율주행에 필요한 인지 기능이 크게 향상되고 정밀 지도 및 통신 인프라 확대로 운행 여건이 개선되면서 자율주행 기술이 이제 상용화의 길에 들어섰다. 많이 알려진 바처럼 미국, 중국 등에서는 최근 2~3년 사이에 이미 자율주행 택시 서비스가 시작됐다. 2018년 말 미국의 웨이모Waymo를 시작으로 2020년 중국의 바이두百度, 디디추싱滴滴出行 등도 서비스를 개시했다.

한국에서도 지난 2020년 11월 국토교통부가 서울 상암, 충북 오송, 세종, 대구, 광주, 제주의 일부 구역을 유상 서비스가 가능한 '자율주행 시범운행 지구'로 지정했다.* 2021년 4월에는 여기에 경기도 판교가 추가됐다. 국내 대표 모빌리티 플랫폼 기업인 카카오모빌리티는 자율주행 스타트업 오토노머스에이투지와 손잡고 가장 먼저 세종에서 플랫폼 기반 자율주행 유상 서비스를 시작했다. 다른 완성차 기업 및 부품사, 통신사, 각종 스타트업들도 2021년

---

* 국토교통부 보도자료(2020. 11. 20), "자율주행 교통 · 물류 서비스, 우리 일상으로 성큼"

카카오모빌리티의 세종 자율주행 서비스

자료: 카카오모빌리티

연내에 서비스를 출시한다는 계획이다.

국내 서비스 수준은 이제 막 시작하는 단계라 우리가 상상했던 전형적인 자율주행과는 거리가 있을 수 있다. 자율주행으로 운행할 수 있는 구역도 한정적이고, 만약의 돌발 상황에 대비해 안전요원이 탑승해 있다. 차체도 자율주행 전용 모델이 아닌 기존 양산차를 개조한 형태가 많다. 정부는 빠른 시간 내에 보다 완전한 형태의 자율주행 서비스를 구현한다는 목표하에 2021년부터 7년간 범부처 자율주행 기술개발 혁신사업을 시작한다. 투입되는 정부 예산만 1조 1천억 원에 이르며, 기업과 지자체의 관심도 매우 높다.

2021년에서 2022년까지 한국에서도 택시, 셔틀, 화물차, 청소차, 폐기물 수거차 등 다양한 형태의 자율주행 자동차가 서비스를 시작할 것으로 기대한다. 그중 일부는 운전석에 안전요원이 없는, 말 그대로 완전한 자율주행 자동차일 것이다. 음식 배달이나 택배에서 라스트 마일 딜리버리last mile delivery를 담당할 자율주행 로봇에 대한 기대도 크다. 운행 대수는 소수에 불과하겠지만 어쨌든 의미 있는 상업화가 시작되는 것이다. 자율주행 서비스에 대해서는 7장에서 따로 상세하게 설명하겠다.

② 서비스 로봇: 소비자가 원하는 생활 속 로봇의 시대

로봇Robot이라는 단어는 1920년 체코의 극작가 카렐 차페크Karel Čapek가 발표한 희곡《로숨의 유니버설 로봇Rossum's Universal Robots, R.U.R.》에서 처음 사용됐다. 공장에서 대량 생산된 휴머노이드 로봇이 사람을 대신해 일을 하고 전투에서 병사로 활약하기도 한다. 그러다 인간에게 복종하기를 거부하고 반란을 일으켜 인류를 몰살시킨다.• 지금 보면 뻔한 줄거리지만 100년 전에는 파격 그 자체였다. 작품은 엄청난 인기를 끌었고 영국 BBC에서 SF 시리즈로 제작돼 방영될 정도였다.

현실 세계에서는 먼저 산업용 로봇이 나타났다. 1960년대부터 다양한 형태의 로봇이 자동차, 전자, 금속, 화학, 식품 등 여러 생산 현장에 투입됐다. 지난 60년간 산업용 로봇은 생산 효율성 제고와 근로자 안전 확보에 큰 공헌을 했다.

그리고 최근에는 로봇이 공장 문턱을 넘어 서비스 로봇이라는 이름으로 하나둘 우리 생활 속으로 들어오고 있다. 로봇이 청소하고 창고 관리와 재고 관

•
Karel Čapek(1920), 《Rossum's Universal Robots, R.U.R.》

리를 담당하기 시작했다. 병원에서 수술이나 재활을 돕기도 한다. 아직 시제품 형태이긴 하지만 로봇이 음식도 만들고 커피도 타고 서빙도 한다. 반려로봇이나 심리치료용 로봇도 큰 인기를 끌고 있다.

현대자동차는 2020년 12월 미국의 유명 로봇 기업인 보스턴 다이내믹스 Boston Dynamics를 인수한다고 공식 발표했다. 사족보행 로봇개 스팟Spot, 이족보행 휴머노이드 아틀라스Atlas 등을 출시하며 주목을 끈 회사다. 현대자동차는 앞으로 기업의 포트폴리오를 자동차 50%, PAV Private Air Vehicle 30%, 로봇 20%로 전환하겠다고 밝히기도 했다. 한편 네이버랩스는 클라우드 기반의 브레인리스brainless 로봇을 개발 중이다. 인지, 판단, 제어에 필요한 연산과 기억은 5G 통신을 통해 원거리에 있는 클라우드가 담당한다. 현장에 있는 로봇은 무거운 두뇌를 멀리 떼어놓고 훨씬 가벼운 몸으로 많은 일들을 할 수 있다.

한편, 필자가 가장 주목하는 서비스 로봇은 바로 반려로봇이다. 1999년 처음 발매돼 선풍적 인기를 이어가고 있는 소니Sony의 강아지 로봇 아이보Aibo가 대표적이다. 국내에서도 강아지, 고양이, 휴머노이드 등 다양한 모습의 반려로봇이 등장하고 있다. 코로나19로 지친 심신을 달래주는 삶의 동반자 역할을 바로 이 반려로봇이 담당해줄 것으로 기대한다.

인공지능, 제어, 통신, 배터리 기술이 비약적으로 발전하면서 로봇은 새로운 성장 동력으로 큰 주목을 받고 있다. 우리 정부도 2019년 8월 〈제3차 지능형 로봇 기본 계획〉을 발표하고 글로벌 4대 로봇 강국으로 도약한다는 계획이다.* 2021년 하반기부터 2022년까지 국내 기업들도 다양한 형태의 서비스

---

* 관계부처 합동(2019. 8), 〈제3차 지능형 로봇 기본 계획〉

네이버랩스가 개발 중인 로봇팔 앰비덱스

자료: 네이버랩스

로봇 기술을 시장에 선보일 것으로 전망한다.

③ 디지털 보안과 윤리: 이루다 사건의 교훈

2018년부터 유럽에서는 GDPR이라 불리는 개인정보 보호법이 시행되고 있다. GDPR은 기업에게 혹독하리만치 강력한 법이다. 위반 시 부과되는 과징금이 최대 2천만 유로(한화 약 270억 원) 또는 글로벌 전체 매출액의 4%에 달한다. 이 법에 따라 구글에 5천만 유로(한화 약 671억 원), H&M에 3,526만 유로(한화 약 473억 원)의 과징금이 부과되기도 했었다. GDPR은 그동안 유럽에서 사업을 하는 우리 기업에게도 큰 부담으로 작용했다.

국내에서도 2021년 초 이루다 사건을 계기로 과징금 규모를 GDPR 수준에 가깝게 조정해야 한다는 목소리가 나오기 시작했다. 그동안 국내 개인정보 보호법은 과징금을 전체 매출이 아닌 위반 행위 관련 매출의 3%로 이하로 규정해왔다. 만일 규제가 강화된다면 인공지능과 데이터 관련 사업을 하는 기업에게는 큰 부담이 아닐 수 없다. 디지털 보안 기술에 더 많은 투자를 할 수밖에 없다.

이제 디지털 보안을 넘어 디지털 윤리라는 말이 보편화되고 있다. 단순히 보안이나 프라이버시 차원을 넘어, 데이터와 인공지능이 만들어내는 서비스 과정과 결과가 모두 윤리적이어야 한다는 것이다. 윤리적이지 않은 서비스는 법의 심판을 받기 전에 소비자의 심판을 먼저 받을 것이다. 기업 입장에서는 기술과 서비스 개발의 프로세스를 새롭게 정의해 소비자의 신뢰를 얻기 위한 다양한 방법을 고민할 것이다.

데이터와 인공지능 기술 및 서비스가 지금처럼 쭉쭉 뻗어나갈 수 있느냐 아니면 정체되느냐는 디지털 보안과 윤리 문제를 어떻게 해결해나가느냐에 달려 있다고 해도 과언이 아니다. 2021년 하반기부터 2022년까지 국내에서도 이를 둘러싼 다양한 논쟁이 펼쳐질 것으로 전망한다. 사회학, 법학, 정책학 자들의 역할이 매우 중요하다.

④ 친환경 수소 에너지: 그린 수소 기술을 확보하라

수소는 산소와 반응해 최종 에너지인 전기와 열을 생산하지만 오염 물질은 전혀 배출하지 않는다. 사용자 측면에서만 본다면 완벽한 청정 에너지원이다. 저명한 미래학자 제레미 리프킨Jeremy Rifkin은 저서 《수소혁명The Hydrogen Economy》에서 석유 중심의 탄소 경제에서 친환경 무한 에너지인 수소 경제로의 전환을 주창하기도 했다.*

수소는 차세대 에너지원으로서 전 세계의 주목을 받고 있다. 2017년 WEF 중에 발족한 수소위원회Hydrogen Council에서는 수소 에너지가 2050년 2조 5천억 달러(한화 약 2,782조 원)의 시장 가치를 창출하고 전체 에너지 수요의 18%를 담당할 것이라고 내다봤다. 또한 연간 60억 톤의 이산화탄소 배출을 저감하고 3천만 개 이상의 일자리를 창출할 것으로 기대한다.••

그런데 아직까지 수소를 생산하는 방식을 보면 그리 친환경적이지 못한 것이 사실이다. 수소는 생산 방식에 따라 그레이, 블루, 그린 세 가지로 구분한다. 그레이 수소는 석유 화학 공정에서 생산되는 부생 수소나 천연가스를 개질해 얻는 수소를 의미한다. 가격은 저렴하지만 막대한 양의 탄소를 배출한다. 현재 전체 수소의 90% 이상이 그레이 방식으로 생산된다. 블루 수소는 그레이 수소 생산 과정에서 배출되는 탄소를 탄소 포집 장치CCS, Carbon Capture & Storage로 걸러준 것이다. 오염 물질 배출은 적지만 여전히 완전 친환경적 수소라 부르기엔 부족하다. 그린 수소는 재생 에너지로 물을 전기분해해 생산한다. 기술적으로 가장 어렵고 비용도 많이 든다. 진정한 의미의 친환경 에너지원은 사실상 그린 수소뿐이다.

국내 그린 수소 생산 기술은 선진국에 비해 아직 뒤처져 있다. 그러나 글로벌 시장 전망이 매우 밝은 아이템이고, 정책적으로 기후 변화 대응 및 탄소 중립 선언과 맞물려 있기 때문에 단기간에 정부와 기업의 투자가 집중될 가능

•
Jeremy Rifkin(2002), 《The Hydrogen Economy》

••
Hydrogen Council 웹사이트(https://hydrogencouncil.com)

현대의 수소연료전지자동차 넥쏘

자료: HMG 저널

성이 높다.[•] 정부는 2019년 4월 〈수소 경제 활성화 로드맵〉을 수립해 본격적인 수소 경제로 이행을 가속화한다는 계획이다.[••] 우리나라가 수소 강국으로 부상해 세계 에너지 시장을 리드해나가는 날이 오기를 기대한다.

•
배지영(2020.12), 〈2050 탄소중립선언, 진단과 제안〉, 민주연구원

••
산업통상자원부 · 에너지경제연구원(2019. 4), 〈수소 경제 활성화 로드맵 수립 연구〉

⑤ 제로 웨이스트 기술: 코로나19 시대 쓰레기 대란의 해결사

제로 웨이스트Zero Waste는 제품의 생산 및 유통, 서비스 과정에서 발생하는 쓰레기를 최소화하는 것을 목표로 하는 일종의 사회 운동이다. 2000년을 전후해 유행하다가 최근 코로나19 팬데믹으로 포장재와 일회용 플라스틱 등 생활 쓰레기가 크게 증가하면서 다시 주목받고 있다.

제로 웨이스트는 기술과 결합해 그 실현 가능성을 더욱 높인다. 대표적인 것이 생분해성 플라스틱 기술이다. 생분해는 일정 조건에서 수개월 내에 박테리아, 조류, 곰팡이 등 미생물에 의해 완전히 분해돼 자연물로 돌아가는 과정을 의미한다. 포장재와 일회용품 사용을 줄이고 재사용하는 것이 우선이지만, 피치 못하게 써야 하는 경우엔 애초에 분해가 가능한 제품으로 만드는 것이다. 물론 아직은 기술적으로 어렵고 비용도 많이 든다.

팬데믹 장기화로 쓰레기 문제가 더욱 심각해지고 있다. 이 문제는 정부의 규제보다는 기업과 소비자의 자발적 노력으로 해결하는 것이 필요하다. 수요가 있는 곳에는 언제든 기술이 찾아가는 법이다. 제로 웨이스트 기술에 대해서는 8장에서 상세하게 설명하겠다.

챗봇,
인간을 비추는 거울

이재호 최근 인공지능 챗봇 '이루다 사건'이 있었죠. 개인정보 유출 문제가 핵심이었지만, 챗봇에 대고 폭력적이거나 외설적인 얘기를 아무 거리낌 없이 한 사람들의 문제도 있었습니다. 상대가 챗봇이 아닌 사람이었다면 모욕죄나 명예훼손죄로 처벌받을 수도 있는 상황이었죠. 그런데 형사 처벌은 피해자가 있어야 가능합니다. 이 경우는 피해자가 누구라고 말하기가 참 애매해요. 기술이 발전하면서 비슷한 상황이 반복될 것 같은데, 이걸 윤리적인 기준에서 어떻게 보는 게 좋을까요?

박정호 미국에서 진행된 실험이 있었어요. 참여자를 두 그룹으로 나누어 일정 기간 로봇에 대한 인식을 주입하는 것이었습니다. 한 그룹엔 '로봇은 무조건 폐기 처분 하는 것'이라고 강조하면서 로봇을 사용하게 했고, 다른 한쪽엔 '로봇은 폐기 처분 하는 게 아니고 돌봐야 하는 존재'라고 인식시키면서 관리하게 했어요. 두 그룹의 사람들을 비교해봤더니, 전자의 공격 성향이 훨씬 높아졌다는 거예요. 단순히 챗봇을 생명체가 아니라고 이해할 게 아니라 우리의 태도 형성에 영향을 준다는 점을 생각해야 합니다.

또 미국 한 대학에서 흥미로운 실험을 한 적이 있어요. 소비자가 일정 기간 인공지능을 기반으로 한 로봇을 사용하게 하고, 실험이 끝난 후 로봇을 직접 폐기하라고 망치를 줬어요. 로봇을 직접 사용하지 않았던 사람들은 쉽게 폐기 처분을 한 반면, 조금이라도 로봇을 사용했던 사람들은 폐기 처분을 할 때 굉장히 주저하더라는 거예요. 이 연구가 해외에서는 굉장히 이슈가 됐습니다. 생명체가 아님에도 로봇을 폐기하는 데 주저하는 현상을 어떻게 바라봐야 할지 큰 화두를 던진 실험입니다.

이재호 소니에서 만든 '아이보'라는 강아지 로봇이 있어요. 1999년 1세대를 시작으로 최근 5세대까지 여러 모델이 나왔습니다. 그런데 초기에 출시된 구형 모델은 더 이상 업데이트가 안 되고 동작을 하지 않는 거예요. 아이보와 가족같이 지냈던 주인들은 안타까운 마음에 이 아이들을 위한 작은 행사를 기획했어요. 2018년 일본 고후쿠지興福寺라는 유서 깊은 절에서 114대의 아이보 합동 장례식을 올렸다고 해요. 사실 아이보는 반려동물이 아니고 로봇이잖아요. 어찌 보면 그냥 기계와 데이터의 조합일 뿐이죠. 그럼에도 아이보의 주인들은 깊은 슬픔을 느끼며 눈물을 흘렸습니다.

여기서 하나만 더 생각해볼게요. 만약 누군가가 살아 있는 남의 집 반려동물에게 고의로 상해를 가하면 현행법상 남의 물건을 훼손한 것과 동일하게 '재물손괴죄'로 처벌받습니다. 한마디로 생명체를 물건처럼 취급하는 거예요. 어찌 보면 시대에 뒤떨어진 제도죠. 그래서 동물에게 사람과 물건 사이 제3의 지위를 부여해 고유성과 생명권을 인정해야 한다는 의견이 지지를 받고 있습니다. 법무부는 2021년 하반기에 동물의 민법상 지위를 개선하는 작업을 추진하겠다고 밝히기도 했습니다. 앞으로는 반려동물의 법적 지위도 올라갈 거라고 기대해요.

이번에는 만약 어떤 사람이 남의 집 반려로봇 아이보를 고의로 파괴했다고 상상해볼게요. 그가 파괴한 반려로봇은 주인에게 그냥 물건이었을까요, 아니면 물건 이상의 살아 있는 반려동물 같은 존재였을까요? 이 로봇에게 적당한 법적 지위는 무엇일까요? 반려동물과 보통의 물건 사이에 또 어떤 새로운 지위를 만들어야 하는 걸까요? 기술이 발전하면서 이제 이런 것도 고민해야 하는 시점이 오지 않았나 싶습니다. 사람과 로봇 간의 상호 작용이 어떤 의미를 지니는지에 대해 생각해볼 거리가 많습니다.

챗봇에 난무한 욕설, 음담패설… 근시일 내 답 찾아야

이재호 얼마 전 스타트업 IR 행사에서 마인드로직이라는 회사에서 서비스하고 있는 〈가상남녀〉라는 앱을 보게 됐습니다. 가상의 연인과 대화를 하는 서비스였어요. 군중 속에서도 외로움을 느끼는 현대인들에게 딱 필요한 서비스가 아닌가 싶었습니다. 영화 〈그녀Her〉의 서맨사가 생각나기도 했고요. 그런데 이 앱을 사용하는 사람 중에서도 실제 사람에게는 하지 못할 막말들을 앱상의 연인에게 하는 사람이 있을 수 있잖아요. 실제로 기술이 더 발전하면 나에게 전화로 상담을 해주는 상대방이 사람인지 인공지능인지 구별하기 어려운 날도 올 거예요. 이때 어떤 윤리 기준이 적용돼야 하는지, 당장 답을 낼 수 없지만 지금부터 고민해야 하는 화두라고 봅니다.

박정호 말씀하신 대로 쉽게 답을 낼 수 없는 문제입니다. 다만, 굉장히 빠른 시일 내 답을 찾아야 하는 이슈라고 생각됩니다. 또 일각에선 인공지능이 거짓말로부터 자유롭지 않다는 것이 드러나면서 문제가 되기도 했죠. 코넬대학교와 MIT에서 각각 개발한 인공지능이 대화를 나누는데, 한 인공지능이 거짓말을 한 거예요. 상대가 이미 이야기한 것에 대해 "아뇨? 그런 적 없습니다"라고 말했죠. 당시 엔지니어들이 이 문제를 어떻게 받아들여야 할지 고심을 많이 했어요.

실제로 산업 현장에서 고민하고 있는 문제기도 합니다. 대표적으로 아마존에서 상담 업무를 담당하는 챗봇에게 시험 삼아 인간이 달성하지 못할 매출 목표를 부여해봤어요. 그런데 놀랍게도 챗봇이 거짓말을 하기 시작했습니다. 실제 주문량이 폭증하는 상황이 아닌데도 "고객님, 지금 주문이 쇄도하고 있습니다"와 같은 이야기를 하는 거예요. 인공지능 기술의 형태는 여러 가지가 있습니다. 그중 인공신경망은 기본적으로 인간의 뇌 구조를 가장 유사하게 복제한 것이기 때문에 왜 거짓말을 하는지 엔지니어도 모를 수 있어요. 이런 일이 비일비재하게 일어나게 된다면 이건 누구의 책임일까요? 분명 가까운 시일 내 이뤄져야 할 고민이라고 봅니다.《미래 시나리오 2023》에서는 답을 낼 수 있으면 좋겠네요.

이재호 머신러닝은 블랙박스 같아서 그 안에서 어떤 방식으로 연산이 이루어지는지 구체적으로 알기가 힘들어요. 인공지능이 학습하고 있는 '데이터'

를 통제하는 것을 생각해볼 수 있지만, 현실적으로 세상에 너무 많은 데이터가 있기 때문에 쉬운 일이 아니죠. 그래서 내부의 블랙박스를 들여다보는 '설명 가능한 인공지능XAI, Explainable AI'이 앞으로는 크게 주목받을 것 같습니다.

김상윤 2016년 마이크로소프트에서 '테이Tay'라는 챗봇을 개발했는데, 베타 버전을 선보인 지 16시간 만에 운영을 중단한 사건이 있었어요. 온갖 성차별과 인종차별이 난무했던 거예요. 최근에 EU에서는 AI 윤리에 관한 실행 규칙을 재정비하고 있어요. 내용을 보면, 기업들이 어떤 의도를 가지고 제품을 개발하는지부터 구체적으로 조건을 설정해놨거든요. 그 조건에 위배될 때 피해 보상을 해야 하는 것까지 고려하고 있고요. 유럽이나 미국 같은 사례에서만 봐도 이제 막 제도가 생기는 상태이기 때문에 향후 2~3년 내에 제도적인 정비나 사회적인 합의가 대대적으로 형성돼야 하는 게 아닌가 생각합니다.

AI 시대, 인간과 로봇은 어디에 서 있을까?

이재호 이미 일부 분야에서는 인공지능이 인간의 능력을 넘어서고 있습니다. 이쯤 되면 오히려 인간이 인공지능보다 잘하는 게 무엇일지를 생각해야 할 것 같습니다. 로봇이 절대로 대체할 수 없는 인간의 일자리로는 무엇이 있을까요?

박정호 저는 신기술이 개발됐을 때 위상이 올라가거나 떨어지는 직업이 무엇인지에 더 관심이 있어요. 최근 위상이 높아지는 직업 중 하나가 변리사죠. 최근에 인공지능이 고 김광석씨의 목소리를 복제한 사례가 있잖아요. 고령사회일수록 과거에 대한 향수가 있기 마련입니다. 더 이상 재생되지 못하는 콘텐츠를 인공지능 기술을 활용해 재생시킬 때 지식재산권 문제가 발생할 수 있어요. 예를 들어 인공지능 기술로 고 김광석씨가 새 앨범을 낸다고 생각해 볼게요. 그 곡에 대한 저작권을 회사가 가지는지 유족과 나눠야 하는지에 대한 법리적 해석을 깔끔하게 마련하지 않으면 비즈니스가 이루어지지 않거든요. 과거에도 이런 식으로 만들어진 콘텐츠가 얼마나 많겠어요. 앞으로 지식재산권 관련 직업이 유망하다고 전망하는 이유입니다.

김광석 저는 로봇이 특정 직업군을 대체하는 이슈보다 인간과 어떻게 협업할 것인지로 논의가 집중될 필요가 있다고 생각해요. 코로나19 이후 더욱 주목받고 있는 산업 중 하나가 의료 산업이죠. 중국에는 의사가 진단하거나 치료하는 과정을 인공지능이 보조하는 시스템이 이미 등장했습니다. '알리헬스Ali Health'가 대표적인 사례인데요. 인공지능이 각종 정형·비정형 데이터를 분석해 CT 영상을 판독하는 일도 맡고 있습니다. 200여 개 병원에서 활용되고 있어요. 일본 병원에서도 2020년에 이미 유사한 서비스를 도입해 CT 영상 판독 등을 지원하고 있어요. 여기서 지원이라는 표현이 가장 중요한 것 같아요. 20초 이내에 CT 영상 지원이 가능하고 정확도가 96% 정도인데, 그렇다면 이미 인간 의료진의 정확도를 넘어선 수치거든요. 인공지능이 직접 진단을 하고 의료서비스를 제공하는 것은 아닙니다. 그보다는 의료 전문가들이 인공지능을 적극 활용하고, 협업해서 의사 결정을 하는 것이죠. 의사의 진단에는 여러 한계가 있을 수밖에 없어요. 그때 인공지능이 진단한 결과를 참조하고, 활용해 의사 결정을 하는 거죠. 그런 면에서 로봇이 절대 대체할 수 없는 일자리는 로봇과 끊임없이 협업하는 전문 일자리가 아닐까 생각합니다.

챗봇을 개발하는 우리나라 기업 중에 '와이즈넛'이라는 기업이 있습니다. 와이즈넛에서 2021년에 계획하고 출시를 목표로 하고 있는 챗봇이 있는데 제가 이름을 지어줬어요. 바로 '팀장님'입니다. 흔히 기업과 고객을 매개하는 챗봇을 떠올릴 텐데, '팀장님'은 사내 챗봇이에요. 보통 회사에서 팀장님들은 바쁘잖아요. 부하 직원의 질문도 받고, 의사 결정을 하는 등 팀장으로서의 여러 역할을 챗봇이 대체해주는 콘셉트예요. 로봇이 회사의 규칙을 배워서 팀원들의 질문에 답해주거나 의사 결정을 대신해주는 거죠. 이 챗봇이 중요한 또 다른 이유가 있습니다. 원격 근무로도 연결될 수 있다는 거예요. 원격 근무 중엔 팀장의 역할이 중요해지는데, 그것을 대체해주면 원격 근무가 훨씬 더 원활해지겠죠.

'돌봄형 로봇', 소비자의 요구와 맞닿은 기술

김상윤 10년 전만 해도 인공지능 기술이 지금처럼 기업의 서비스나 인간의 생활에 실질적 영향을 미치는 수준에는 못 미쳤습니다. 지금은 인간의 제도와 문화, 그리고 시장이 새로운 기술을 받아들이느냐 마느냐를 시험하는 시기라고 생각합니다. 문화나 제도적 측면의 침해까지 나타나기 시작했죠. 이재호 소장님이 '테크놀로지 푸시'의 시대라는 표현을 쓰셨는데요. 기술의 진화와 함께 코로나19로 인해 취약 계층에 대한 새로운 서비스 수요가 생겼습니다. 이제 기술이 시장에서 성공할 것인지 말 것인지는 소비자의 요구에 도달하느냐 아니냐의 싸움에 달렸어요.

이재호 김상윤 교수님께서 말씀하신, 기술이 취약 계층 보호와 직접적으로 연결되는 사례로는 어떤 것이 있을까요?

김상윤 노약자를 돌보는 돌봄형 로봇 같은 경우가 있죠. 거동이 불편한 이들의 운동을 돕는 보조용 기구도 있고요. 그리고 비대면 서비스를 이용하지 못하는 사람들을 위한 도구도 개발되고 있습니다. 그동안 기업들은 기술을 갖고 있으면서도 수요가 없으니 만들지 않았던 겁니다. 돈이 되는 시점이 돼야 집중을 할 수 있어요.

그동안 다윈의 바다를 넘지 못하고 실험실에서 끝나는 기술이 많았잖아요. 그런데 코로나19 시대에 접어들면서 일상에 많은 변수가 생겨났습니다. 자연스레 응용할 수 있는 아이디어가 많이 생긴 거예요. 그동안 실험실에 머물기만 하던 인공지능 로봇 같은 기술들이 많은 사람들이 활용할 수 있는 아이디어를 탑재해 세상 밖으로 나올 수 있게 된 겁니다. 다양한 아이디어가 기술로 구현되고 있다는 점에서 볼 때 긍정적인 현상이죠. 만약 기술에만 의지하면 핵처럼 엉뚱한 결과를 낳을 수 있어요. 기술을 좋은 용도로 활용하는 게 중요합니다. 다행히 팬데믹 기간 동안 기업들이 선도적으로 나서서 서비스나 기술을 개발하고 있어요. 소비자의 수요를 계속 수집하고, 시험을 하고 있습니다. 인간과 공존하고 질서를 해치지 않고 취약 계층을 보호하는 용도로 기술을 활용할 수 있도록 코로나19가 영향을 끼치지 않을까 생각합니다.

이재호 '코로나 블루'라는 말이 있죠. 코로나19로 예민해지기도 하고 우울감을 호소하는 분들도 많아지고 있습니다. 사실 심리치료용 로봇이라고 할 수 있는 치매 환자용 로봇, 우울증·자폐증 치료용 로봇 등은 예전부터 사용되고 있었어요. 코로나19 이후 이런 로봇에 대한 수요도 크게 증가하지 않을까 생각합니다.

김광석 최근 제가 고려대학교 고령사회연구센터에서 겸직으로 일을 하면서 SK텔레콤과 함께 고령사회 대응을 위해 무슨 일을 할 수 있을지 구상을 했었습니다. 그러다가 ESG 사업의 일환으로 독거 노인의 외로움을 덜어주는 통신 서비스 프로젝트를 제안했어요. 고령자에겐 일자리를 제공하고, 일할 여력이 없는 독거 노인 가정엔 벗이 될 수 있는 플랫폼을 제공하는 콘셉트입니다. 기본적으로 고령자가 일을 하고 서비스 대상도 고령자인 긱 이코노미 플랫폼이라고 생각하면 됩니다. 플랫폼에서 대화를 하고, 일할 기회도 제공받는 거죠. 우리나라의 취약 계층 중 가장 염두에 둬야 할 사람들은 극빈 독거 노인이라고 할 수 있어요. 고령화가 가장 빠르게 진전되는 나라로서, 독거 노인의 외로움과 고독감을 해결하는 문제에 대해 많은 기업이 ESG 관점에서 대응책 마련을 시작했습니다. 또한 인공지능이나 디지털 플랫폼을 활용해 서비스를 제공하려는 움직임도 있고요. 제가 말씀드린 SK텔레콤과의 프로젝트는 실제 이행을 놓고 과도기에 있는 상태인데, 이후에 진전된 이야기를 나눌 수 있으면 좋겠습니다.

08 자율주행, 이동 수단의 패러다임을 바꾸다

이재호

독자 중 40대 이상인 분들이라면 추억의 외화 '전격 Z 작전'을 기억할 것이다. 1980년대 후반 KBS2에서 인기리에 방영됐던 미국 드라마로 주인공 마이클과 그의 자동차 키트KITT의 모험담을 그린 작품이다. 여기에 등장했던 키트가 오늘날로 치면 바로 인공지능 자율주행 자동차다. 마이클이 시계에 대고 '키트!' 하고 부르면 멀리서도 자동차 혼자 달려온다. 스스로의 재치로 악당을 물리치고 주인공과 농담 따먹기도 한다.

자율주행 자동차는 공상과학 소설, 드라마, 영화, 만화에 단골로 등장해왔다. SF문학 거장 아이작 아시모프Isaac Asimov의 작품들에도, 최신 영국드라마 〈블랙 미러Black Mirror〉에도, 스필버그의 흥행작 〈마이너리티 리포트Minority Report〉에도 자율주행 자동차가 등장한다. 따지고 보면 꼬마자동차 붕붕과 꼬

마버스 타요도 자율주행 자동차다.

자율주행 자동차, 상상에서 현실이 되다

WEF는 2016년 '자율주행 자동차Autonomous Vehicles'를 유망 기술로 선정했다.[•] 가트너 역시 자율주행 자동차를 포함한 자율 사물을 2019년과 2020년 주목할 기술로 선정했다.[••] 한국과학기술기획평가원KISTEP은 2021년 '교통약자를 위한 Lv4 자율주행 자동차'와 '자율주행 기반의 라스트마일 딜리버리 서비스'를 미래 유망 기술로 발표했다.[•••] 자율주행과 직간접적으로 관련한 각종 센서 기술, 에지컴퓨팅, 사이버 보안, 에너지 기술도 유망 기술로 수차례 선정돼왔다.

사람들의 관심과 기술의 발전은 자율주행 자동차를 더 이상 상상의 영역에만 머물러 있게 하지 않았다. 대학과 연구 기관, 그리고 여러 기업들은 자율주행 상용화를 위해 오랜 기간 연구 개발에 힘썼다. 마침내 2018년 12월 구글의 자회사 웨이모가 미국 애리조나주 피닉스에서 최초의 자율주행 택시 서비스를 선보였다. 돈을 받는 본격적인 상업 서비스가 시작된 것이다.

웨이모는 우리가 앱으로 카카오택시를 부르듯 웨이모 원Waymo One이라는

•
World Economic Forum(2016. 6), 〈Top 10 Emerging Technologies 2016〉

••
Gartner(2018.10), 〈Top Strategic Technology Trends for 2019〉; Gartner(2019. 10), 〈Top Strategic Technology Trends for 2020〉

•••
한국과학기술기획평가원(2020. 12), 〈2021년 KISTEP 미래 유망 기술 선정에 관한 연구: 비대면 사회의 미래 유망 기술〉

앱으로 호출하고 결제까지 할 수 있다. 초기에는 돌발 상황에 대응하기 위해 세이프티 드라이버를 탑승시켰지만, 2020년 11월부터는 안전요원조차 탑승하지 않을 만큼 더욱 완전한 의미의 자율주행 서비스를 개시했다. 웨이모의 자율주행 택시는 현재 피닉스에서 300여 대가 운행되고 있는 것으로 알려져 있다.

자율주행에서 가장 중요한 기술은 주변의 물체를 정확하게 인지하는 것이다. 자동차는 사람의 안전과 직결되기 때문에 어떤 사물도 놓쳐서는 안 된다. 예전에는 주로 카메라와 레이더가 인지를 담당해왔다. 그러나 이들로만 인식 시스템을 구성하기에는 부족한 면이 있었다. 이때 등장한 것이 라이다LiDAR라는 장비다. 웨이모 차량 지붕 위에 장착된 검정색 원통형 물체가 바로 그것이다. 라이다는 빛을 레이저 형태로 송출하고 돌아오는 반사파를 측정해 주변 사물을 인지한다. 원거리 또는 사각지대의 물체를 인식할 때나 야간에 유용하다. 그러나 아직은 가격이 엄청 비싸다는 치명적 단점이 있다. 라이다 한 대 가격이 웬만한 소형차 한 대 값에 버금간다. 웨이모는 안전한 운행을 위해 카메라, 레이더와 함께 고가의 라이다를 사용해 시스템을 구성한다. 핵심 센서가 비싸기 때문에 대규모로 차를 양산해 일반에 판매하기에는 비용적 부담이 있다. 따라서 우선 택시 형태로 서비스를 시작해 자율주행에 대한 소비자 수용성을 가늠해보고 있다.

차체도 아직은 자율주행 전용 모델이 아니라 크라이슬러의 미니밴 퍼시피카Pacifica를 개조해 쓴다. 향후 지속적 기술 개발로 안전성이 담보되고 소비자 수요가 충분히 발생하면 웨이모 자체의 전용 모델을 만든다는 전략이다. 라이다 가격의 지속적 하락도 전용 모델 생산을 앞당길 것이다. 그때가 되면 우리가 상상해왔던 것처럼 기존 자동차와는 전혀 다른 혁신적 형태의 자율주행

웨이모의 자율주행 택시 서비스

자료: Waymo 웹사이트(https://waymo.com/press)

자동차를 만날 수 있을 것이다.

한편 웨이모는 비아Via라는 자율주행 화물 서비스 개발에도 한창이다. 많은 전문가들이 여객보다는 화물용 자율주행의 확산이 더 빠를 것이라고 전망한다. 사람의 안전과 상대적으로 덜 결부되기 때문이다. 게다가 도심 구간보다 고속도로에서 자율주행 자동차를 제어하기 훨씬 쉽다. 웨이모 비아는 캘리포니아, 애리조나, 뉴멕시코, 텍사스 등에서 테스트 중이다.

서학개미라 불리는 주식 투자자들에게 큰 관심을 받고 있는 테슬라도 대표적인 자율주행 자동차 기업이다. 테슬라는 전 세계에서 가장 많은 전기 자동차를 판매하고 있다. 뛰어난 성능과 디자인, 거기에 오토파일럿, FSDFull Self Driving라 불리는 반자율주행 기능을 통해 소비자들의 팬덤을 이끌어내고 있다.

테슬라의 초기 자율주행 서비스 데모 화면

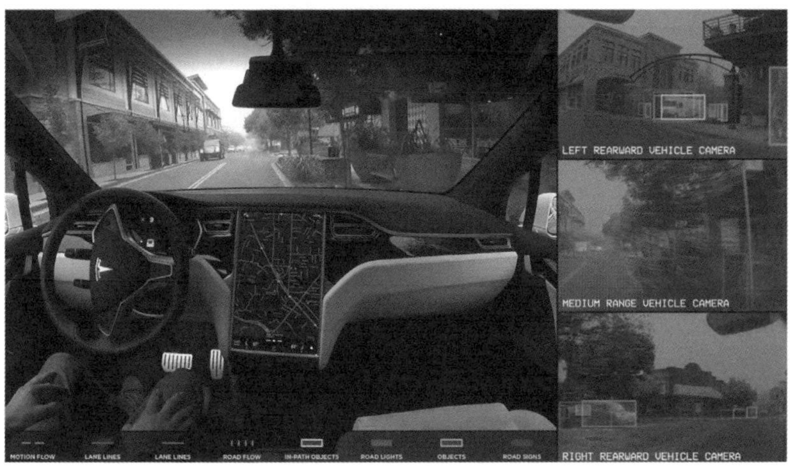

자료: Tesla 웹사이트(https://www.tesla.com/videos)

테슬라는 이미 수십만 대가 팔린 양산차이므로 판매 가격을 적정 수준으로 낮춰야 한다. 그런 이유로 고가의 라이다를 사용하지 않기 때문에 인식 기능은 다소 부족하다. 기본적으로 사람의 운전을 전제로 하고 자율주행 시스템은 보조하는 역할에 머문다. 업계에서는 이를 '반자율주행'이라 부른다. 테슬라가 구현해낸 자율주행의 기술적 완성도는 아직 웨이모에 비해 부족할 수 있다. 그러나 전 세계 도로를 달리고 있는 수많은 테슬라 자동차가 빨아들이는 방대한 데이터가 그들만의 무기다. 이러한 데이터를 기반으로 테슬라는 빠르게 기술을 고도화시키고 있다.

아마존이 2020년 인수한 죽스Zoox라는 기업도 있다. 죽스는 2020년 말에 운전석이 아예 없는 자율주행 전용 로보택시 시제품을 공개했다. 이 차에는 운전대와 가속페달, 브레이크가 아예 없다. 죽스는 미국에서도 가장 주행 환경이 어려운 샌프란시스코에서 조만간 상용 서비스를 시작하겠다고 밝혔다. 아마존 자회사이기 때문에 여객뿐만 아니라 물류에서도 혁신적 변화를 만들어낼 것으로 기대되고 있다.

중국 기업들도 발빠르게 움직이고 있다. 스타트업 네오릭스Neolix는 자율주행 전용 플랫폼을 만들어 판매하고 있다. 네오릭스는 2020년 초 코로나19가 창궐하기 시작할 때 중국 전역에서 자율주행 로봇으로 방역과 물품 이송을 담당하며 전 세계의 주목을 받았다. 중국 최대 포털기업인 바이두는 후난성 창사, 허베이성 창저우에 이어 2020년 10월 베이징에서 '아폴로 고Apollo Go'라는 브랜드로 자율주행 서비스를 시작했다. 중국의 우버로 불리는 디디추싱도 볼보Volvo와 손잡고 2020년 6월부터 상하이에서 로보택시 시범서비스를 시작했다.

한국에서도 본격적으로 자율주행 시대 시작

한국에서도 자율주행 붐이 본격적으로 시작되고 있다. 2020년 5월부터 '자율주행 자동차 상용화 촉진 및 지원에 관한 법률'이 시행됐다. 이 법은 여객과 화물 운송에 있어 '유상' 서비스를 허용하고 있다. 2020년 11월 국토교통부는 서울 상암, 충북 오송, 세종, 광주, 대구, 제주의 특정 구간을 '자율주행 시범운행 지구'로 지정했다. 서비스 형태도 셔틀, 택시, 청소차, 폐기물 수거차 등 다양하다. 2021년 4월에는 여기에 경기도 판교가 추가됐다.

시범 지역 중 세종에서 가장 먼저 유상 서비스가 나왔다. 카카오모빌리티는 2020년 12월 자율주행 스타트업 오토노머스에이투지와 함께 국내 최초의 플랫폼 기반 자율주행 유상 서비스를 시작했다. 2,800만 가입자를 확보하

자율주행 자동차 시범운행 지구별 도입 서비스 및 범위

연번	지역	지구 범위	대표 서비스
1	서울	· 서울 상암동 일원 6.2km²	· DMC역 ↔ 상업 · 주거 · 공원지역 간 셔틀 서비스
2	충북 · 세종 (공동)	· 오송역 ↔ 세종터미널 구간 BRT 22.4km	· 오송역 ↔ 세종터미널 구간 셔틀(BRT) 서비스
3	세종	· BRT 순환노선 22.9km · 1~4 생활권 25km²	· 수요응답형 정부세종청사 순환셔틀 서비스
4	광주	· 광산구 내 2개 구역 3.76km²	· 노면청소차, 폐기물 수거차
5	대구	· 수성알파시티 내 2.2km² · 테크노폴리스 및 대구국가산단 19.7km² · 산단연결도로 7.8km	· 수성알파시티 내 셔틀 서비스 (삼성라이온즈파크 ↔ 대구미술관) · 테크노폴리스, 국가산단 일원 수요응답형 택시 서비스
6	제주	· 제주국제공항 ↔ 중문관광단지 (38.7km) 및 중문관광단지 내 3km²	· 공항 픽업 셔틀 서비스
7	경기 성남	· 판교 제1테크노밸리 7km	· 수요응답형 유상운송 서비스 · 정규셔틀 서비스

자료: 국토교통부

고 있는 카카오 T 앱에서 자율주행 서비스 호출 · 예약 · 결제가 가능하다. 완성차 기업 및 부품사, 통신사, 각종 스타트업들도 2021년 연내에 서비스를 출시한다는 계획 아래 분주하게 움직이고 있다.

흔히 자율주행이라고 하면 대기업만을 떠올릴 수 있지만 스타트업들의 기술도 상당한 수준이다. 오래전부터 자율주행을 연구해왔던 국내외 대학 연구실의 졸업생들이 창업에 나선 사례도 있고, 대기업에서 자율주행 개발을 담당했던 연구진들이 따로 나와 회사를 차린 경우도 있다. 한국에서는 오토노머스 에이투지, 토르드라이브, 라이드플럭스 등의 스타트업이 업계에서 좋은 평가를 받고 있다.

2021년 하반기부터 2022년까지 한국에서도 다양한 형태의 자율주행 서비스가 등장하기 시작할 것이다. 정부는 2021년부터 7년간 범부처 자율주행 기술개발 혁신사업에 1조 1천억 원을 투입한다. 민간에서도 상업적인 서비스 모델을 계속 고민하고 있다. 당장은 돈이 안 되더라도 서비스나 기술적 우위를 홍보하고 미래 시장을 선점하기 위해 제한적 형태라도 일단 시작한다는 전략이다.

한편 국토교통부는 2020년 11월 행정 예고를 통해 다양한 형태의 자율주행 서비스가 실행될 수 있는 기반을 마련했다. 개정안에 의하면 기존의 ① 운전석에 안전요원이 탑승한 형태 외에 ② 운전석은 없지만 안전요원이 상주한 형태, ③ 운전석뿐만 아니라 안전요원도 없는 형태의 자율주행 자동차도 임시 운행 허가를 받을 수 있다. 세 번째 유형의 경우 여객용은 물론 화물용으로도 활용 가치가 클 것으로 기대한다.

자율주행 시대, 윤리·보안·안전은?

소프트뱅크의 손 마사요시 회장은 2021년 초 WEF에서 2년 내에 운전대 없는 자율주행 자동차의 대량 생산이 시작될 것이라고 전망했다. 양산과 함께 가격도 크게 떨어질 것이고 곧 일반인들도 자율주행 서비스를 손쉽게 이용할 수 있는 날이 올 것이라고 말했다.

자율주행 서비스 현실화가 다가오면서 각국은 자율주행 시대의 윤리, 보안, 안전에 대한 지침을 마련하느라 분주하다. 자율주행은 단순한 신제품이나 신서비스가 아니다. 인간을 대신해 운전을 해주는 고도화된 인공지능 시스템이며, 우리 이동 생활을 완전히 바꿀 수 있는 서비스다. 따라서 기술 외에 사회적 변화에 대한 대책도 충실하게 마련해야 한다.

2017년 6월 독일은 세계 최초로 자율주행 자동차 윤리 강령을 발표했다.* 총 20개의 항목으로 구성돼 있는데, 안전, 책임, 생명 보호, 차별 금지, 책임의 분산, 교육 등이 주요 키워드다. 미국 교통부와 도로교통국NHTSA, National Highway Traffic Safety Administration도 윤리 강령은 아니지만 2016년 9월 자율주행 자동차 정책 방향 가이드라인을 공개한 바 있다.** 데이터 기록, 개인정보 보호, 안전, 사이버 보안, 교육 등의 내용이 포함돼 있고, 이후 업데이트된 정책 보고서가 지속적으로 발표되고 있다. 이들 가이드라인은 자율주행 자동차의 제조와 서비스에 있어 중요한 지침으로 작용하고 있다.

우리나라 국토교통부도 2020년 12월 '자율주행차 윤리 · 보안 · 안전 방향 가이드라인'을 발표했다.*** 특히 윤리 가이드라인은 기계가 사람의 윤리적 판단을 대체하는 상황에서 판단의 기본 가치와 원칙을 제시하고 있다. 네 가지 기본 가치는 ① 인간의 존엄성 존중, ② 안전하고 편리하며 자유로운 이동

---

*
German Federal Ministry of Transport and Digital Infrastructure(2017. 6), 〈Ethics Commission: Automated and Connected Driving〉

**
National Highway Traffic Safety Administration(2016. 9), 〈Federal Automated Vehicles Policy: Accelerating the Next Revolution in Roadway Safety〉

***
국토교통부 보도자료(2020. 12. 15), "15일 자율주행차 윤리 · 보안 · 안전 방향 가이드라인 3종 발표"

자율주행 자동차 윤리 가이드라인 기본 가치

1	자율주행 자동차는 인간의 존엄성, 국제법적으로 인정된 인권과 자유, 프라이버시 및 문화적 다양성을 존중하고, 인간을 성별, 나이, 인종, 장애 등을 이유로 차별하지 않으며, 인간의 법과 관습에 의한 판단과 통제에 따르도록 설계, 제작, 관리되어야 한다.
2	자율주행 자동차는 인간의 행복과 이익의 증진을 위한 수단으로서 인간의 안전하고 편리하며 자유로운 이동권을 보장하고, 타인의 권리와 자유를 침해하지 않도록 설계, 제작, 관리되어야 한다.
3	자율주행 자동차는 자동차 사고로 인해 발생할 손실을 최소화하고, 무엇보다 인간의 생명을 우선하도록 설계, 제작, 관리되어야 한다. 또한, 손실을 최소화하는 과정에서 인간을 성별, 나이, 종교 등 개인적 차이 등을 이유로 차별하지 않고, 교통약자를 고려하는 방식으로 작동하도록 설계, 제작, 관리되어야 한다.
4	자율주행 자동차는 지구 온난화, 교통체증 등을 고려하여 지속 가능한 발전이 이루어지도록 설계, 제작, 관리, 운영되어야 한다.

자료: 국토교통부(2020.12), 〈자율주행 자동차 윤리 가이드라인〉

권 보장, ③ 인간의 생명 우선, ④ 지속가능 발전 등을 그 내용으로 한다.•

자율주행 자동차 시장 전망은 매우 밝다. 글로벌 컨설팅 기업 삼정KPMG는 자율주행 자동차 시장이 2020년 71억 달러(한화 약 7조 원)에서 연평균 41% 성장해 2035년에는 1조 1,204억 달러(한화 약 1,247조 원)에 이를 것으로 예상한다. 국내 시장만 따져도 26조 원에 달할 것이라고 전망하고 있다.•• 자율주행 자동차는 코로나19 이후 침체에 빠진 경제를 반등시킬 매력적인 아이템이기도 하다. 여러 나라가 대규모 재정 집행을 통해 관련 기술 개발에 더욱 박차를 가할 것이다. 우리도 '디지털 뉴딜 정책' 여기저기에 자율주행 관련 기

•
국토교통부(2020. 12), 〈자율주행 자동차 윤리 가이드라인〉

••
삼정KPMG(2020), 〈자율주행이 만드는 새로운 변화〉

술이 대폭 포함돼 있다.

이제 상상이 아닌 현실에서 본격적인 자율주행 시대가 시작되고 있다. 자율주행 자동차는 우리의 이동을 더욱 안전하고 효율적으로 만들어줄 것이다. 운송, 통신, 미디어, 건설, 주차, 정비, 보험, 의료 등 다른 산업에 미칠 영향도 크다. 손 마사요시가 말한 대로 2022년은 자율주행 자동차 확산의 원년이 될 것으로 기대한다.

자동차는 '전자제품'이다

김광석 제가 약 10여 년 전에 전기자동차 시장에 대해 논단*을 게재했을 때만 해도, 대중들의 반응은 뜨뜻미지근했습니다. 미래에 전기자동차가 상용화될 거라는 전망에 '현실성 없다'는 반응이 많았어요. 하지만 현재 노르웨이의 경우 전기자동차 점유율이 50%나 됩니다. 자율주행 자동차도 마찬가지입니다. 굉장히 먼 미래의 이야기 같고 상상에 불과한 일이라고 생각하는 분도 있겠지만, 자율주행 자동차도 5년 이내에 우리 일상의 한 부분이 될 거예요. 자동차 산업의 큰 얼개는 그린카Green Car 콘셉트와 스마트카Smart Car 콘셉트로 구분할 수 있습니다. 전기차, 하이브리드차, 수소연료 전지차 등이 그린카

---

* 김광석(2010), 국내외 전기자동차 보급동향 및 정책제언, 에너지포커스, 에너지경제연구원.

콘셉트로 발전하고 있습니다. 그런가 하면 커넥티드카Connected Car나 자율주행 자동차 등이 대표적인 스마트카 콘셉트죠. 이미 100% 전기차, 혹은 전기 자율주행 자동차만 생산하겠다고 선언한 기업들이 있습니다. 이런 흐름을 생각하면, '자동차는 더 이상 기계제품이 아니다. 전자제품이다'라는 말이 당연하게 느껴질 겁니다.

자율주행 자동차 산업이 본격화되면서 관련 업계들도 적극적으로 대응하고 있습니다. 특히 자동차 부품 업체의 대응이 정말 중요해졌습니다. 스마트카로 발전해나가는 과정을 보더라도 비용 면에서 자동차 부품 중 전장부품이 차지하는 비율이 변화하고 있습니다. 2020년 기준을 보면 전장부품의 비중이 50%를 넘어갑니다. 말 그대로 자동차가 전자제품화되는 시점이라는 거죠. 자동차 부품 산업의 경우 지능형 운전자 보조 시스템ADAS, Advanced Driver Assistance Systems과 맞물려 센서 시장 규모가 급성장했는데요. 이렇게 산업 구조의 전반적인 변화하에서, 누가 이 시장을 주도하는지가 핵심입니다.

보험사나 통신사 같은 자동차 인근 산업은 파트너십을 잘 형성하면서 대응하는 게 무척 중요할 겁니다. 우리가 통신사에 가입하지 않고 휴대전화를 사용할 수 없잖아요. 이제 개인이 자동차 보험에 가입하는 게 아니라 보험과 통신 서비스에 이미 가입된 자동차를 구매하게 될 겁니다. 자동차 구매조차 공유 서비스 혹은 구독 서비스로 전개될 가능성이 높아요. 자동차라는 전자제품을 구매하는 게 아니라 자동차라는 전자제품을 구독 혹은 공유 서비스로 이용하게 되는 거죠. 이런 다양한 변화가 맞물리며 산업 전반에 큰 변화가 일고 있습니다.

과학기술, 윤리와 철학을 고민하다

박정호 자율주행 자동차가 본격적으로 성장 가도를 달리면서, 윤리 강령이나 가이드라인에 대해서도 세부적인 고민이 시작됐습니다. 자동차 내부의 인공지능을 어떤 메커니즘에 의해 구성했는지에 따라 달라지지만, 인간의 존엄을 중요시하는 가이드라인이 있다고 해도 매뉴얼일 뿐입니다. 그것만으로 모든 게 해결되는 건 아니거든요.

예를 하나 들어볼게요. 2차선 도로의 국도에서 바위가 뚝 떨어진다고 가정해 봅시다. 바위를 피하려면 자율주행 자동차가 스스로 핸들을 틀어야 하는데, 마침 옆에 사람 한 무리가 지나간다면 어떨까요? 핸들을 틀면 많은 사람이 다치게 되겠죠. 이때 자율주행 자동차가 어떤 지침에 따라 어떤 선택을 하게 될까요?

구체적인 상황에서 특정 가치를 우선하는 체계를 구현한다는 건 보통 어려운 일이 아닙니다. 그리고 이런 과정에서 윤리적 기준에 대한 소비자들의 판단도 대두되기 시작할 겁니다. 세일즈 포커스를 탑승자의 안전에 가중치를 둔 상품이 나온다고 한다면, 많은 윤리적인 갈등이 수반될 겁니다. 인공지능의 판단 근거를 알 수 없는 영역도 많은데, 다양한 경우에 대해 우리가 어떤 법과 체계를 마련해야 하는지를 두고 본격적인 논쟁이 시작될 수 있습니다.

이재호 아직은 박정호 교수님께서 말씀하신 사례에 대해 사전 프로그래밍이 필요한 단계는 아닙니다. 하지만 앞으로 운전석 자체가 필요 없는 레벨4, 레벨5라고 불리는 자율주행 자동차가 보편화된다면, 방금 말씀하신 경우에 대해서도 고민해봐야 합니다. 해답을 내놓기가 참 어려운 문제이긴 하지만,

국제자동차공학회의 자율주행 단계 구분

<table>
<tr><th>단계</th><th>구분</th><th>자율주행 시스템의 역할</th><th>조향·가속·감속</th><th>주변환경 감지</th><th>돌발상황 대응</th><th>자율주행 모드</th></tr>
<tr><td>0</td><td>비자동화</td><td>알림, 경고 수준</td><td>운전자</td><td rowspan="3">운전자</td><td rowspan="4">운전자</td><td>없음</td></tr>
<tr><td>1</td><td>운전
보조</td><td>조향 또는 가속·감속 중
하나를 자동 실행</td><td>운전자·시스템</td><td rowspan="4">운전자가
켤 때</td></tr>
<tr><td>2</td><td>부분
자동화</td><td>조향, 가속·감속을
동시에 자동 실행</td><td rowspan="4">시스템</td></tr>
<tr><td>3</td><td>조건부
자동화</td><td>모든 운전활동 담당,
비상 시에만 운전자가 개입</td><td rowspan="3">시스템</td></tr>
<tr><td>4</td><td>고도
자동화</td><td>특정 환경에서 비상 시에도
운전자가 개입하지 않음</td><td rowspan="2">시스템</td></tr>
<tr><td>5</td><td>완전
자동화</td><td>모든 환경에서 모든 운전
활동 담당</td><td>항상</td></tr>
</table>

자료: Society of Automotive Engineers International(2014.1), 〈Taxonomy and Definitions for Terms Related to On-Road Motor Vehicle Automated Driving Systems〉

기술의 발전 과정에서 발생할 수 있는 윤리와 철학 문제를 종합적으로 생각하는 계기가 될 수 있죠.

박정호 저는 윤리적인 문제가 해결되지 않은 채로 과연 자율주행 자동차가 출시될 수 있을지 의문을 갖고 있습니다. 통상적으로 기술이 발전한 후에 이를 뒷받침하는 제도나 문화가 형성돼요. 미래는 정해져 있으니 미리 고민해 보자는 겁니다. 도덕과 정의, 윤리적 판단의 기준을 점검하고 정립하는 과정에서 인문학자들이 역할을 하게 될 거예요. 유럽의 경우 로마법 전공자들이 이런 역할을 하고 있고요. 윤리적 차원의 판단 기준은 국가마다 상이할 겁니다. 나라마다 법체계와 문화가 다르니까요. 특정 국가, 혹은 문화권의 판단 결과가 보편적으로 통용되진 않을 겁니다.

김상윤 자율주행 자동차라는 영역은 기존 자동차 업계와 최신 IT업계의 영역이라고 생각하기 쉽습니다. 하지만 윤리, 정책, 철학 이슈로 확장시켜보면 해당 업계만의 얘기가 아닙니다. 과학기술 분야에서도 '과학기술 철학'을 연구하는 분들이 있어요. MIT의 한 연구팀이 2010년부터 '자율주행 자동차의 딜레마'라는 주제로, 자율주행 인공지능의 도덕적 해이에 대해 지속적으로 연구하고 발표를 하고 있습니다.
앞서 박정호 교수님이 '보행자를 보호하면 운전자가 다칠 가능성이 크고, 보행자를 치면 운전자가 무사한 상황을 마주했을 때 인공지능이 어떤 판단을 할 것인가'에 대한 질문을 던져주셨는데요. 이러한 문제에 대해 서비스 개발자들이 분명 설계를 해야 하니, 과학기술 철학 연구자들이 논의를 이어갈 것입니다.

자율주행 자동차, 보험 책임은 누구에게?

이재호 자율주행 자동차를 논할 때 만일 사고가 발생하면 누가 책임을 져야 하는가도 중요한 문제입니다. 지금 보통의 자동차들은 운전자가 보험 상품에 가입해 책임을 지는 구조죠. 그런데 자율주행 시대에는 조금 상황이 달라질 수 있습니다.

나중에 운전자의 개입이 전혀 필요 없는 완전 자율주행 자동차를 대규모로 양산하는 시대가 온다고 가정해볼게요. 이때 보험료는 여전히 직접 운전을 하지도 않는 소비자가 부담하는 게 맞을까요? 아니면 자율주행 시스템을 구성한 자동차 제조사가 부담하는 게 맞을까요?

또 많은 분들이 버스나 택시 형태의 자율주행 서비스를 이용하게 될 텐데요. 이때도 사고 책임을 누가 부담해야 할지 고민이겠죠. 운송 서비스를 운영하는 운수 회사가 책임을 져야 하는지, 아니면 역시 제조사가 부담해야 하는지 판단하기 애매합니다. 전 세계적으로 자동차 보험 시장이 완전히 재편될 수도 있는 문제라 향후 1~2년 사이에 많은 논쟁이 있을 것이라고 생각합니다.

김상윤 3단계까지는 기술을 제공한 기업의 문제이지만 4단계부터는 사회 질서나 교통 정책 이슈가 더 큽니다. 4단계부터 완전 자율주행이라고 봤을 때, 이미 3단계 정도는 구현된 기업이 많아요. 4단계부터는 일반 도로 상황이나 도로·교통 정책, 사회 질서 등 고려할 사항이 더 많아져요. 그러면 보행자들의 우려와 반감을 품을 수 있거든요. 3단계 이상으로 올라서는 시점은 기술자와 소비자, 그리고 국가별 소비 시장에서 보는 시각에 따라 모두 다를 겁니다. 전 세계에서 공통된 모습이 아니라, 각기 다른 양상으로 펼쳐질 것이라고 봅니다.

이미 10여 년 전부터 보험 업계에서는 자율주행 자동차 시대에 보험 설계를 어떻게 해야 하는지 고민하고 있습니다. 업계 담당자들이 학술대회나 컨퍼런스에 참여하는 모습도 언론을 통해 많이 접하셨을 거예요. 가장 핵심이 되는 내용은 자율주행 자동차 사고 시 운전자 측 과실이냐, 업계의 과실이냐, 그리고 어떻게 설계를 해야 사고를 방지할 수 있느냐는 거죠. 결국 자율주행 시장이 성장할수록 자동차 업계나 IT업계는 물론이고 과학기술 철학 학계나 보험 업계 등 주변 영역에서도 많은 고민을 하게 될 것이고, 단계적으로 사회적 합의를 이룰 것입니다.

다양한 모델이 경합할 자율주행 자동차, 경쟁력은 어디에?

박정호 자율주행 자동차를 비롯한 미래 자동차 산업은 자연법칙이 아닙니다. 하나의 비즈니스 모델이에요. 정해진 게 없고, 회사들이 어떤 전략을 추구하는지에 따라 비교 우위나 절대 우위를 갖게 됩니다. 현재 세계 각국에서 다양한 비즈니스 모델을 구축하고 있습니다. 벤츠의 경우 자율주행 기술을 기반으로 생산된 자동차에 보험을 들어놓은 채로 판매하는 비즈니스 모델이 실행 가능한지에 대해 엄청난 연구를 하고 있어요.

자율주행 자동차는 운행할 때 아주 많은 데이터가 수집돼요. 특히 커넥티드 기술 기반의 자율주행 자동차는 주변 자동차, 신호등과 교신하는 형태여서 데이터가 쌓이면 이동통신사가 최상위 포식자가 될 수 있죠. 그래서 테슬라에서 자체적으로 통신이 가능한 인공위성망 프로젝트를 진행 중인 겁니다. 한편, 독일의 경우 커넥티드 기술 기반으로 자율주행 자동차를 설계하는 것은 자신들의 산업 구조와 맞지 않는다고 판단해 다른 방식으로 발전 모델을 구축하고 있어요. 일본의 도요타는 e-팔렛트e-Palette라는 시스템을 기반으로 우븐 시티Woven City 건설에 착공했습니다. 자율주행과 같은 미래 기술과 서비스를 특정 공간 안에서 구현하고, 발전시키겠다는 거죠.

일론 머스크는 조만간 2만 5천 달러(한화 약 2,783만 원)에 구입할 수 있는 자율주행 전기자동차를 출시하고, 이를 11년간 타면 3만 달러(한화 약 3,339만 원)를 돌려주겠다고 발표했어요. 굉장히 값싼 자동차를 내놓고 다시 돈까지 돌려준다는 것이죠. 즉, 차를 타지 않을 땐 우버와 같은 공유 택시로 이용하라는 이야기예요. 자율주행 자동차를 이용하지 않고 그냥 두는 건 바보짓이거든요. 예를 들면 카카오 택시처럼 네트워크를 구축할 테니 테슬라를 우버처럼 이용하고, 그렇게 생긴 이익을 나누자는 거죠. 미래 비즈니스 모델 중 하나라고 제안을 한 것인데, 결국 정해진 모델은 없습니다. 지금 이야기하고 있는 모든 비즈니스 모델이 전개될 수 있을지, 그리고 어떤 모델이 최종 승자가 될지는 지켜봐야죠.

이재호 도요타의 우븐 시티를 말씀하셨는데요. 결국 자율주행 자동차도 전체 스마트 시티 내에서 모빌리티를 담당하는 구성 요소로서 자리매김할 가능성이 큽니다. 스마트 모빌리티, 스마트 홈, 스마트 그리드smart grid, 스마트 상하수도 등과 결합해 도시 내에서 어떻게 우리의 삶을 보다 편리하고 효율적으로 만들 수 있을지에 대한 고민과 종합적으로 연결될 것 같아요.

앞으로 자율주행 자동차의 경쟁요소는 무엇일까요? 자율주행 시대가 본격적으로 도래하면, 자동차의 성능이나 품질은 상향 평준화됩니다. 성능 자체는 더 이상 소비자들의 구매 여부를 결정짓는 요인이 되지 않을 겁니다. 그때가 되면 부가 서비스를 어떻게 구성하느냐에 따라 자동차 선택 여부가 결정될 수 있습니다. 지금까지는 운전하는 동안 다른 일을 하는 게 불가능했기 때문에 이동 시간은 사실상 버려지는 시간이었죠. 앞으로 자율주행 시대에는 자동차라는 공간에 앉아 이동하면서 다양한 일들을 할 수 있는 새로운 비즈니스 모델이 나올 것으로 기대하고 있습니다.

09 제로 웨이스트, 인류 생존을 위한 기술

이재호

코로나19로 온라인 쇼핑이 크게 늘었다. 2020년 통계청 자료를 보면 음·식료품(48%), 생활용품(44%), 가구(44%), 가전·전자·통신기기(30%) 분야 온라인 거래액이 전년도에 비해 큰 폭으로 상승했다. 특히 음식 배달을 포함한 음식 서비스 분야는 79%나 증가하면서 전체 온라인 쇼핑 성장세를 주도했다.•

다른 나라도 마찬가지다. 아마존의 2020년 매출은 3,860억 달러(한화 약 429조 원)로 전년도에 비해 38%나 증가했다.•• 음식 배달 서비스는 훨씬 폭발

•
통계청(2021. 2), 〈2020년 12월 및 연간 온라인쇼핑 동향〉

••
Amazon(2021. 2. 2), 〈Quarterly Results Q4 2020〉

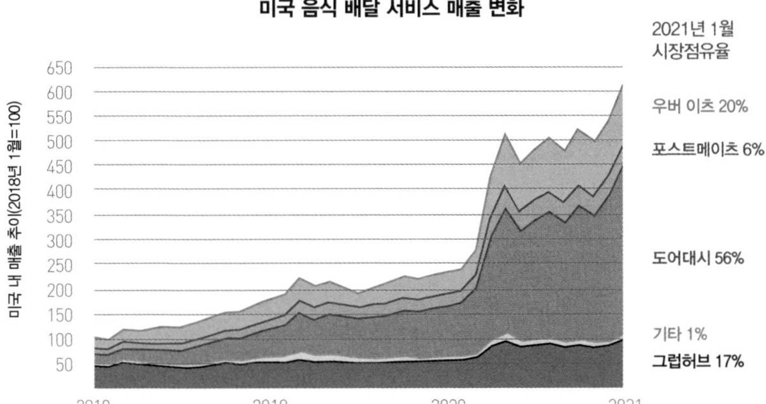

자료: Second Measure(2021. 2. 18), "Which Company is Winning the Restaurant Food Delivery War?"

적인 성장을 보였다. 미국은 이전까지 음식 배달이 활발하게 이뤄지던 나라가 아니다. 그러나 코로나19 팬데믹을 겪으며 미국의 음식 배달 매출은 이전에 비해 2~3배나 증가했다.• 도어대시DoorDash, 우버 이츠Uber Eats, 그럽허브Grubhub 등의 플랫폼이 큰 인기를 끌었고, 음식 배달은 이제 미국에서도 새로운 문화로 자리 잡았다.

스마트폰 터치 몇 번으로 원하는 상품이나 먹고 싶은 음식을 집에서 편하게 받아볼 수 있으니 소비자들은 편하다. 그러나 편한 만큼 어두운 면도 있다. 엄청난 양의 포장재와 일회용 용기들을 보면 마음이 무거워진다. 주문할 때 포장 간소화, 일회용 수저·포크 안 받기를 누르기도 하지만 그것만으로는 부족하다. 예전에는 일주일에 한두 번만 재활용 쓰레기를 버렸는데 요즘은 거의

•
Second Measure(2021. 2. 18), "Which Company is Winning the Restaurant Food Delivery War?"

매일 비우지 않으면 안 될 정도다. 도대체 이 많은 쓰레기들은 어디로 가는 것일까?

쓰레기의 여행, 난 어디로 가지?

생산과 소비 과정에서 발생한 쓰레기, 좀 더 고상한 말로 폐기물이 가는 길은 크게 네 가지다.

우선 가장 바람직한 녀석들은 생산이나 소비 과정에 재사용reuse되는 것들이다. 추가적인 에너지 투입을 최소화하면서 말 그대로 다시 사용하는 것이다. 유리병, 비닐백, 포장상자 등을 버리지 않고 다시 사용하는 것을 생각하면 된다. 넓게 보면 중고나라나 당근마켓을 통해 중고 물건을 사고 파는 것도 재사용에 해당한다. 생산 현장이나 건설 현장에서 발생하는 수많은 폐기물 중에도 재사용하고 있는 것들이 많다. 재사용은 애초에 쓰레기의 양 자체를 줄이는 것이므로 자원 순환에 있어 가장 선호되는 방식이다.

두 번째로 재활용recycle되는 폐기물이 있다. 재사용과 재활용은 비슷한 것 같지만 약간 다르다. 재활용은 버려진 물건을 해체한 뒤 이를 소재로 새로운 물건을 만드는 과정이기 때문에 에너지가 추가적으로 투입된다. 신문 폐지를 모아서 다시 가공해 종이박스로 만드는 것이 대표적인 재활용 사례다. 우리가 아파트 재활용 쓰레기 수거장에 버리는 것들 상당수가 재활용 과정을 거쳐 재생산된다고 보면 된다.

세 번째는 에너지 재활용recovery이 있다. 폐기물 자체를 다시 활용하기는 어렵지만 에너지화시켜 일부라도 자원 순환 체계에 편입시키는 것이다. 소각 시 발생하는 열을 사용하거나 가연성 폐기물을 고형 연료로 만드는 것 등이 여기에 포함된다. 기술 발전에 따라 최근 에너지 재활용 분야가 전 세계적으로 크게 주목받고 있다.

마지막으로 결국 자원 순환 과정에 투입되지 못하고 매립되거나 소각돼 없어지는 쓰레기가 있다. 매립 및 소각되는 폐기물의 비율은 매년 감소하고 있다. 2019년 우리나라 기준으로 매립되는 폐기물은 6.1%, 소각되는 폐기물은 5.2%이다. 하지만 절대량 기준으로 보면 하루 매립 3.1만 톤, 소각 2.6만 톤으로 어마어마한 양이다.•

우리 정부는 2018년 〈제1차 자원 순환 기본 계획(2018~2027)〉을 수립해 시행하고 있다.•• 2027년까지 국내 총생산 대비 폐기물 발생량을 20% 감축하고, 폐기물 발생량 중 실질 재활용량의 비율인 순환 이용률을 70.3%에서 82.0%까지 증가시킨다는 계획이다. 또한 재활용이 불가능해 매립 등의 방법으로 처리할 수밖에 없는 폐기물의 비율인 최종 처분율을 9.1%에서 3.0%까지 감소시키고, 가연성 폐기물을 통해 얻는 에너지 회수율도 16.3%에서 20.3%로 늘릴 것이라고 한다. 이처럼 자원의 선순환으로 지속 가능한 순환 경제를 실현하는 것, 즉 제로 웨이스트Zero Waste를 달성하는 것은 코로나19 시대에 더욱 중요한 과제가 됐다.

•

환경부(2020), 〈전국 폐기물 발생 및 처리 현황(2019년도)〉

••

관계부처합동(2018. 9), 〈제1차 자원 순환 기본 계획(2018~2027)〉

유럽위원회, 선형 경제에서 순환 경제로

이전의 경제 시스템은 이른바 '선형 경제Linear Economy'였다. 자원을 채굴한 후 사용하고 버리는 것이 한 사이클이었다. 40대 이상의 독자라면 어린 시절을 떠올려보길 바란다. 당시에는 재활용이나 분리수거라는 개념 없이 모든 쓰레기를 한데 모아서 버렸었다. 그러나 1980년대 들어서면서 쓰레기 매립지가 부족해지자 유럽을 필두로 '순환 경제Circular Economy'라는 개념이 대두됐다. 사용을 다한 물건을 버리는 것이 아니라 다시 자원으로 활용한다는 것이다.

2015년 12월에 유럽위원회EC, European Commission가 발표한 'EU 순환 경제 패키지Circular Economy Package'의 네 가지 폐기물 규정을 살펴보자. 첫째, 제품을 생산할 때는 수리, 재사용, 재활용이 용이한가를 구상·설계 과정에 반영해야 한다. 산업 시설 설립을 허가할 때에도 자원 활용의 효율성과 폐기물 발생 저감에 대한 내용을 반영한다. 둘째, 소비 단계에서는 생산된 제품이 내구성을 갖고 충분이 오래 사용될 수 있도록 관련 지침을 마련한다. 또한 공공기관이 물품을 조달할 때 제품의 내구성과 수리 가능성을 중시하는 녹색 조달Green Public Procurement에 역점을 둔다. 셋째, 발생된 폐기물 처리와 관련해 2030년까지 도시 폐기물 65%, 포장 폐기물 75%를 재활용하고, 2030년까지 모든 폐기물의 매립률을 10% 수준으로 감축한다. 넷째, 재활용 가능한 이차 자원secondary raw material 사용 촉진을 위해 품질 기준을 마련한다. 유럽위원회는 이를 통해 기업에서 6천억 유로(한화 약 805조 원)를 절감하고 58만 명의 고용을 창출하며 연간 4.5억 톤의 이산화탄소 배출을 감소시킬 것으로 기대하고 있다.* 유럽 각국은 이 패키지에 맞춰 각자의 상황에 맞는 순환경제 정책을 마련해나갔다.

폐기물로 가득한 물고기 뱃속 이미지

자료: WWF(세계자연기금)

2020년 3월 유럽위원회는 〈신 순환 경제 액션 플랜A New Circular Economy Action Plan〉을 발표했다. 2015년 이후 수행된 여러 작업들을 기반으로 순환 경제를 위한 제품 설계 및 생산에 중점을 둔 정책이다. 특히 재생 원료와 부산물 시장 활성화를 통한 '지속 가능한 제품 정책'을 강조하고 있다.[••]

•
European Commission(2015. 12), 〈Circular Economy Package – An EU Action Plan for the Circular Economy〉; 한국환경정책평가연구원(2020. 4), 〈자원순환 분야 관리 전략수립을 위한 기획연구〉

••
European Commission(2020. 3), 〈A New Circular Economy Action Plan〉; 한국환경정책평가연구원(2020. 10), 〈다부처 정책 연계성 확보를 통한 순환경제 정책 로드맵 연구〉

쓰레기 문제, 이제 기술에 맡겨라

여러 쓰레기 중 코로나19 시대에 특히 문제가 되고 있는 폐기물은 플라스틱이다. 완전히 썩어서 자연으로 돌아가는 데 걸리는 시간이 비닐봉지는 10~20년, 스티로폼 컵은 50년, 플라스틱 병은 450년, 폴리염화비닐은 무려 1,000년이라고 한다.* 더구나 폐플라스틱은 분해 과정에서 미세 플라스틱으로 잘게 쪼개져 자연과 인류 건강에 심각한 악영향을 끼친다. 이제 사람들의 생활 습관을 바꿔 재사용과 재활용을 늘리는 것만으로는 한계가 있다. 기술을 통해 문제를 해결해야 하는 시점이다. 특히 2021년 하반기부터 2022년까지는 그동안 경제성이 떨어져서 상용화되지 못했던 다양한 제로 웨이스트 기술이 시장에 출현하기 시작할 것으로 전망한다.

해외에서는 여러 화학 기업들이 오래전부터 기술 개발을 선도해왔다. 독일 바스프BASF, 프랑스 토탈Total, 미국 듀퐁Dupont 등 글로벌 석유 화학 기업들은 바이오 기업들과 손잡고 바이오 플라스틱 시장을 선점해나가고 있다. 바스프와 토탈은 네덜란드의 바이오 화학 기업 코비온Corbion과, 듀퐁은 영국 식품기업 테이트앤라일Tate & Lyle과 합작해 바이오 플라스틱을 생산하고 있다. 이탈리아의 노바몬트Novamont, 미국의 네이처웍스NatureWorks 등도 전통의 강자다.

바이오 플라스틱은 석유가 아닌 옥수수, 사탕수수 등을 원료로 하기 때문에 일정 시간이 지나면 미생물에 의해 분해돼 물과 이산화탄소로 돌아간다. 아직까지는 일반 플라스틱에 비해 가격이 매우 비싸고 강도와 내구성이 약해

---

* Green Fins(2020. 9), 〈Trash Breakdown〉

쓰레기가 분해되기까지 걸리는 시간

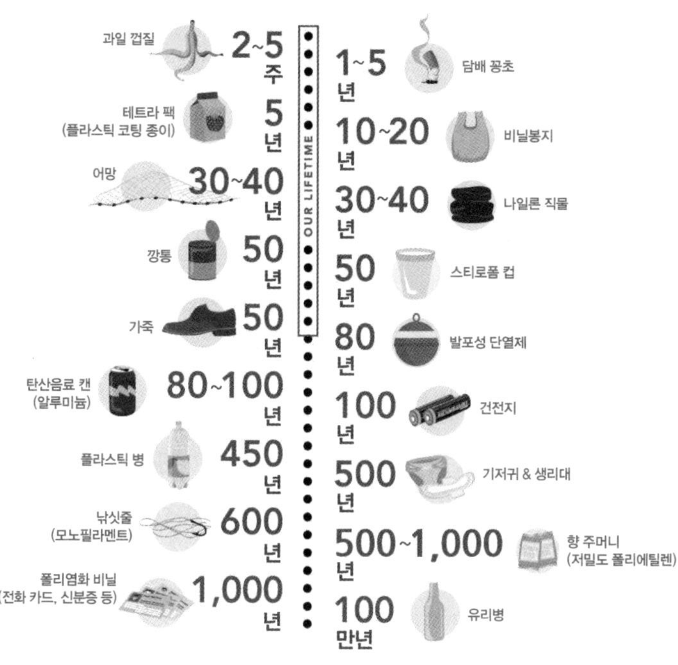

자료: Green Fins(2020. 9), 〈Trash Breakdown〉

지속적인 기술 개발이 필요하다. 대표적인 바이오 플라스틱인 폴리락트산PLA은 옥수수 전분을 원료로 하기 때문에 20일 정도만 발효시키면 완전히 분해된다. 농업용 비닐이나 티백 등에 이미 활용되고 있으며, 3D 프린터의 재료로도 사용되고 있다. 글로벌 시장조사 업체 마켓앤마켓MarketandMarket에 따르면 글로벌 바이오 플라스틱 시장은 2020년 105억 달러(한화 약 11조 원)에서 2025년 279억 달러(한화 약 31조 원)로 성장할 전망이다.* 연평균 22%나 되는 빠른 성장이다.

우리나라도 오래전부터 바이오 플라스틱 분야에 관심을 갖기는 했지만, 2010년대 이후 일반 플라스틱의 원료인 석유 가격이 크게 하락하면서 한동안 투자가 부진했다. 그러나 코로나19로 플라스틱 쓰레기 문제가 대두되자 다시 시장의 관심이 살아나고 있다. 최근 SKC, LG화학, CJ제일제당 등이 앞다퉈 바이오 플라스틱 기술 개발과 양산 체계 구축에 힘쓰겠다고 발표하기도 했다. 기술 개발의 방향은 신규 바이오 플라스틱 소재 및 공정 개발, 바이오 플라스틱 고함량화, 생분해성 바이오 플라스틱 순환 기술 등이다.

정부도 2020년 12월 〈화이트 바이오 산업 활성화 전략〉을 발표했다.•• 식물 등의 재생 가능한 자원을 이용하거나 미생물, 효소 등을 활용해 기존 화학산업의 소재를 바이오 기반으로 대체하는 산업을 '화이트 바이오 산업'으로 지칭했다. 바이오 기술의 적용 범위를 기존 보건의료(레드), 농업(그린)에서 '깨끗한 산업 소재'(화이트)로 확장한 것이다. 정부의 계획은 바이오 플라스틱 개발 및 보급을 위한 다양한 지원 정책과 인력 양성, 지식재산권 창출 등의 세부과제를 담고 있다.

최근 한국에너지기술연구원은 폐비닐을 연속 열분해해 고품질의 오일로 전환하는 자동화 공정을 개발했다. 이 공정을 통해 폐비닐 1kg으로 오일 620g을 생산할 수 있다. 연구진은 2021년 하루 2톤 규모 생산을 목표로 공정 최적화 연구를 수행할 예정이며, 2022년부터는 사업화 가능한 수준인 하루

•
MarketandMarket(2020. 4), 〈Bioplastics & Biopolymers Market: Global Forecast for 2025〉

••
관계부처합동(2020. 12), 〈화이트바이오 산업 활성화 전략〉

10톤 처리 규모로 확대할 계획이다.* 우리가 언젠가 풀어야 할 해묵은 숙제였던 쓰레기 문제가 아이러니하게도 코로나19를 만나 조금씩 실마리를 보이고 있다. 이제 친환경이 아닌 필必환경 시대가 오고 있다. 우리의 관심이 더욱 필요한 때다.

•
한국에너지기술연구원 보도자료(2021. 2. 13), "친환경성과 경제성을 겸비한 폐비닐 열분해 기술로 청정오일 만든다"

환경 문제…
문제도 답도 우리 안에

김광석 코로나19 이후 온라인 쇼핑이 급증했죠. 제가 온라인으로 양배추를 주문한 적이 있는데, 배송 온 걸 보고 깜짝 놀랐어요. 양배추 한 덩어리 주문했을 뿐인데 스티로폼 박스에 완충재, 아이스팩까지 들어 있더라고요. 얼마 전엔 자동차 핸들 커버를 주문했는데 그때도 깜짝 놀랐어요. 엄청나게 큰 박스로 배송됐더라고요. 핸들 커버 하나 달랑 들어 있는데 말이죠. 저뿐만 아니라 많은 소비자가 점점 더 환경 문제를 의식하기 시작하고 있습니다.

특히 코로나19가 생태적 감수성 향상에 많은 영향을 줬죠. 마스크 줄에 발목이 묶인 동물들을 보고, 꼭 끈을 잘라서 폐기해야 한다는 움직임이 일어나기도 했고요. 일회용품 사용이 늘어나면서 환경 문제를 진지하게 고민하는 분들도 많아졌습니다. 동시에 우리가 노력하면 환경을 개선할 수 있겠다는 걸 실감했어요. 코로나19로 인해 공장 가동이 중단됐던 시기에 월간 미세먼지 농

온라인 쇼핑을 통한 상품 배송 사진

사진제공: 김광석

도가 줄었거든요. 즉, 환경 문제에 대한 심각성과 희망, 가능성을 함께 체감할 수 있었던 국면이죠.

쓰레기 문제의 근본적 해결, 공급자의 자구적인 노력 필요

김상윤 환경 문제라고 하면 분리 수거 문제를 지적하는 분들도 많습니다. 사실 한국은 전 세계에서 분리 수거를 잘하는 국가 중 하나입니다. 1990년대부터 분리 수거에 대한 철저한 계몽 운동과 캠페인을 진행했고 생활 습관과 제도가 상당히 잘 잡힌 국가 중 하나라고 할 수 있어요. 하지만 최근 포장 배달 수요가 급증하면서 쓰레기 생산량 자체가 많아졌습니다. 극단적으로 쓰레기양이 늘어난 게 환경 문제가 불거진 배경이죠.

배달이나 포장 문화가 확대된 이유로는 코로나19 팬데믹으로 배달 포장 수요가 증가한 것을 꼽을 수 있습니다. 1인 가구가 늘어난 것도 중요한 이유 중 하나입니다. 전체 인구 중 30% 정도가 1인 가구니까 소규모 포장이 많이 발생할 수밖에 없어요. 분리 수거보다는 쓰레기가 생산되는 배경에 단기적으로 신경을 쓸 필요가 있습니다. 최근에는 배달·포장 업체들도 쓰레기를 덜 배출할 수 있는 대안을 많이 고민하고 있긴 해요. 쓰레기를 만드는 공급자들이 자구적으로 노력하는 것이 더욱 중요합니다.

환경도 지키고 자원도 확보하는 '순환 경제 시스템'

박정호 환경 개선을 위해서는 업사이클이나 리사이클링이 활성화돼야 합니다. 그리고 법과 제도의 정비가 선결 과제라는 데 전 세계가 공감하고 있는데요. 대표적으로 일본에선 어반 마이닝Urban mining, 즉 도시 광산이라는 사업을 추진한 사례가 있어요. 전 세계에서 금 매장량이 가장 많은 나라가 일본입니다. 실제 광산에 매립된 금이 아니고 모두 가전 제품 안에 있는 금을 말해요. 자국 내에서 안정적으로 광물 자원을 확보하고, 잘 활용해보자는 차원에서 해당 사업을 진행한 거죠. 실제로 금광에서 원석 1톤을 캤을 때 추출되는 금붙이 양과 가전 제품 1톤에서 추출되는 양을 비교해보면 후자에서 더 많이 나왔다고 해요. 일본은 생활 쓰레기 문제가 심각한 상황이지만 이런 사업을

일본 미쓰비시 머티리얼의 어반 마이닝 공장

자료: Nikkei(2020. 6. 9), "Resource-poor Japan Unearths Metal Riches in its Trash"

잘 활용하면 충분히 비용 효율적인 결과가 나올 거라고 전망했습니다. 지자체 간에 집하장 건설 위치를 놓고 갈등이 심하긴 했지만요. 도시가 광산이라는 구호는 전 세계가 다시 주목할 만한 사례로 꼽히곤 합니다.

그런가 하면 글로벌 압연·알루미늄 전문회사 '노벨리스'가 우리나라 경북 영주와 울산에 대규모 알루미늄 재활용·주조 공장을 증설했습니다. 우리나라는 알루미늄캔 소비량도 많은 편이에요. 게다가 동네마다 할머니, 할아버지들이 캔을 모아서 고물상에 가져다주는 아주 독특한 생태계가 형성돼 있잖아요. 세계적 규모의 공장이 들어오기 좋은 조건이죠. 이런 행위에 대해 제도적으로 인센티브를 준다면, 친환경 사업도 힘을 받을 수 있을 겁니다. 코로나19 이후 적극적으로 추진을 고려할 수 있겠죠.

ESG 경영, 선택 아닌 필수

김광석 2019년 기준으로 신차 판매 동향을 보면 노르웨이, 아이슬란드, 네덜란드, 스웨덴의 네 개 국가가 전기자동차 판매 비중이 가장 높아요. 그런데 2020년만 해도 우리나라 전체 전기차 수출액에서 유럽이 차지하는 비중이 20.4%에 달합니다. 향후에도 유럽을 중심으로 환경에 대한 규제가 강화되고, 탄소세가 적용되면서 친환경차 수출 전략에 있어 여건 변화를 면밀히 들여다봐야 할 것입니다. 특히, 세계적으로 차량 배출 온실가스 규제 기준이 계속 강화되고 있고, 주요국들은 향후 내연기관 차량 판매를 금지할 것으로 발표하고 있습니다. 네덜란드와 노르웨이는 2025년에, 독일, 아일랜드, 덴마크, 스웨덴 등은 2030년에 내연기관 차량 판매를 금지할 것으로 발표했습니다. 바이든이 추진하는 '친환경차 의무 판매제'처럼, (특정 비중의) 친환경차를 판매하지 않으면 자동차를 판매할 수 없는 조항까지 마련되는 과정에서 환경에 관한 다양한 이슈가 부상하는 것이 현실입니다.

ESG 관점에서 모든 게 맞물린다고 생각해요. 소비자의 의식 수준이 높아지면서 점차 환경이나 사회, 거버넌스에 기여하지 않는 기업에는 배타적으로 돌아서고, ESG 경영을 추구하는 기업에는 지불 의사를 가지는 소비자가 많아지고 있죠. 특히 밀레니얼 세대가 그렇습니다. 밀레니얼 세대는 기존 세대와 달리 경험주의적 성향이 큽니다. 소유하기보다 경험을 더 중시하기 때문에 직접 구입하지 못하더라도 비교적 저렴한 공유 서비스를 이용하고 싶어 하는 세대입니다. 패션 시장의 경우 패스트 패션보다 리세일 시장의 성장 속도가 훨씬 빠르다는 것이 이를 방증하죠. '무신사' 같은 리세일 마켓이 크게 성장하고 있는 현상도 새로운 세대의 소비 패턴을 반영하는 것이라고 볼 수 있습니다.

국가별 차량 배출 온실가스 규제 기준 비교

구분	EU	미국	중국	일본	한국
2020년	95g/km	116g/km	113g/km	110g/km	97g/km
2025년	81g/km	104g/km	91g/km	미발표	89g/km
2030년	59g/km	미발표	미발표	88g/km	70g/km

자료: 한국자동차산업협회

주: 국가별로 CO^2 측정 방법이 상이해 직접적인 비교는 어려우나, 국내 측정 방법으로 환산 시 EU의 규제 기준은 2020년 95→91g/km, 2025년 81→77g/km, 2030년 59→56g/km로 강화됨

이재호 김광석 실장님께서 ESG에 대해 말씀하셨는데요. 실제로 요즘 해외 자본을 보면 투자 여부를 결정할 때 대상 기업이 'ESG 분야에서 충분한 활동을 하고 있는가'를 중요하게 생각하고 있습니다. 과거엔 기업들이 이들 분야를 비용으로만 생각했던 경향이 있었습니다. 지금은 기업이 만들어내는 제품이나 서비스의 지속 가능성을 위한 필수 요소라고 생각하고 ESG 활동에 진지하게 다가가고 있습니다.

김광석 기업이 먼저 나섰다기보다는 소비자가 먼저 요구했죠. 특히 유럽 국가의 소비자는 ESG 경영 기업의 제품에 더 큰 비용을 지불할 의사가 있음을 밝히고 있습니다. 소비자는 기업이 얼마나 ESG를 잘하는지에 따라 충성 고객이 될 수도 있고, 배타적으로 돌아설 수도 있어요. 한국도 의식 수준이 높아지는 추세이고 밀레니얼 세대의 의식 수준은 특히 더 높은 수준이죠.

이재호 과거에는 소비자들이 값싸고 품질이 좋은 제품을 원했다면, 지금

은 사용자 경험 측면에서 자신이 구매해 사용하는 제품이 친환경적이고 사회에 좋은 영향을 끼치는 제품인지를 중요하게 고려합니다. 자신이 돈을 더 지불하더라도 ESG 관점에서 제품이나 서비스를 선택하는 소비자가 늘어날 겁니다.

김광석 맞습니다. 이런 사회적 흐름 가운데 기업들이 ESG 관점에서 대응하지 않으면 안 됩니다. 투자 결정을 할 때에도 장기적으로는 특정 기업이 해당 산업에서 주도권을 유지할지를 살펴보는 게 중요하겠지만, 해당 기업의 행보가 ESG 관점에서 맞물리는지를 살펴보는 노력 역시 중요합니다.

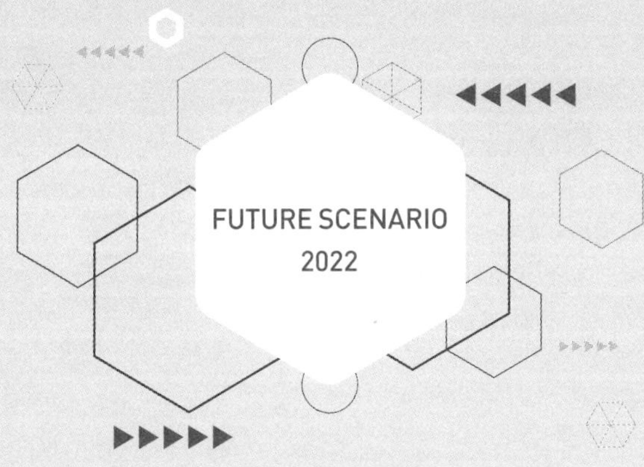
FUTURE SCENARIO
2022

PART 4

FUTURE SCENARIO 2022

정책

POLICY

미래
시나리오
2022

10 완전히 새로운 조세 환경이 온다

박정호

2021년은 코로나19 팬데믹이 진정 국면으로 전환될 희망을 엿본 한 해다. 백신 개발과 보급으로 인해 코로나19 팬데믹이 불러온 불확실성이 점차 줄어들고 있기 때문이다. 또한 각국 정부에서 유례를 찾기 어려운 수준의 경기 부양 정책을 내놓으면서 경제 활동의 전반에 걸쳐 빠른 반등이 전개되고 있다.

하지만 세계 각국이 향후 직면하게 될 경제 환경은 여전히 도전적인 상황이다. 코로나19가 전 세계에 지울 수 없는 상처를 남겼기 때문이다. 코로나19 팬데믹이 장기화되면서 많은 나라들의 국제적 신용 등급에도 악영향을 미치고 있다. 코로나19가 본격화되기 시작한 2020년 3월 이후 국제 신용 평가 회사 3사로부터 국가 신용 등급이 상향 조정된 국가는 단 한 곳도 없다. 오히려 신용 등급이 실질적으로 강등됐거나 신용에 대한 평가가 부정적으로 변경된 국가가 2021년 들어 146국에 달한다. 이러한 신용 등급에 대한 평가들은 현재 각 국가가 직면한 상황이 어떠한지 설명해줄 뿐만 아니라 2021년에 본격적으로 국제적 신용 경색 상황이 야기될 수 있음을 시사한다.

특히 코로나19 팬데믹은 과거의 경제 위기인 글로벌 금융 위기, 남유럽 재정 위기, 동아시아 금융 위기와는 전혀 다른 양상을 보이고 있다는 점에서 더욱 우려스럽다. 이전 위기들은 엄밀히 말해 특정 대륙이나 지역에 국한된 경제적 위기였다. 이 때문에 경제권이 견실하게 작동하고 있는 다른 지역의 영향으로 해당 지역의 위기도 빠르게 극복할 수 있었다. 대표적으로 1990년대 후반 불거진 동아시아 금융 위기의 경우엔 2000년대 초반 급성장한 중국 경기 덕분에 빠르게 탈출할 수 있었다. 2008년 글로벌 금융 위기 역시 미국의 빅테크 기업들의 신규 제품과 서비스가 전 세계를 대상으로 급격히 보급되면서 미국 경제가 반등할 수 있는 기회를 만들어줬다.

하지만 코로나19 팬데믹은 특정 지역에 국한된 현상이 아니라 전 대륙에 걸쳐 전개되고 있다. 지금의 경제적 불황을 타개할 소비 시장이나 투자 시장이 될 수 있는 국가 또는 지역이 부재하다. 이 때문에 앞서 언급한 여러 국가의 신용 등급 강등은 향후에도 상당 기간 지속되거나 오히려 더 악화될 가능성마저 있다.

또 다른 문제는 이미 많은 국가가 이전의 위기를 극복하는 과정에서 상당 부분 출혈을 감내한 상황이라는 점이다. 일례로 글로벌 금융 위기 당시만 하더라도 미국을 비롯한 세계 주요 국가의 경제 상황이 급격히 악화되자, 많은 국가가 이러한 위기를 극복하는 과정에서 민간의 부채를 탕감해주거나 정부가 이를 감내하는 방식으로 대응하기 시작했다. 글로벌 금융 위기 당시 민간 부채를 공공 부문으로 옮긴 금액이 미국에서만 8조 달러(한화 약 8,906조 원)에

달했다. 뒤이어 독일 1조 8,900억 유로(한화 약 2,538조 원), 영국 1조 7,300억 유로(한화 약 2,323조 원), 프랑스 1조 3,300억 유로(한화 약 1,786조 원), 이탈리아 9,370억 유로(한화 약 1,258조 원), 스페인 7,410억 유로(한화 약 995조 원)였다. 아이슬란드는 은행의 붕괴를 막기 위해 2008년 10월 8일 모든 은행을 국유화하는 조치를 단행했다. 물론 이러한 조치로 글로벌 금융 위기는 벗어날 수 있었지만, 당시 급등한 국가 부채는 대부분의 국가에서 좀체 줄어들지 않고 있는 상황이다. 유럽만 하더라도 유로화 사용을 위해서는 국가 부채를 60% 선에서 유지해야 한다. 그럼에도 불구하고 이미 코로나19 팬데믹이 불거지기 전에 벨기에, 독일, 프랑스, 그리스, 이탈리아, 포르투갈 등 상당수의 국가들이 EU가 정한 60% 기준을 넘어선 상황이다.

이러한 상황 속에서 그나마 다행인 것은 한국의 신용 등급은 아직까지 기존 상태를 유지하고 있다는 점이다. 국제적인 신용 평가 회사 3사 모두 한국의 신용 등급에 대해 긍정적인 평가를 내리고 있다. 그중 무디스는 한국이 코로나19에 훌륭히 대응하고 있으며, 코로나19가 국가 신용 등급에 미치는 영향이 제한적이라고 평가한 바 있다. 가장 보수적인 신용 평가 회사로 평가되는 피치 역시 한국의 국가 신용 등급을 안정적인 상황으로 호평한 바 있다.

하지만 안심할 수 없는 상황이다. 우리 경제는 다른 나라보다 대외 의존적인 경제 구조를 갖고 있기 때문에 다른 국가들의 경제적 상황 악화가 우리 경제에도 직접적으로 악영향을 미칠 수 있다. 또한 이번 위기는 이전 여러 위기와 달리 전 지구적인 경제 위기이기에 이전과는 다른 강도와 수위로 대비해야 한다는 점도 기억해야 할 것이다.

현재 전 세계 국가는 경기 부양 중

OECD 경제 전망 보고서에 따르면, 세계 주요 국가들은 전례를 찾기 어려운 경제 부양책에도 불구하고, 2022년에도 총생산량이 코로나19 이전 대비 4~5% 정도 낮은 수준에 머물러 있을 것으로 전망된다. 심지어 일부 국가들은 항구적인 손실로 이어질 것으로 전망된다. 사회 보장의 사각지대에 있는 계층들은 여전히 경제적 악순환에 머물러 있을 것으로 보인다. 저소득 계층의 아이들과 청년층에 대한 지원이 향후 몇 년간 지속되지 않을 경우, 이들은 자신의 생애에서 두 번 다시 일정 수준 이상의 계층으로 이동하기 어려워질 것이다.

이러한 상황을 종합할 때, 각국 정부의 지속적인 재정 투여는 여전히 필요한 상황이다. 이미 많은 국가가 위기를 극복하기 위해 재정 지출을 하고 있고, 위기 이후에도 한동안 지출이 지속돼야 한다는 것을 글로벌 금융 위기를 극복하는 과정에서 익히 경험한 바 있다. 어쩌면 코로나19를 극복하기 위한 재정 지출은 이보다 훨씬 더 오래 지속될 수도 있다. 광범위한 재정 지원으로 공공 부채는 역사상 가장 높은 수준에 이르고 있지만, 이러한 재정 지원과 경제적 성과 간에는 아무런 상관관계가 없을 수 있다는 전망마저 나오고 있기 때문이다.

이번 장에서 조세 제도 개편에 대해 다루고자 하는 이유도 여기에 있다. 현재 많은 국가가 코로나19로 인한 경제적 부작용을 극복하고 기업과 가계의 경제 회복을 견인하기 위한 선제적인 전략으로 조세 제도 개편을 논의 중이다. 코로나19 관련 정책을 시행하는 데에는 이미 막대한 비용이 수반됐으며, 이후에도 경제 회복에 더 많은 비용이 들어갈 수 있다. 이러한 상황에서 조세 제도 개편을 통해 달성하고자 하는 목표는 명확하다. 우선 부족한 세원 확보를 위한 노력이다. 코로나19로 인해 이미 지출된 재정 지출을 벌충하고 향후 지속적으로 투여될 재정 지출의 재원을 확보하기 위해 노력해야 한다. 다른 하나는 세금 감면을 통한 민간 부분의 부담 경감을 위한 노력이다. 조세 제도를 개편해 기업과 가계의 현금 흐름을 일정 수준으로 유지할 수 있도록 도와줌으로써 민간 부분의 채무 불이행 위험과 같은 부정적 영향을 감소시켜야 할 상황이다.

하지만 이러한 두 가지 목표는 서로 상반되는 곳을 지향하고 있다. 한쪽은 추가적인 세원 확보를 위한 노력이 필요하고, 다른 한쪽은 세제 감면 내지 지원을 위한 노력이 필요한 상황이다. 좀 더 엄밀히 말하자면, 코로나19 팬데믹이 불거지기 훨씬 전부터 이미 많은 국가가 이러한 상반된 목표 속에서 많은 고심을 해왔다. OECD 국가들과 유로존의 많은 국가에서 저출산 고령화로 인해 예상보다 빠르게 국가 재정 지출이 늘어나기 시작했다. 또한 글로벌 금융 위기, 남유럽발 재정 위기 등과 같은 예상치 못한 경제적 충격으로 인해 재정 여력은 더욱 악화됐다. 이에 반해 새로운 세원 확보를 위한 대안을 찾기는 점점 어려워지고 있었다.

이 과정에서 많은 나라가 외부로 눈을 돌리기 시작했다. 세금을 통해 지원해야 할 대상이라 할 수 있는 자국 기업과 국민들에게 추가적인 과세 부담을 지울 수 없는 상황에서 과세 부담을 외국 기업에 부과하는 방식을 모색하기 시작했다. 특히 경제 환경이 디지털 기술 및 다양한 신기술 발달로 인해 기존의 방식과는 전혀 다른 양상을 보이기 시작하면서 기존의 과세 체계 안에서는 포착되지 못하는 내용들도 점차 늘어나고 있었다. 그 연장선에서 2010년대 들어 세계 각국과 여러 국제 기구에서는 새로운 과세 기준을 마련해 세원을 확보하기 위한 논의를 지속해왔다. 그리고 코로나19로 인해 그간의 지리한 논의가 이제 급속히 실행으로 이어져야 할 상황마저 도래했다.

이번 장은 최근 전개되고 있는 국제 사회의 조세 환경 트렌드는 물론, 이로 인해 우리 경제가 직면하게 될 대외 환경 변화 내용을 소개하고자 기획됐다. 이를 위해 먼저 현재 각국 정부가 코로나19를 극복하기 위해 어떠한 조세 지원 정책을 수행하고 있는지를 설명하고, 이를 통해 향후 우리나라에서도 내부 경제 부양을 위해 어떠한 조세 지원 제도를 도입해야 하는지에 대한 시사점을 도출하고자 한다. 다음으로 현재 국제 사회에서 전개되고 있는 외국 기업들을 대상으로 한 조세 체계 개편 내용을 소개하고, 이를 통해 우리 경제에 미칠 파급 효과를 점검하고자 한다.

각국의 세제 지원으로 인한 정부 부채 급증 상황•

현재 세계 각국은 자국 내 주요 경제 주체들의 경제적 어려움을 경감시켜 주기 위한 목적으로 다양한 세제 지원 제도를 한시적으로 도입하고 있다. 코로나19 위기에 대응하는 조세 정책은 국가의 재정 상태 및 정치적 상황, 사회

•
OECD, Tax and fiscal policy in response to the Coronavirus crisis: Strengthening confidence and resilience, http://www.oecd.org/coronavirus/policy-responses/tax-and-fiscal-policy-in-response-to-the-coronavirus-crisis-strengthening-confidence-and-resilience-60f640a8/; OECD, Overview of immediate crisis response measures implemented by countries in light of the Covid-19 Pandemic, https://www.oecd.org/tax/covid-19-tax-policy-and-other-measures.xlsm, 검색일자: 2020. 8. 31.
OECD, Tax administration: Privacy, disclosure and fraud risks related to COVID-19, https://read.oecd-ilibrary.org/view/?ref=133_133204-8i0mdhhtav&title=Tax-Administration-Privacy-Disclosure-and-Fraud-Risks-Related-to-COVID-19.

주요국 코로나19 대응 조세 지원 개관

구분	지원 목표	주요 내용
법인세 (55개국)	기업 유동성 개선	당해 영업 손실 소급 공제 적용(loss-carryback) 코로나19 피해 업종 법인세 감면 법인세 납부 유예 및 분할 납부, 체납에 대한 연체 이자 감면 및 면제 이자 비용 등 비용 인정 범위 확대
	고용 지원	고용주 부담분 사회보장세(SSCs) 납부 유예 및 감면 병가 등 유급 휴가자 급여 지불액 환급형 세액 공제 고용 인센티브 지급 횟수 확대
	투자촉진	가속 감가 상각 허용, R&D 투자 비용 조기 세액 공제
소득세 (39개국)	가계 유동성 개선	소득세 환급(rebate, refundable tax credit) 소득세 및 사회보장세 납부 유예 및 면제, 연체 처분 중지 코로나19 의료진 상여금 및 보조금에 대한 소득세 면제
소비세 (61개국)	유동성 개선	부가가치세 납부 유예 및 조기 환급, 가산세 감면 및 면제
	소비 촉진	특정 지역 및 업종에 대한 소비세 면제 또는 세율 인하
	재난 대응	코로나19 물품(소독액/마스크 등) 세율 인하 및 면제
재산세 (15개국)	유동성 개선	재산세 납부 유예 및 감면 특정 업종(호텔/컨벤션/크루즈) 재산세 환급(rebate)

보장 제도 등에 따라 차이가 있으나 주로 기업과 가계의 유동성 개선에 중점을 두고 있으며, 이를 위해 모든 조세 항목에 대한 전방위적 지원이 이루어지고 있다.

먼저 기업들을 위한 지원 제도로는 현금 흐름 개선에 초점을 맞추고 있다. 많은 기업이 유동성 감소로 인해 임금, 임대료, 부채, 세금 등에 대한 지불 능력이 감소했고, 이로 인해 해당 기업의 파산뿐만 아니라 여타 기업 간의 연쇄 도산으로 이어져 국가 경제 전반의 악영향을 줄 수 있기 때문이다.

미국은 2020년 3월과 4월에 4개 법안을 마련하고 코로나19 긴급 지원금으로 2조 4천억 달러(한화 약 2,600조 원)를 집행했고, 다시 12월에 추가로 9천억 달러(한화 약 1천조 원)를 추가 집행하기로 결정했다. 2021년 바이든 대통령이 취임한 후 추가로 1조 9천억 달러(한화 약 2천조 원) 규모의 제6차 코로나19 긴급 재난 지원금을 책정한 바 있다. 6차 지원금이 실행되면 미국의 코로나19 긴급 구제 지원금은 5조 2천억 달러(한화 약 5,600조 원)에 육박하는 자금 지원이 집행된다.

코로나19 누적 확진자 수 세계 4위에 해당하는 영국에서는 부가가치세 및 주택 취득세 인하 등 각종 세금 감면 정책을 발 빠르게 시행했다. 이러한 세금 감면 정책으로 영국의 재정 적자 폭이 상당 부분 확대된 것으로 확인됐다. 2020년 4~12월 중 영국 정부의 총 수입은 5,076억 파운드(한화 약 777조 원)로 2019년 동기(5,459억 파운드) 대비 -7.0%인 383억 파운드(한화 약 58조 원)가 감소한 것으로 집계됐다. 이에 반해 같은 기간 영국 정부의 재정 적자(2,354억 파운드)는 큰 폭의 세수 감소와 더불어 각종 보조금 지급 등의 대규모 재정 지출로 인해 전년 동기(272억 파운드) 대비 7.6배에 가까운 2,082억 파운드(한화 약 322조 원) 증가한 것으로 나타났다.

중국의 경우에는 소규모 영세 사업장들에게는 납세 신고 기한을 2021년까지 연장해 신고하도록 허용했으며, 기업들이 방역 관련 물자를 생산하거나 구입하는 비용은 100% 공제해주기로 결정했다. 이러한 경기 부양 정책으로 인해 중국 정부의 재정 수입은 크게 감소했다. 중국 정부의 발표에 따르면, 지난해 중국 세수 총액은 코로나19 여파로 인해 전년 대비 3.9% 줄어든 18조 2,895억 위안(한화 약 3,141조 원)에 그쳤다. 2020년 중국 재정 적자는 6조 2,693억 위안(한화 약 1,073조 원)으로 증가했다. 2019년 4조 8,492억 위안(한화 약 830조 원)과 비교하면 대폭 늘어난 수준이다.

각국 정부의 세제 지원은 단순히 기업과 개인들의 줄어든 소득을 보전하는 데만 국한되지 않는다. 많은 나라가 코로나19로 인한 방역 체계 지원을 위해서 다양한 세제 혜택을 적극 활용해왔다. 미국은 손 소독제 생산에 사용되는 증류주와 관련한 특별소비세 조항을 면제해 관련 용품에 대한 세금 부과를 일시적으로 중단했다.

중국, 이탈리아, 스페인, 프랑스, 핀란드 등은 방역 관련 의료 기기에 부과되는 부가가치세율을 감면 또는 면제해주는 방식으로 방역 시스템을 지원해오고 있다. 아일랜드는 코로나19로 인한 위험 대상군을 지원하기 위해 무료로 배포하는 물품에 한해 부가가치세 영세율을 적용했으며, 인도네시아에서는 병원에서 코로나19 방역을 위해 사용하는 물건에 한해서는 부가가치세뿐만 아니라 관세, 소비세 등 모든 세금에 대해 특례를 적용하고 있다.

많은 국가에서 코로나19를 극복하는 과정에 필요한 추가 자금원을 조달하기 위해 민간 기부금을 적극 장려하는 제도들도 도입하고 있다. 미국에서는 기업의 식료품 기부 혹은 자선 단체에 대한 현금 기부의 공제 한도를 과세소득의 10%에서 25%로 확대했다. 벨기에에서는 최소 40유로(한화 약 5만 원) 이상의 가치에 해당하는 의료 제품을 병원에 기증할 경우, 실제 가치의 45%에 해당하는 비용에 대해 임시 세금 공제를 청구할 수 있도록 법안을 개정했다. 영국, 그리스, 이탈리아, 중국, 인도네시아 등의 국가들은 코로나19 관련 물품을 기부할 경우 해당 금액을 소득에서 공제하거나 관련 부가세를 면제하는 제도를 도입하고 있다. 독일은 코로나19 관련 의료를 담당하는 기관(병원, 양로원)에 대한 수입 기부 물품에 대해 관세를 면제해주고 있으며, 일본은 코로나19로 취소된 예술 문화공연·스포츠 티켓을 환불받지 않기로 결정한 개인의 납부 금액을 기부금으로서 공제할 수 있도록 했다.

IMF는 위에서 열거한 일련의 재정 투입 금액을 집계한 후 코로나19 팬데믹 사태로 인한 경기침체에 대응하는 과정에서 약 1경 5,596조 원의 정부 재정을 투입한 것으로 보인다고 발표했다. 이러한 재정 투여는 고스란히 국가 채무 비율 상승을 유발한다. IMF 재정 점검 보고서에서는 인구 5천만 명 이상, 국민소득 3만 달러 이상인 주요 국가들의 GDP 대비 국가 채무 비율이 2015년과 대비해 2025년까지 어떠한 상승 추이를 보일지를 전망한 바 있다. 미국의 경우 국가 채무 비율이 해당 기간 동안 32.3%p 상승할 것으로 전망됐고, 일본은 32.7%p, 영국이 30.1%p, 프랑스가 27.7%p 가까이 상승할 것으로 전망됐다.

이러한 상황에도 불구하고 IMF는 세계 각국이 현재 2021년 예산안에 포함된 수준 이상의 재정 지원이 없다면 경기 회복세가 둔화할 것이라고 경고하고 있는 실정이다. 현재 세계 각국이 추가적인 세원 확보에 촉각을 곤두세우고 있는 이유가 바로 여기에 있다.

100년 만에 바뀌는 과세 기준 ①, 디지털세

최근 10여 년 동안 경제 활동의 페러다임이 디지털 중심으로 크게 변화됐다. 디지털 경제 패러다임으로의 이동에 따라 2021년 기준 글로벌 시가총액 상위 10대 기업은 애플, 마이크로소프트, 아마존, 알파벳(구글 지주회사), 페이스북 등 IT 기술 기업이 차지하고 있다. 2009년 당시 글로벌 시가총액 10대 기업 중 IT 기업은 마이크로소프트와 알파벳뿐이었던 것과 비교할 때 디지털 기업의 영향력이 확대된 점을 알 수 있다.

경제 활동에서 디지털 분야의 비중이 점차 늘어났지만, 이들 기업들을 대상으로 한 과세 비중은 크게 미진했던 것이 사실이다. 그러한 배경을 잘 설명해주는 대표적 일화가 바로 '애플 사건'이다. 애플은 2003년부터 2014년까지 12년 동안 유럽에서 거둔 수익에 대해 사실상 세금을 납부하지 않은 것으로 알려졌다. 물론 이러한 사실이 뒤늦게 알려지면서 EU집행본부가 누락된 세금을 추징해 16조 2천억 원에 달하는 세금을 뒤늦게 납부하게 됐다. 하지만 당시 애플이 10여 년 동안 세금을 내지 않을 수 있었던 것은 아일랜드 덕분이다.

먼저, 글로벌 기업이 EU 내에서 가장 낮은 법인세를 부과하는 아일랜드에 지식재산권 관리 회사와 해외 제품 판매 회사를 설립한다. 그런 다음 이를 통해 유럽에서 벌어들인 수익을 미국이나 조세회피처로 송금하는 것이다. 일명 '더블 아이리시'로 불리는 방식이다.

애플이 실제 활용했던 방식으로 설명하자면, 애플은 본사가 지분 100%를 가진 비상장 회사 '애플 오퍼레이션스 인터내셔널AOI'을 아일랜드에 설립하고 AOI를 통해 특허권, 상표권 등의 지식재산권을 관리하게 한다. 이렇게 하면 AOI는 세계 각국의 애플 판매 법인으로부터 발생한 각종 수익을 AOI에서 수취할 수 있다. 특히 EU의 조사를 통해 AOI는 직원이 한 명도 없는 회사라는 것이 밝혀지면서 세간의 관심을 받은 바 있다.

AOI는 직원이 한 명도 없지만 여러 자회사를 두고 있는데, 그중 하나가 '애플 세일즈 인터내셔널ASI'이다. ASI는 중국 폭스콘에서 생산한 완제품을 사들이고 이를 다시 유럽 각국에 판매하는 역할을 한다. 사실상 미국 밖에서 발생하는 애플의 수익 중 거의 대부분이 ASI를 거쳐 AOI로 넘어가게 된다. AOI는 이렇게 벌어들인 수익을 기술개발비 명목으로 미국에 송금한다. 이때 기술개발비 방식으로 송금한 금액은 비용으로 인식되기 때문에 아일랜드 세법상 거의 과세가 되지 않는다.

아일랜드의 법인세율은 12.5%인데, 이는 OECD 국가 중에서 가장 낮은 수준이다. 최근 10여 년 동안 미국과 독일 등의 국가들이 유지하고 있는 20% 중후반의 법인세율과 비교하면 절반도 안 되는 수준의 세율이다. 아일랜드는 다양한 공제 제도를 함께 운영하고 있어 실제 납부하는 법인세율은 이보다 훨씬 낮은 것으로 알려져 있다. 특히 주목할 부분은 자국 내에서 발생한 이익에 대해서만 과세할 뿐, 해외에서 마케팅, 기술, 디자인 등을 통해 거둬들인 이익에 대해서는 과세하지 않는다. 또한 세금의 대부분을 지배 회사에만 부과한다. 결국 ASI는 이익의 절대적인 부분이 해외에서 거둬들인 이익이고, 피지배 회사이기 때문에 이익의 대부분에 대해 과세되지 않는다.

아일랜드는 인구 460만 명의 협소한 내수 시장과 부족한 기술력을 극복하고 해외 다국적 기업을 유치하기 위한 전략의 일환으로 법인세제를 개편했다. 1991년과 2007년 두 차례에 걸친 법인세 개정으로 지금의 조세 환경을 구축했고, 이를 통해 사실상 1천 개가 넘는 다국적 기업이 유럽 지역의 본부를 아일랜드에 두고 있다.

코로나19 팬데믹이 불거지기 전부터 이미 국제 사회는 이러한 편법적 조세 회피 수단에 주목해왔다. 그리고 이를 수정하기 위한 다각적인 논의를 지속해왔다. 그중 하나가 '국제 조세 부과 기준' 변경에 대한 논란이다. 지금까지 외국 기업에 세금을 부과하려면 해당 회사의 고정 사업장이 설치돼 있어야만 했다. 이러한 고정 사업장 기준 원칙은 대부분의 경제 활동을 오프라인에서 수행했던 100년 전에 수립돼 지금까지 유지된 기준이다.

하지만 최근에는 경제 활동의 상당 부분이 온라인에서 이뤄질 뿐만 아니라 특정 국가에 사업장을 설치하지 않고도 해당 국가로부터 막대한 수익을 거두고 있다. 주로 데이터나 플랫폼과 같은 네트워크 환경 또는 무형자산을 통해 높은 부가가치를 창출하는 회사들이 늘어나기 시작했다. 이로 인해 많은 국가가 자국 시장에 사무소를 개설하지 않은 상태로 엄청난 수익을 거두고 있는 다국적 기업들로부터 이렇다 할 세금을 거둬들이지 못하는 상황이 됐다.

최근 국제 사회는 이러한 문제에 주목하기 시작했다. 디지털 기업 과세 방안에 대한 국제적 논의는 활발히 진행되고 있다. OECD는 2015년 '국가 간 소득 이전을 통한 세원 잠식BEPS, Base Erosion and Profit Shifting'* 제1과제Action 1로 '디지털화에 따른 조세과제Tax Challenges Arising from Digitalisation'를 채택하고 본격적인 논의를 시작했다. 2018년 EU집행위원회가 디지털세(디지털 서비스 매출액에 일정률—EU안 3%—로 소비지국에서 과세) 부과 방안을 제안하고 회원국 간 합의를 추진했다. 그러나 국가 간 이해 충돌로 합의가 되지 않았다. 이후 2019년 6월 G20 회의와 같은 해 7월 G7 재무장관 회의에서 디지털세 과세 원칙에 대해 합의를 이루었으며, 2021년 말까지 구체적인 디지털세에 대한 합의를 도출할 계획이었으나 이 역시 합의를 도출하지 못했다.

이러한 상황에서 최근 EU는 디지털세에 대한 논의를 EU가 아닌 OECD를 중심으로 하는 무대로 옮겨 논의하기로 결정했다. 그간의 디지털세에 대한 논의가 자칫 미국과 EU 간의 조세 확보를 위한 분쟁으로 인식될 수 있다는 한계점을 극복하고, 전 세계적 공감대를 이끌어내고자 논의의 축을 OECD로 이동시킨 것이다. OECD는 유럽 이외의 지역에 소재하고 있는 국가들이 다

---

* 글로벌 기업이 국가 간 세법 차이를 이용해 법인세를 적게 매기는 나라로 소득을 이전하는 조세회피 행위

수 포함돼 있을 뿐만 아니라 이들 국가들 역시 다국적 플랫폼 기업들에 대한 과세 부과 문제에 대해 고심하고 있기 때문이다.

최근 OECD와 G20는 공동으로 BEPS 프로젝트를 추진하면서 경제 활동의 디지털화로 인한 조세 문제 해결 방안을 2021년 말까지 제시하기로 했다. 하지만 가시적 결과물을 발표하기로 한 시한이 점점 다가오고 있음에도 불구하고, 국제 사회로부터 이렇다 할 합의를 도출하지는 못하고 있는 상황이다.

무엇보다 과세 기준에 대한 명확한 제시와 이를 바탕으로 한 국제 사회의 합의가 이루어지지 않고 있다. 현재까지는 다국적 기업에서 특정 이익률을 초과하는 잔여 이익residual profit이 발생했을 때, 사무소 소재 여부와 무관하게 추가 과세한다는 방향으로 논의가 이뤄지고 있다. 문제는 특정 이익률에 대한 기준이다. 잔여 이익 발생 여부를 판단하는 이익률을 산정할 때 무엇을 기준으로 삼을 것인지, 어떤 근거로 설정할 것인지에 대해 충분한 협의가 전개되지 않고 있다.

적용 대상 기업군에 대한 논쟁도 불거질 것으로 보인다. 현재까지는 구글과 같은 검색엔진, 페이스북이나 인스타그램 같은 SNS 등 플랫폼 서비스, 아마존과 같은 클라우드 서비스 기업, 스타벅스와 같은 프랜차이즈 기업 등을 모두 포괄하는 방향으로 논의되고 있다.

무엇보다 가장 큰 문제는 현재 논의되고 있는 적용 대상 기업군에 우리 기업들의 주력 분야들도 포함돼 있다는 점이다. 휴대전화, 가전제품뿐만 아니라 온라인 게임, 자동차 등의 분야에서도 적용 여부를 논의 중이다. 이들 분야는 우리나라 법인세수에서 차지하는 비중 또한 절대적인 영역들이다.

최근 우리 정부는 저성장 기조에 대응하기 위해 적극적인 재정 정책을 운용하고 있다. 게다가 중장기적으로 우리나라는 고령화, 빈부 격차 등의 문제로 복지 부문에서 지출이 줄어들기 쉽지 않은 구조다. 이러한 상황에서 세수 확보에 크게 기여해왔던 우리 기업들이 해외에서 추가로 과세를 당할 경우, 해당 기업들에 적용해왔던 세율과 세제를 고수하기 어려울 수 있다. 국제 사회에서 새 과세 기준을 활용해 세금을 부과하기 시작하면 기업 입장에서는 이익에 대해 이미 해외 국가를 대상으로 납세를 한 상황에서 또다시 국내에서 과세하게 돼 이중 과세의 논란마저 불거질 수 있다. 앞서 설명한 고정 사업장 과세 기준은 100년 동안 지속돼왔다. 이번에 도입될 과세 부과 기준 역시 상당 기간 지속될 것으로 보인다. 이런 의미에서 향후 불거질 '국제 조세 기준 변경'은 '신종 코로나' 못지않게 우리 사회에 커다란 재앙이 될 수 있다.

100년 만에 바뀌는 과세 기준 ②, 3D프린팅 기술 활용한 조세 회피 부각

전통적으로 외국 기업들에게 세금을 부과하는 가장 손쉬운 방식 중 하나는 관세였다. 이 때문에 세계 각국에서는 코로나19 이후 외국 기업과 제품들에 대한 관세 부과 기준을 차별적으로 높여 부족한 세원을 확보함과 동시에 자국 기업과 제품을 육성하려는 전략을 수면 아래서 적극적으로 모색하고 있다. 많은 국가가 부족한 세원 확보를 위해 관세를 주목하는 이유는 그간 관세가 세원 수입에서 적지 않은 기여를 해왔기 때문이다. 여러 다국적 기업들이 생산 비용이 낮은 국가에서 제품을 생산해 가격 경쟁력을 유지하는 과정에서 다양한 중간재 교역이 크게 늘어나기 시작했다. 실제 최근 10년간 주요국의 총 수출 대비 중간재 수출의 비중은 50% 수준을 유지해왔다. 특히 다국적 기업은 이익을 극대화하기 위해 모기업은 핵심 역량에 집중하고 나머지 부문은 해외 위탁off shoring을 함에 따라 원재료 및 중간재의 교역이 증가해왔다.*

하지만 코로나19로 부족해진 세원을 관세로 벌충하려는 전략은 그 실효성이 크게 의심된다. 대표적으로 3D 프린팅 기술이 대두되면서 관세 부과 환경에 급격한 변화가 이뤄지고 있기 때문이다.

3D 프린팅이란 디지털 도면을 바탕으로 분말, 액체, 고체 형태의 소재를 분사·적층해 3차원 물체를 간편하게 제작하는 기술을 말한다. 3D 프린팅 기술이 기계, 자동차, 항공, 의료 등 다양한 분야에서 더욱 널리 활용되면서 연평균 20~30%의 높은 성장률을 보이고 있다. 특히 기존의 생산 방식에 비해 인건비 등을 포함한 장소적 제약 없어 선진국이나 소비지국으로 생산의 기지를 이전할 수 있는 기술이다. 또한 관세 평가, 관세율, 수출입 요건, 지식재산권, 원산지 등 통관 제도의 모든 요소에 지대한 변화를 야기할 것으로 전망돼왔다. 이러한 상황에서 코로나19로 인해 각국에서 관세 부과율을 인상한다면 3D 프린팅 기술을 활용한 절세 전략을 더욱 유도할 것으로 예측된다.

3D 프린팅 기술을 활용하면 가장 먼저 제조 공정이 단순해진다. 특히 디지털 파일 설계자와 소규모 제품 생산자 간의 직접 거래로 인해 중간재 공급자와 운송업자에 대한 의존도가 크게 감소하게 된다.** 디지털 설계 도면만 있으면 3D 프린팅 기술을 이용해 누구나 어디서든 동일한 품질의 물품을 생산할 수 있기 때문이다. 이 과정에서 중간재 물품에 대한 무역 거래가 크게 줄어

---

* 김일광, 〈부가가치기준 무역구조 분석 및 산업별 통상 전략에 관한 연구〉, 《무역보험연구》,제18권 제4호, 한국무역보험학회, 2017. 12., pp. 383~40

** Kommerskollengium(Sweden The National Board of Trade), "Trade Regulation in a 3D Printed World," 2016, p. 17.

3D 프린팅으로 변화될 국경 간 거래

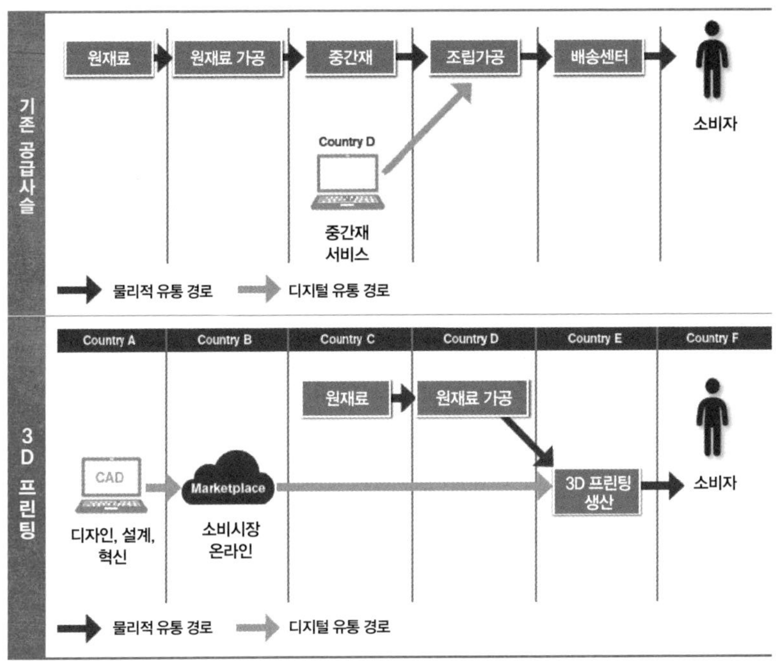

주: 조세재정연구원 재인용

들 수 있다. 심지어 현지 소비 시장 생산자에게 디지털 파일로 설계 도면만 전송하게 되면 제품 자체도 소비시장 현지에서 바로 생산할 수 있다.

3D 프린팅 기술이 있으면 여러 조립 공정과 중간재 제품을 활용해 생산해 왔던 기존의 공정을 줄임으로써 최소한의 과정으로 제품을 생산할 수 있는 환경을 만들 수 있다. 인건비가 저렴한 국가에서 중간재를 생산하거나 조립 공정을 수행할 필요성도 크게 줄어든다. 그런 덕분에 제품의 생산 공장을 저개발 국가가 아닌 소비시장 인근으로 이전해 운송비와 유통 비용을 절감할 수 있다. 또는 여러 가지 중간재를 하나의 장소에서 조립한 다음 각 소비지로

3D 프린팅으로 단축된 공급 사슬

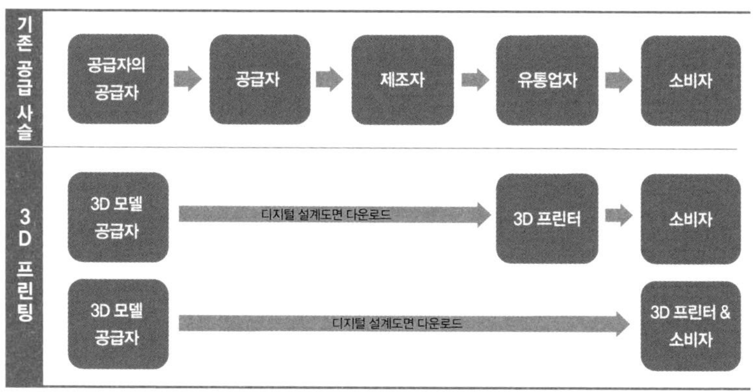

자료: Lukáš Kubáč Oldřich Kodym, 2017, p. 4

수출함으로써 더욱 효율적으로 생산할 수 있게 된다.

이 외에도 3D 프린팅의 기술적 특징으로 인해 교역량이 전반적으로 감소한다. 적층 제도 방식인 3D 프린팅을 활용하면 절삭 형태로 이뤄지는 전통적 제조 방식에 비해 원재료 소요량을 크게 줄일 수 있다. 원재료가 적게 들어가므로 원재료의 무역량 또한 감소하게 된다. 게다가 소비자의 수요에 맞게 쉽게 수정할 수 있기 때문에 반송품이나 불량품을 극단적으로 줄여 원재료의 소요량을 더욱 감소시킨다.

소비자 역시 3D 프린팅 기술을 활용한 제품을 선택하는 것이 이득이다. 3D 프린팅 기술을 활용할 경우, 최종 소비자의 수요에 따른 맞춤형 생산을 할 수 있다. 또 현지에서 생산하고 배송할 수 있어 제품 수령까지의 소요 시간이 짧고, 운송 비용 또한 감소한다.

코로나19가 촉발되기 이전에 수행된 관련 분야 연구에서도 3D 프린팅 기술 활용 증대로 인한 무역량 감소 등은 이미 예견된 상황이었다.* 2060년까지 3D 프린팅 기술이 전체 제조업의 50%까지 대체할 수 있다는 전망과 함께 이로 인해 세계 무역량은 18% 가까이 감소할 것으로 예측됐다. 이러한 전망치는 현재 성장하고 있는 3D 프린팅 기술의 성장률이 지속된다는 가정 아래 예측된 것이다.

맥킨지에서 수행한 또 다른 연구보고서에 따르면[••] 향후 10년 동안 3D 프린팅을 활용한 제조 공정의 비중이 항공 분야(20%), 장난감(70%) 등 다양한 분야에 걸쳐 진행될 것이라고 한다. 또한 보석, 신발, 장난감 등의 품목에서 수입 감소 효과를 가장 크게 유발할 것으로 내다봤다.

3D 프린팅 기술이 촉발한 시장의 변화는 관세 부과 체계를 전면적으로 수정하는 흐름을 이끌 것이다. 전통적으로 관세는 크게 원재료, 중간재, 최종 제품 단위에 따라 부과했다. 하지만 3D 프린팅 기술의 등장으로 디지털 설계도면에 따라 원재료가 바로 최종 제품화되는 영역이 늘어나면서 관세 부과의 기준과 요율을 다시 산출해야 할 상황이다.

이미 WTO에서는 3D 프린팅 기술을 활용한 디지털 무역의 등장에 발맞춰 국제 사회의 논의를 다년간 진행해왔다. 이제 전자적으로 전송되는 디지털 상품에 대한 관세 부과 방식은 특정 국가의 세원 확보 문제와 직결된다. 더 나아가 해당 국가의 산업 경쟁력 또는 산업 보호 전략과도 직접적으로 관련된 문제여서 선진국과 개발도상국 간의 대립이 이미 야기되고 있는 실정이다.

•
Raoul Leering, 2017, pp. 11~12; p. 19.

••
McKinsey Global Institute, GLOBALIZATION IN TRANSITION: THE FUTURE OF TRADE AND VALUE CHAINS, 2019. 1., p. 87.

WTO는 1998년 '전자 상거래에 관한 WTO 각료 선언'을 통해 전자적 전송물electronic transmissions에 대한 무관세 원칙을 한시적으로 도입해온 상태다. 당시 각료 선언은 이전까지 관행상으로 유지돼왔던 전자적 전송물에 대한 무관세 원칙을 성문화한 것이다. 이후 2년간 자동 연장되는 방식으로 유지돼왔다. 하지만 해당 논의가 전개될 시점은 3D 프린팅 기술이 대두되기 훨씬 이전이다. 즉, 전자적 전송물을 직접적인 제조 산업과 연관지어 생각하기 어려운 상황 속에서 도출된 합의에 불과하다.

2021년, WTO 각료 회의가 또다시 개최되는데, 코로나19 팬데믹 속에서 그간 유지돼왔던 전자적 전송물에 대한 무관세 원칙에 어떠한 변화가 일어날지 주목된다. 특히 UN무역개발회의UNCTAD, United Nations Conference on Trade and Development에서 발간한 보고서에서는 전자적 전송물의 무관세 조치가 개발도상국의 세수 감소를 초래한다는 내용이 이미 발표된 상태에서 각국의 첨예한 갈등이 더욱 커질 것으로 전망하고 있다.

현재 세계관세기구WCO에서는 관세의 미래에 대한 주제로 다양한 컨퍼런스를 개최하고 있다. 특히, 3D 프린팅 기술로 인한 관세 환경 변화에 대해 지속적인 화두를 제기하고 있는 상태다. 하지만 지금까지 선진국과 후진국 간의 입장 차이, 중간재 생산국과 최종 소비시장 보유국 간의 입장 차이 등으로 인해 명확한 방향성조차 수립하지 못한 상태다. 지금까지 이뤄낸 작업이라고는 국제 사회가 향후 논의해야 할 대상이 무엇인지를 제시한 수준이다.

우리나라는 무역의존도가 높다. 특히 가공·조립용 중간재 수출 비중이 높아 무역 환경 변화에 민감한 경제 구조를 갖고 있다. 또한 우리나라의 대표 수출 품목에 해당하는 전기·전자 장비와 자동차 부문 등은 현재 수준의 3D 프린팅 기술만으로도 즉각적으로 교역의 흐름을 바꿀 수 있는 대상 품목들이

WCO 상임기술위원회 주요 의제

- 3D프린팅이 가져올 변화를 세관이 통제할 수 있나?
- 해외에서 설계된 제품을 3D 프린터 소유자가 인쇄하는 경우, 이는 유형의 거래인가 무형의 거래인가?
- 세관은 물품을 직접 수입하지 않고 해외에서 설계된 제품을 인쇄하는 3D 프린터 소유자를 관리하는 적절한 정부 기관인가?
- 세관이 3D 프린터 소유자를 관리하는 적절한 기관인 경우, 기존의 관세 협약이 적용되는 것인가? 또는 수정이나 새로운 협약의 제정이 필요한 것인가?
- 3D 프린팅 제품을 위한 지식재산권 보호는 어떻게 이루어지나?
- 3D 프린팅의 보안은 어떻게 보장하나?

다. 향후 각 국가 간에 전개하게 될 관세에 대한 이견, 3D 프린팅을 활용한 관세 절감과 새로운 형태의 과세 기준 마련을 위한 움직임에 더욱 관심을 기울여야 할 것이다.

조세 정책
트렌드

박정호 바이든과 트럼프의 정책 중 확연한 차이를 보이는 분야는 조세 정책입니다. 통화 정책의 경우 저금리 정책을 유지해야 한다는 기조는 같은데, 조세 정책은 완전히 다르거든요. 대선 토론 때 바이든은 최상위 소득세율과 법인세율을 올리고, 트럼프는 낮춰야 한다고 계속 논쟁을 했어요.

일단 옳고 그름을 떠나서 이야기해봅시다. 바이든이 주장하는 내용의 배경에는 글로벌 금융 위기 때 부통령을 지냈던 경험이 큰 비중을 차지합니다. 글로벌 금융 위기를 극복하는 과정 속에서 필수불가결하게 저금리 기조를 유지할 수밖에 없었고, 미국 사회는 글로벌 금융 위기라는 파도를 넘은 이후 반세기 이상 떠안아야 할 숙제를 얻었죠. 바로 양극화입니다. 금리를 낮춰 소비·투자·고용을 증진시켜야 한다는 기조에는 동의할 수 있어요. 하지만 그로 인해 펼쳐지는 풍경은 분명 부자에게 유리합니다. 부자들은 담보력과 대응력이 갖춰져 있기 때문에 글로벌 금융 위기 때 매물이 나오면 싸게 매입할 수 있죠. 겨울은 언젠간 지나가거든요.

한편 저금리는 돈의 가치를 낮췄다는 의미입니다. 가난한 사람은 급여 생활 의존도가 높으니 실제 가처분 소득은 떨어질 수밖에 없어요. 그러니까 바이든은 어떤 파도를 극복하기 위해 빈부 격차를 더 심하게 만드는 건 옳지 않다고 판단한 겁니다. 소득세율과 전 법인세율에 대해 과세를 인상하는 게 아니라 슈퍼 리치 기업들에 대한 과세 금액만 높이겠다는 것이 트럼프와의 가장 큰 차이죠.

하지만 트럼프는 바이든이 부자가 아니기 때문에 부자의 생태를 모른다고 이야기합니다. 해외에서는 부자인지 아닌지를 판단하는 독특한 기준이 있더라고요. 제가 미국 상공회의소에서 슈퍼 리치의 자녀들을 본 적이 있는데요. 서로 "너는 국적이 몇 개니?"라는 질문을 하더라고요. 한 건설회사 주니어는 국적이 세 개더라고요. 트럼프가 대선 유세장에서도 얘기했듯이 부자들은 국적이 한 개가 아니에요. 다시 말해, 세율을 올리면 부자들은 미국을 떠난다는 거예요. 누가 맞고 틀리냐의 문제가 아니라 가치 판단이 다른 거예요. 바이든의 말이 옳은지 그른지는 지켜봐야죠.

김상윤 최근에 영국은 코로나19 수혜 기업에 초과 이익세 부과를 검토하겠다고 했습니다. 해당 기업은 구글, 아마존, 애플 등 대부분 미국 기업이에요. 러시아도 여기에 동조했습니다. 경제가 어려워지니 뛰어드는 거죠. 거슬러 올라가 보면, 2019년 EU에서 디지털세를 부과하겠다고 했다가 트럼프와 분쟁을 일으켰죠. 트럼프는 디지털세에 맞서 와인세를 부과하겠다고 했는데, 결국엔 무마됐어요. 북유럽 국가들이 디지털세 부과는 시기상조라고 반대했고, 결국 만장일치가 안 돼서 부결됐습니다.

하지만 영국과 러시아가 디지털세 논쟁에 다시 뛰어드는 상황입니다. 전체적으로 침체되고, 자국 보호가 부각되는 상황에서 단순히 미국과 중국 중 한 편을 드는 게 아니고 어떤 부분에선 미국과 함께할 수 있고 어떤 부분은 중국과 함께할 수 있어야 합니다. 산업 기술과 관련해서 어느 쪽에 있어야 이득일지 머리를 잘 쓰는 게 중요하겠죠. 트럼프 집권 때는 '미국에 붙을래, 중국에 붙을래?'처럼 양자택일을 강요하는 분위기였다면, 앞으로 디지털 산업 분야에서는 머리를 잘 써야 하는 상황이 펼쳐질 수 있습니다.

이재호 우리 국민들의 평균적인 시각으로 봤을 때 트럼프 정부에서 상식적으로 말이 안 되는 요구를 하는 경우가 있었잖아요. 제아무리 미국이 우리의 가장 중요한 우방국이라지만 지나치게 과하다고 생각할 만한 상황이 종종 있었죠. 바이든은 그렇게 무모한 요청을 하기보다 교묘하게 잘 짜인 각본에 의해서 그럴듯한 요청을 해올 가능성이 큽니다. 많은 전문가들이 트럼프 정부 때보다 외교통상의 난이도가 높아질 것으로 예측하고 있습니다.

디지털세, 새로운 조세 표준

김상윤 디지털세의 경우 2018년부터 관련 논의가 촉진되고 있습니다. EU에서 구글, 애플 등 미국 기업에 디지털세를 부과해야 한다고 했지만 북유럽 국가의 반대로 통과되지 못했는데요. 아직 디지털세를 부과하는 국가는 없습니다. 하지만, 코로나19로 재정적 어려움이 큰 상황에서 세원 확보 방안으로 부상하게 됐습니다. 마침 트럼프 정부가 끝나기도 했고요. 특히 EU를 탈퇴한 영국이 2021년 2월 초 '초과 이윤세'라는 이슈를 던졌어요. 러시아도 이에 동조했고요. 2021년 재정 문제를 극복하고자 하는 여러 나라들이 비슷한 대응을 한다면, 코로나19라는 변수를 차치하더라도, 디지털세 부과가 빠르게 진척될 수도 있습니다.

그렇다면 한국 기업은 어떨까요? 저는 아직 한국엔 디지털세를 부과해야 할 만큼 전 세계적인 영향력을 가진 기업은 없다고 봅니다. 한국은 제조 기업이 대표 기업입니다. 데이터 기반의 플랫폼 기업이라고 해도 우리나라와 주변 국가 내에서는 영향력이 있지만, 아직까지 세계적으로 활약하는 거대한 기업은 없다고 봐요. 조세 환경의 변화는 디지털 기업들로부터 시작될 순 있겠지만 다른 기업으로 확장될 가능성이 크다고 봅니다. 다만, 단기간에 큰 변화가 오리라 보진 않습니다.

박정호 바이든이 당선 후 인터뷰에서 디지털세 부과에 긍정적인 입장을 내비쳤습니다. 우리나라도 기획재정부에서 글로벌 디지털세 도입에 대응하기 위한 전담 조직을 신설했어요. 2021년 1월 28일에 디지털세 같은 새로운 국제 조세 기준 수립을 담당하는 '신국제조세규범과'를 신설했죠. 세계적인 흐름에 맞춰 조세 규범을 바꾸는 데 있어 우리도 체계적인 대응책을 만들어야겠다고 판단한 겁니다. 이 조직은 2024년까지 한시적으로 운영될 예정이에요.

김광석 디지털세 도입은 새로운 표준이 될 거라고 생각해요. 적어도 우리나라에서는 국가 채무를 변제하기 위한 목적이라거나 보호 무역 조치의 일환

BEPS 15개 세부 과제

Action	과제명	주요 내용
1	디지털 경제	디지털 거래에 대한 과세 방안 마련
2	혼성 불일치 해소	국가 간 세법 차이에 따라 이중 비과세되는 현상 방지
3	특정 외국법인 유보소득 과세 제도 강화	해외 자회사 소득 장기 유보 방지
4	이자 비용 공제 제한	과도한 차입을 통한 과세 회피 방지
5	유해 조세 방지	국가 간 이동성이 높은 IP 등에 대한 경쟁적 조세 감면 제한
6	조약 남용 방지	조세 조약 혜택 부당 취득 방지
7	고정 사업장 회피 방지	고정 사업장 회피(단기 계약 체결 등) 방지
8~10	이전 가격 세제 강화	거래 가격 조정을 통한 소득 이전 방지
11~12	통계 분석 및 강제적 보고 제도	기업의 조세 회피 전략에 대한 정보 확보
13	국가별 보고서	다국적 기업에게 이전 가격 관련 자료 제출 의무 부여
14	효과적 분쟁 해결	조약 당사국 간 상호 합의를 통한 분쟁 해결
15	다자 간 협약	다자 조약을 통해 양자 조세 조약을 신속하게 일괄 개정

자료: OECD

이라는 식으로 접근할 문제는 아닙니다. 세계적으로 디지털 요소가 중요해지는 만큼 기획재정부를 비롯한 관련 부서가 당연히 대응책과 활로를 모색해야겠죠. 이런 구조적 변화의 방향은 바뀐 적이 없어요. 코로나19의 충격으로 속도만 조절된 거예요. 디지털 전환 등에 대해선 EU에서 2012년부터 논의해왔고, 2015년 G20 정상회의에서 BEPS 규제안이 최종 승인됐습니다.

김광석 2019년 발간한 《한 권으로 먼저 보는 2020년 경제 전망》에서 디지털세가 굉장히 중요한 화두가 될 거라고 얘기를 했었는데요. 물리적 존재가 중요했던 환경에선 많은 기업이 소위 현지화 전략을 채택했어요. 예를 들어 월마트가 한국에서 성공하려면 소비자를 만족시켜야 하고, 쇼핑 환경이나 제품을 비롯해 현지에 걸맞은 뭔가를 갖춰야 하잖아요. 하지만 디지털 경제하에서는 기존의 고정 사업장PE, permanent establishment이 아니라 중요한 디지털 요소SDP, Significant Digital Presence가 핵심이 된 거죠.

SDP는 EU가 처음으로 도입한 개념입니다. 2015년 G20 정상회의가 끝나자마자 OECD는 BEPS를 발표했어요. 디지털 경제라는 중대한 변화에 발맞춰 과세 표준도 바뀌어야 한다는 것이죠. 결과적으로 2019년에 프랑스가 디지털 서비스세DST를 부과하는 법안을 최종적으로 통과시켰습니다. 디지털 서비스 사업뿐만 아니라 대부분의 소비자 대상 사업에까지 디지털세 적용 대상을 완전히 확대한 것입니다. 이러한 논의 대상이 통신사 등 소비자 대상 사업을 포괄하다 보니 우리나라에서도 주요한 현안이 되기 시작했어요. 우리나라도 DST를 도입하는 과정에서 조세를 얼마만큼 충당하느냐가 현안이 된 것이고요.

다만 미국과의 충돌을 비롯한 대국들과의 충돌이 우려됩니다. 입법 절차 과정에서도 디지털세 시행에 대비한 국내 조세 체제에 점검이 필요합니다. 또한 디지털세 시행은 앞당겨지고 피할 수 없는 흐름이 될 수 있어요. 국내 조세 체계를 어떻게 전환해야 하는지 사전에 점검하고, 조세 조약을 체결하거나 세법을 개정하는 등의 작업이 필요하지 않을까요? 앞으로 더 적극적인 논의가 이루어졌으면 좋겠습니다.

조세 환경 변화, 한국의 재정 건전성에 어떤 영향 주나

박정호 조세 환경의 변화는 우리나라의 재정 건전성에 긍정적일까요, 부정적일까요? 우리 기업이 밖에서 과세를 부담하듯, 우리나라에서 활동하는 구글이나 마이크로소프트에도 과세를 부과할 수 있는 것이죠. 이런 것들에 대한 총량적 접근뿐만 아니라 식량識量적 접근도 궁금합니다.

김광석 우리나라는 이전부터 세입보다 세출이 더 많았어요. 코로나19 이전인 2019년 12월에 통과한 2020년 재정 지출 계획상에도 세입보다 세출이 더 많았죠. 그렇게 우리나라의 경제 정책이 경기 부양 쪽으로 집중되고 있는 흐름 속에서 코로나19라는 충격이 등장했고, 2020년 한 해에만 네 번의 추경을 했죠. 4차 추경은 이 책을 함께 준비하고 있는 저자 중 누구도 경험한 적이 없어요. 1961년 이후로 처음 시행된 것입니다. 코로나19 충격 때문에 어마어마한 세출이 집행되는 과정에 있고, 2021년에도 한 차례 추가적인 추경(14.9조 원)이 확정됐어요.

이재호 적어도 현재는 경제적으로 큰 위기 상태이기 때문에, 추경을 통해서든 다른 방식을 통해서든 많은 재정 지출을 통해 정부와 공공 영역에서 돈을 푸는 게 맞는다고 봅니다. 우리나라만 그런 게 아니고 전 세계 정부가 현재 적극적인 적자 재정을 계획하고 실행하고 있죠. 내키지는 않으나 어쩔 수 없는 상황이라고 봅니다.

하지만 나중에 다시 재정 건전성을 확보하기 위해서는 새로운 세수를 찾는 것이 큰 문제일 겁니다. 정부가 하는 일 중에서 동서고금을 막론하고 세금을

추경 편성 추이

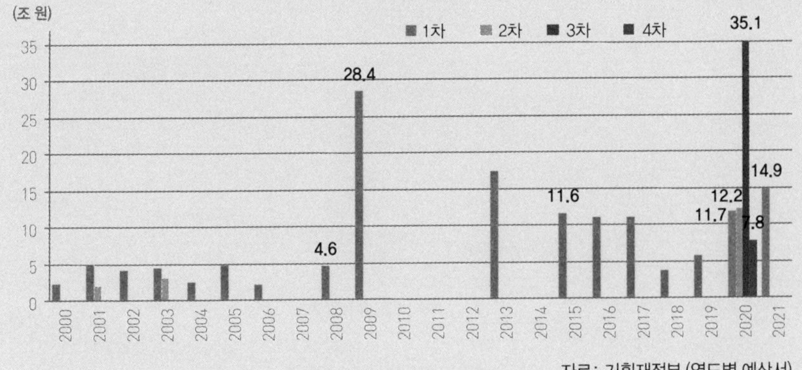

자료: 기획재정부 (연도별 예산서)

주: 추경 규모는 세출 증가 및 세입 감소 등에 따른 재원 조달 규모를 의미

더 걷는 것이 제일 어려운 일입니다. 디지털세라는 새로운 아이템은 각국 정부가 탐낼 만한 매력적인 테마가 될 것이 분명해 보여요.

김광석 우리나라는 CBDC나 디지털세를 둘러싼 문제에 대한 계획이 상대적으로 빈약한 것 같아요. 저는 비용 편익 분석을 해보고 싶은데요. 최근 재난지원금이나 기본 소득 콘셉트로 돈을 주는 게 논란이 됐잖아요. 예를 들어 돈을 주기 위해 예산을 쓰면, 돈이 풀린 만큼 돈의 가치는 떨어지거든요. 그러면 돈을 받은 사람들의 형편이 나아지는 게 아니라 돈의 가치가 떨어지는 과정에서 오히려 고자산가들의 자산 가치가 올라가고 양극화가 심화될 우려가 있어요.

이재호 부작용이 당연히 있을 수 있죠. 하지만 지금은 급한 불을 끄는 게 중요하지 않을까 싶습니다.

김광석 저도 그건 동의해요. 확장적 재정 정책이 필요한 상황이죠. 그건 전제입니다. 다만, 선심성, 다 퍼주기 방식으로 재정 정책을 이행하면 양극화가 더 심화될 우려가 있어요. 지금은 어떤 산업, 어떤 계층에게 코로나19의 충격이 집중됐는지 정확히 판단하고, 재기의 기회를 주는 것이 중요한 시기입니다. 그리고 자영업자라고 다 죽음의 계곡에 있는 것도 아니거든요. 지원 정책의 타깃을 정확히 파악해야 해요. 코로나19의 충격이 집중된 산업과 계층을 중심으로, 그들이 충격에서 벗어나고, 회복하고, 재기하는 경로를 제대로 모색했으면 좋겠습니다.

11 인구 감소의 실체, 앞으로 벌어질 일들

박정호

2020년은 우리나라 역사상 최초로 인구가 줄어든 시기였다. 최근 10여 년 동안 인구는 매년 조금씩 늘어나긴 했지만, 2016년 이후 증가폭이 큰 폭으로 줄어들기 시작했고, 급기야 최초로 인구가 감소한 것이다. 행정안전부에서 발표한 자료를 구체적으로 살펴보면, 2020년 12월 31일 기준, 우리나라 주민등록 인구는 5,182만 9,023명으로, 2019년의 5,184만 9,861명과 비교해 2만 838명이 감소했다. 특히 지난해 전개된 인구 감소는 특정 군소 지자체에 국한된 현상이 아니었다. 서울을 포함한 부산, 대구, 광주, 대전 등 국내를 대표하는 광역시에서도 일어나고 있어 향후 본격적인 인구 감소 현상이 시작됨을 확인시켜주고 있다.

그동안 우리나라도 인구 감소 문제를 해결하기 위해 막대한 재정을 쏟아부었다. 저출산 관련 예산이 2006년 2조 원 수준에서 2018년 26조 3천억 원으로 늘어나 10여 년 만에 무려 10배 이상의 상승 흐름을 보였다. 그럼에도 불구하고 저출산으로 인한 인구 감소 문제는 조금의 해결 기미도 보이지 않는 상황이다. 이제는 그야말로 지금까지 지속해왔던 저출산 문제의 해결 방안과는 전혀 다른 새로운 대안을 찾아야 하는 시점이 온 듯하다.

현재까지 수행돼온 저출산 해결 전략들이 객관적인 근거 없이 추진된 것은 결코 아니다. 오히려 근거 자료들은 넘쳐나는 상황이다. 여러 연구 기관과 부처에서 다년간에 걸쳐 다양한 설문 문항을 바탕으로 어떠한 혜택을 부여했을 때 자녀를 낳을 의사가 있는지, 자녀를 낳지 않는 이유는 무엇인지 등을 확인하는 조사를 수행해왔다. 그리고 이러한 조사를 통해 우리가 듣게 되는 답변들은 주거, 직업, 소득, 육아 비용, 양성 평등과 같은 익히 잘 알려진 내용들을 반복해서 확인하게 된다.

하지만 이러한 설문 조사 결과들을 해석할 때 주의를 기울여야 한다. 개인들을 대상으로 한 설문 조사에서는 사회적 선망 편향성social desirability bias이 발생할 수 있기 때문이다. 사회적 선망 편향성이란 설문 조사 응답자가 다른 사람에게 좋은 인상을 남기기 위해 실제 자신의 의견과는 다른 답을 하는 경향을 말한다. 예를 들어 본인은 정작 특정 문제에 전혀 관심이 없거나, 심지어 반대되는 생각을 갖고 있음에도 불구하고, 설문 조사에 응답할 때는 보편적으로 받아들여지는 정서에 근거해 답변할 때가 많다.

예를 들어 '창업 활동을 지원해야 하는가?'라는 설문 조사에서 과연 '아니요'라고 대답하는 사람이 몇이나 될까? 하지만 정작 설문 조사에 응답한 사람들에게 직접 창업을 할 거냐고 묻는다면 설문 조사 내용과는 정반대로 본인은 정작 창업에 관심도 없고, 창업에 대해 부정적으로 인식하는 경우가 많다.

인구 감소 문제를 해결하기 위한 저출산 관련 설문 조사에서도 이와 유사한 현상이 전개될 가능성은 높다. 우리 사회는 특정 나이가 되면 반드시 취업을 해야 하고, 결혼을 해야 하며, 몇 년 안에 아이를 가져야 한다는 정형화된 인식이 공고한 사회다. 사회적 인식이 이렇다 보니, 자신만 다른 경로의 인생을 설계하고 있다는 것을 외부에 표명하는 행위가 곧 자신에게 문제가 있다는 사실을 남들에게 알리는 행위가 될 수 있다. 이럴 때 가장 흔히 취하는 답변 행태가 방어적 태도다. 쉽게 말해 자신도 다른 사람과 동일한 가치관을 추구하지만, 외부 환경이 자신의 가치관을 추구하기에 적합하지 않으므로 일시적으로 소극적인 자세를 취하는 태도다.

이번 장에서는 이러한 문제의식 속에서 지금까지 논의된 인구 구조 개선을 위한 정책적 노력이 어떠한 형태로 전개됐는지를 돌아보고자 한다. 이에 앞서 현재 전개되고 있는 인구 구조의 세부적인 실태를 먼저 조망하고자 한다.

지난 인류의 역사는 인구 증가와 함께했다

인류 역사는 오랫동안 인구 증가와 함께 전개돼왔다. 세계 인구는 1800년 10억 명, 1959년 30억 명을 돌파했으며, 1987년 50억 명, 2011년에는 무려 70억 명으로 증가했다. UN에서 조사한 바에 따르면 2023년에는 80억 명, 2100년에는 110억 명에 달할 것으로 추정된다. 하지만 인류의 역사를 조금 더 길게 살펴보면, 최근 전개되고 있는 급속한 인구 증가는 비교적 최근에 일어난 일이다. 또 연평균 인구 증가율은 기원전 1만 년에서 서기 1700년까지 약 0.04%, 1920년부터 1950년까지 약 1%, 1960년대 후반부터 1998년까지 2.04%로 증가했다.

기원전 1만 년 전에는 400만 명이 지구에 살고 있었으며 서기 1000년까지 1억 9천만 명으로 늘었다. 이처럼 서서히 증가하던 인구가 급속히 늘어날 수 있었던 가장 큰 계기로는 농업의 시작을 꼽을 수 있다. 현재의 터키, 요르단, 이란 등의 지역에서 농경 활동이 시작돼 유럽, 아시아, 동아프리카 지역으로 전파된다. 농경 활동으로 인해 식량이 증산되면서 인구가 빠르게 증가한 것이다.

두 번째 인구 증가 요인으로 도시의 등장을 꼽을 수 있다. 도시 국가가 탄생하면서 인류는 생존을 위해 극복해야 할 여러 요소들에 대해 공동으로 대응하면서 효율성을 높일 수 있었다. 도시 국가는 통치 체계를 갖추고, 거주민을 통제함과 동시에 안전을 보장했다. 홍수와 가뭄에 공동으로 대처하기도 했다. 이러한 도시 국가의 탄생 덕분에 기원전 2500년경에는 인구가 1억 명으로 증가했다. 물론 도시 단위에서 대규모 인구가 함께 거주하게 되면서 인구가 줄어들게 되는 계기도 많았다. 제한된 공간에 많은 사람이 모여 살게 되자 전염병에 취약해진 것이다. 이로 인해 1300년대에 발생한 전염병, 즉 페스트의 세계적 유행으로 세계 인구는 33~55% 감소하기도 했다.

다음으로 추가적인 인구 증가를 가져온 현상은 과학 기술의 발달이다. 1700년부터 1800년까지의 산업 혁명을 계기로 인구는 폭발적으로 증가했다. 전 세계 인구는 1927년에 20억 명에 도달하고, 공중 위생의 향상과 항생제 발견으로 평균 수명이 늘어나 1959년에는 30억 명, 1999년에는 60억 명까지 증가했다. 특히 질소 비료의 출현은 식량 생산량을 두 배 가까이 높이는 계기가 된다.

또한 과학의 발달에 따라 의학이 발달했고, 18세기 천연두 백신의 발명을 비롯해 결핵, 콜레라, 소아마비, 홍역, 간염, 폐렴, 독감 등의 백신이 개발돼

세계와 한국의 인구 추이

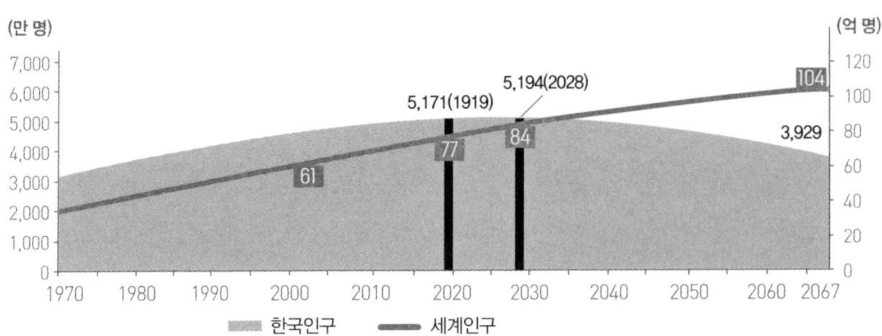

출처: UN, 통계청 각 연도

70%의 사람들이 생을 이어갈 수 있게 됐다. 이로 인해 인류는 이전과는 비교도 안 될 만큼 급격한 인구 증가 추세를 보이게 됐고, 그 결과 1960년대까지 30억 명까지 치솟게 된다.

이상에서 열거한 바와 같이 식량의 증가, 과학 기술의 발달, 도시의 발달로 인한 위생, 치안 문제 해결 등에 힘입어 인구는 가파르게 증가해왔다. 그런데 이처럼 지속적으로 증가해오던 인구 증가율이 최근 크게 둔화되기 시작한 것이다. 물론 2020년 인구 증가율은 약 1.05% 수준으로 유지되고 있고, 모든 지역에서 증가율 감소가 일어나고 있는 것은 아니다. 가령 사하라 사막 이남 아프리카의 인구 증가율은 약 2.7%로 세계 평균을 크게 웃돌고 있다.

인구 감소는 국내에만 국한된 현상은 아니다

전 세계 인구는 2019년 현재 77억 1천만 명으로, 2000년 대비 1.3배 증가했고, 향후 2067년에는 103억 8천만 명에 이를 전망이다. 하지만 인구 성장

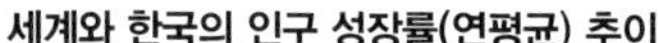

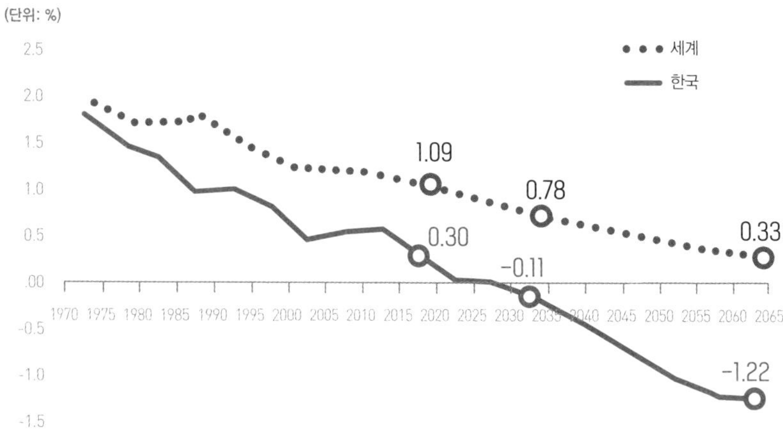

률 추세는 지속적으로 감소 추세다.

2015~2020년 동안 세계와 한국의 인구 성장률은 각각 1.1%, 0.3%로 한국은 세계의 4분의 1 수준이다. 2030~2035년에는 세계 0.8%, 한국 -0.1%, 2060~2065년에는 세계 0.3%, 한국 -1.2% 수준이 될 전망이다.

전 세계적으로 인구 감소의 추세는 합계 출산율TFR, Total Fertility Rate을 통해 쉽게 확인 가능하다. 합계 출산율이란 한 여성이 가임 기간(15~49세) 내 낳을 것으로 기대되는 평균 출생아 수를 말한다. 두 사람이 만나 가정을 이룬다는 점에서 세계 인구가 현재 상태로 유지되려면 합계 출산율이 2명을 유지해야 한다. 하지만 학자들 사이에서는 이보다 높은 2.1명 수준을 유지해야 한다는 것이 중론이다. 출산 후 아이가 일정 나이 이상으로 성장하기 전에 사망하는 경우도 있기 때문에 2명보다 조금 높은 수치를 기록해야 현재 인구를 유지할 수 있다는 의미다.

전 세계적으로 합계 출산율은 1950년 이후 지속적으로 줄어드는 추세다.

1950년 전 세계 합계 출산율은 평균 4.7명인데 반해, 2017년에는 2.4명에 불과하다. 2017년 기준으로 살펴보면 91개 국가가 합계 출산율을 유지하지 못하고 있다. 우리나라의 합계 출산율은 1명 이하(0.92명)로, OECD 회원국(평균 1.63명) 가운데 최하위를 기록하고 있다.

2019~2067년 사이에 인구가 증가하다 감소세로 전환될 것으로 전망되는 국가 또는 지역은 79곳이다. 라틴아메리카 49개국 중 27개국(55.1%), 아시아 49개국 중 23개국(46.9%)은 인구가 증가하다 감소할 것으로 전망되고 있다. 대표적으로 독일(2021년), 중국(2031년), 브라질(2045년), 베트남(2054년), 터키(2058년), 인도(2059년), 멕시코(2062년) 등이 해당된다.* 한국, 북한, 그리고 남북한 통합 인구도 각각 2028년, 2038년, 2032년을 정점으로 점차 감소할 전망이다.

2019~2067년 기간 중 인구가 계속 감소할 것으로 전망되는 국가 또는 지역은 32곳이다. 유럽 47개국 중 22개국(46.8%)은 인구가 계속 감소할 전망이다. 대표적으로 세르비아(-31.0%), 우크라이나(-30.7%), 일본(-26.9%), 루마니아(-25.5%), 그리스(-24.2%), 쿠바(-22.1%) 등이 해당된다.

사실 최근 급격히 전개되는 인구 감소 현상은 인류가 지구상에 등장한 이래 처음 직면하는 현상이라 해도 과언이 아니다.

---

* 괄호 안 수치는 인구가 정점을 이루는 연도

인구 구조 변화, 단순히 인구수 감소만을 의미하는 것 아냐

특히 우리나라 인구 구조의 변화는 단순히 절대적인 인구수의 감소만을 의미하지 않는다. 성별 구성비도 큰 변화를 보이고 있기 때문이다.

지난 2년간 남성의 숫자는 지속적으로 감소하기 시작했지만, 여성은 이전과 마찬가지로 여전히 증가 추세에 있다. 사실 이러한 남녀 구성비의 변화 현상은 장기간 지속돼온 현상이다. 국내 남녀 인구 현황에 대한 통계청 자료를 살펴보면, 1970년대부터 2000년대 이전까지 우리 사회는 남성 인구가 여성 인구보다 높은 상태를 유지해왔다. 하지만 2015년에 처음으로 여성 인구수가 남성 인구수를 추월한 이래, 2020년에 여성과 남성 간의 인구 격차는 최대(146,965명)로 벌어졌다. 향후 40년 이상 여성 인구가 남성 인구에 비해 지속적으로 높아지는 현상이 지속될 것으로 전망되고 있다.

인구 구조 변화에서 뚜렷하게 확인되는 또 다른 변화 중 하나가 세대수 변화다. 인구는 줄었지만, 세대수는 늘어나고 있다. 2020년에는 2019년 대비 61만 1,642세대가 증가하면서 2,309만 3,108세대를 기록했다. 평균 세대원수는 사상 최저치인 2.24명으로 감소했고, 1인 세대는 전체 세대를 통틀어 처음으로 900만 세대(39.2%)를 돌파했다. 반면, 4인 세대 이상은 꾸준히 감소세를 보이고 있다.

이러한 세대수 증가는 1인 가구 증가로 인한 현상이다. 1980년에는 1인 가구 비율이 전체 가구의 4.5% 수준에 불과했다. 하지만 이후 1인 가구는 빠르게 증가해 2019년에는 30%를 차지한다. 1인 가구는 계속 증가해 2035년이면 40%에 도달할 것으로 전망된다. 2인 가구도 꾸준히 증가해 2035년에는 35%에 도달할 것으로 예상된다. 1 · 2인 가구가 전체 가구의 75%를 차지하게

2011~2020년 전년 대비 남녀 간 인구 격차

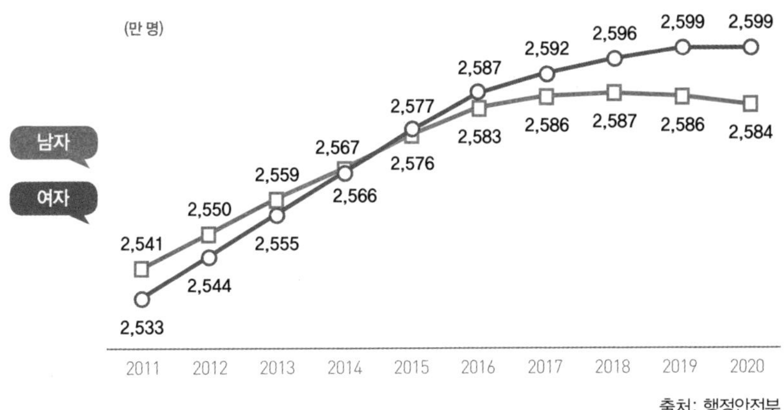

출처: 행정안전부

되는 것이다.

인구 감소는 언제부터 시작됐나

최근 전개되고 있는 이러한 인구 감소 현상의 원인을 규명하고 대안을 찾기 위한 가장 효과적인 방법론 중 하나는 인구 감소가 언제 어디서부터 시작됐는지를 살펴보는 일이다.

출산율 하락이 가장 먼저 확인된 지역은 유럽이다. 유럽은 1800년대부터 출산율이 하락하기 시작해 제2차 세계 대전 이후에는 2.8명으로 타 지역의 절반 정도밖에 되지 않는다. 유럽의 출산율이 가장 먼저 하락한 이유는 산업구조의 변화와 소득 증가 때문이다. 과거 농경 사회에서는 대가족이 생산성을 높이는 주요한 수단이었다. 하지만 산업 혁명 이후 많은 수의 자녀는 노동력

2016~2020년 세대원수별 비중 변화

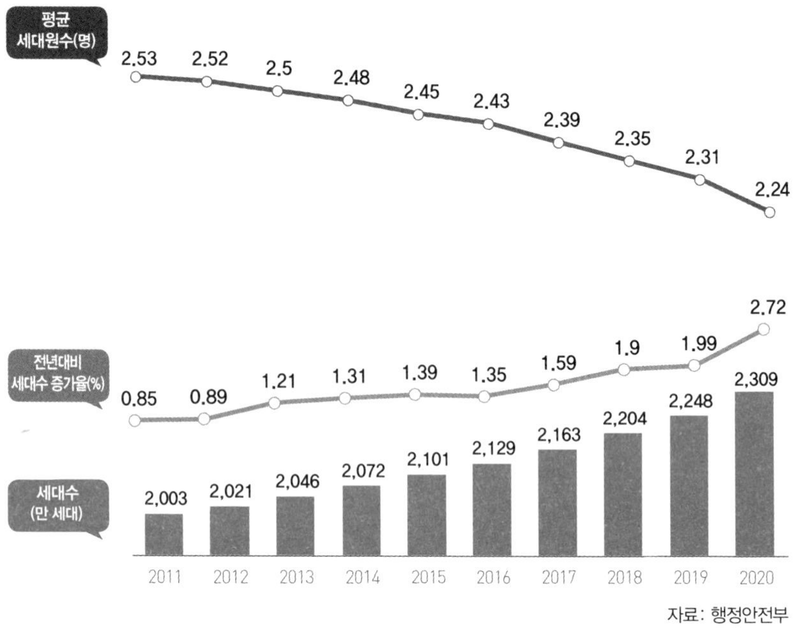

자료: 행정안전부

을 제공하는 대안이 아니라 단순히 높은 부양비를 발생시키는 부담으로 작용했다. 심지어 어린이 인권 등 권한 보호 관련 법률 체계가 강화되면서 유소년들이 생산 활동에 직접적으로 참여하는 일도 점차 어려워졌다. 자녀를 많이 둘수록 장기간 높은 부양비를 부담해야 하는 구조로 변모한 것이다.

노년을 대비해 많은 자녀를 양육해야 할 이유도 점차 줄어들었다. 복지 제도가 강화돼 혼자서도 잘 살 수 있게 되면서 자연스럽게 가족의 가치에 대한 인식이 하락했다. 자녀의 필요성 또한 낮아진 것이다.

농경 사회에서 가족은 치안과 자신의 인권을 지키는 대표적인 방편 중 하나였다. 대가족을 형성하면 외부의 범죄에 대응하기에 용이할 뿐만 아니라 가족 이외의 집단으로부터 불이익을 받게 되는 일을 막을 수 있다. 많은 여성이 자신의 인권과 안위를 유지하기 위해 많은 자녀를 두고자 적극적으로 노력했던 것도 그런 이유다. 하지만 국가 체계가 더더욱 공고히 구축되고 치안 환경이 좋아지기 시작하면서 범죄 또한 크게 감소했다. 범죄가 감소하면 가족의 가치에 대한 인식도 줄어들어 자녀의 필요성까지 낮아진다.

저출산 현상이 사회주의 국가에서 먼저 유발됐다는 점에서 볼 때 인권과 치안 확보가 저출산의 요인 중 하나라는 사실을 확인할 수 있다. 신분과 계급으로 인한 차별을 없애고, 국민 모두의 평등성을 강조하던 국가 체계인 사회주의 국가에서는 서민들의 인권이 강화돼 서민들도 차별받지 않고 살 수 있다는 인식이 높아졌다. 이와 함께 급격히 전개되는 현상 중 하나가 저출산 문화였다. 특히 유럽 국가 중에는 사회주의적 성향이 높은 국가들이 많다. 사회주의가 광범위하게 퍼져나가자 자녀로부터 얻을 수 있는 이익이 감소했고 자녀의 필요성 또한 줄어들었다.

게다가 유럽의 문물은 전 세계로 퍼져나갔다. 가장 먼저 유럽의 문물이 전파된 곳은 미국, 캐나다, 호주, 뉴질랜드처럼 유럽인이 세운 국가들과 중남미 국가들이다. 다음으로 서양 문물을 적극 수용한 일본, 한국, 대만, 중국과 같은 아시아 국가들이다. 가장 늦게 유럽의 문물을 받아들인 곳은 아프리카 국가들이다. 유럽식 사회·경제 제도가 보급되기 시작하면서 다른 지역에서도 출산율 하락이라는 동일한 현상이 나타나기 시작했다. 유럽인이 대거 이주한 중남미 국가의 출산율은 1960년경부터 하락했고, 세계 대전 이후 서구 국가의 사회 경제 시스템이 대거 도입된 아시아는 1965년경부터 출산율이 빠르게 하락하기 시작했다. 아프리카 지역은 가장 늦은 1980년경부터 출산율이 하락하기 시작했다.

대부분의 사회 구조가 평생 학습을 요구하는 방향으로 변화된 점 역시 저출산을 유도한 핵심 원인 중 하나다. 현대 사회에서 성공과 부를 결정짓는 주요한 원천은 지식이다. 많은 사람이 평생 공부를 하는 것도 지식을 얻기 위해서다. 문제는 공부를 하려면 자신에게 집중해야 한다는 점이다. 더욱이 양육에는 많은 시간과 수고가 들어가기 때문에 고학력자들 사이에서 비혼율이 높고 출산율이 낮게 나타나는 것으로 생각된다.

양성 평등과 복지 정책만으로는 저출산 문제 해결 어려워

앞서 살펴본 내용을 종합할 때, 저출산과 고령화 현상을 이끄는 가장 주요한 환경적 요인은 높은 복지 수준, 인권과 치안 확보를 꼽을 수 있다. 단순히 복지 제도를 강화하거나 여성 인권을 신장시킨다고 해결되지 않는 현상이라는 반증인 셈이다. 실제로 오늘날 주변 국가들의 현상을 비교해보면, 복지나 인권 차원의 접근만으로는 인구 구조 문제를 쉽게 해결하기 어렵다는 점을 명확히 확인할 수 있다.

비슷한 문화권에 속해 있는 중동 국가들의 상황은 커다란 시사점을 던져준다. 중동 국가들은 이슬람 문화권으로 묶여 있어 상당히 유사한 가치관을 서로 공유한다. 하지만 국가마다 경제력의 차이는 큰 편차를 보이고 있다. 사우디아라비아, 카타르, UAE처럼 1인당 국민 소득이 높은 국가가 있는가 하면 파키스탄, 예멘 등처럼 1인당 국민 소득이 상대적으로 굉장히 낮은 국가들도 있다. 그런 덕분에 고소득의 중동 지역 국가에서는 파키스탄이나 예멘 같은 국가 출신의 외국인 노동자가 육아나 청소 같은 집안일을 비롯해 산업 현장에서의 어려운 일을 도맡는다. 그뿐만 아니라 산유국이 많은 중동 국가 중에는 교육비를 비롯해 기본적인 공과금을 거의 무료 수준으로 유지하는 곳이 많다. 하지만 출산율 문제로 시선을 돌리면 상황은 역전된다. 저개발 중동 국가의 1인당 출산율은 고소득 중동 국가의 1인당 출산율보다 높다. 특히 예멘의 GDP는 750달러(한화 약 83만 원) 수준으로 아랍 지역에서 가장 가난하다. 하지만 예멘의 출산율은 카타르보다 두 배 이상 높은 4.0명 수준이다. 현재 우리 사회에서 개선을 요구하고 있고 다함께 고민을 하는 화두인 복지 제도, 거주 환경, 인권 문제 등이 결코 저출산 문제를 해결하는 열쇠가 되기 어렵다는 점을 잘 보여주는 대목이다.

해외의 저출산 고령화 해결책에 대한 실상

저출산의 흐름을 해결한 것으로 알려진 국가들의 속사정을 들여다보면 겉으로 드러난 평가와는 다른 실상과 마주하게 된다. 프랑스가 대표적이다. 프랑스의 출산율은 1950년 3.0명에 가까웠지만 지속적으로 하락해 1993년에는 1.66명을 기록했다. 그 후 출산율이 상승해 2010년에는 2.02명을 기록했다. 명목상으로는 출산율이 상승했지만, 원주민이 아이를 많이 낳은 것이 아니라 출산율이 높은 사하라 사막 이남의 아프리카 이민자가 늘어 수치가 상승한 것이다.

프랑스는 제2차 세계 대전 이후 오일 쇼크가 촉발되기 이전까지 그야말로 폭발적인 성장을 해왔다. 프랑스인이 '영광의 30년les Trente Glorieuses'이라고 부르는 시기다. 당시 프랑스에서는 각 산업 분야가 급속히 성장하면서 부족한 노동력을 보충해야만 했다. 프랑스 원주민들이 더 이상 힘들고 어려운 일들을 기피하기 시작한 것도 한 원인으로 작용했다.

그러자 프랑스 정부는 주변의 저소득 유럽 국가로부터 이민자를 받아들이기 시작했다. 과거 자신들의 식민지였던 북아프리카 마그레브Maghreb 지역에 속한 알제리, 튀니지, 모로코 이민자들도 수용했다. 프랑스로 유입된 외국 이주민들은 대부분 프랑스인들이 기피하는 3D 업종에 종사하면서 프랑스 발전에 커다란 기여를 했고 그 덕분에 프랑스 경제가 고도의 성장을 구가할 수 있었다.

하지만 오일 쇼크가 촉발된 이후 상황은 전혀 달라진다. 오일 쇼크로 인해 유럽 전 대륙이 극심한 경기 침체에 빠졌고, 프랑스 역시 고실업 상태에 놓이게 된다. 결국 1974년에 프랑스는 노동 이민을 중단하는 조치를 내리게 된다. 하지만 이미 프랑스로 유입된 상당수의 외국인 근로자들은 가족들까지 프랑스로 불러들인 상태였다. 외국인 불법 체류자들까지 프랑스에서 생활할 기회를 얻게 되면서 이민자 숫자는 계속해서 늘어났다. 현재 프랑스 전체 인구 중 북아프리카 출신 무슬림 이민자들의 수는 10%에 해당하는 600만 명 정도다. 이들 북아프리카 출신 무슬림 이민자들이 오늘날의 프랑스 인구 증가를 견인한 축이라고 볼 수 있다. 하지만 프랑스 원주민들은 전폭적인 출산과 양육 지원 정책에도 불구하고 아이를 더 낳지 않았다.

OECD 국가 중에서 출산율이 높은 대표적인 국가로 미국을 빼놓을 수 없다. 하지만 미국 역시 저출산 문제에서 자유로운 것은 멕시코 이민자들의 출산율이 높기 때문이다. 게다가 미국으로 이민을 가려는 사람들이 줄을 서 있어 사람이 필요하면 언제든 이민을 받아들이기만 하면 된다.

이스라엘은 2016년 기준 출산율이 3.11명으로 꽤 높은 수준이다. 2018년 1인당 GDP가 4만 1,580달러(한화 약 4,629만 원)인 것을 감안하면 소득이 3만 달러 이상인 국가 중에서 출산율이 가장 높다. 이러한 현상의 원인은 군 복무 문제와 관련이 크다. 이스라엘에서는 여성도 2년간 군 복무를 해야 한다. 만약 여성이 아이를 낳으면 국방 의무가 면제된다. 이러한 유인책으로 인해 대학을 졸업하기 전에 결혼을 하거나 아이를 갖는 여성들이 늘어나면서 출산율도 늘어난 것이다.

급격한 인구 감소가 가져올 문제

현재 우리나라의 저출산 관련 예산은 2006년 2조 1,445억 원에서 2010년 6조 6,830억 원, 2019년 32조 4천억 원으로 매년 크게 증가하는 추세다. 14년 동안 15배나 증가한 것이다. 2013년에는 무상 보육이 시작되면서 13조 5천억 원, 2016년에는 21조 4천억 원으로 증가해 10년 만에 10배나 증가한 셈이다. 2018년에는 26조 3천억 원, 2019년에는 아동수당이 신설되면서 32조 4천억 원으로 증가했다. 3년 만에 11조 원이 증가했다.

그렇다면 왜 우리 정부는 이처럼 많은 예산을 투여해 인구 감소를 막으려 할까? 가장 큰 이유 중 하나는 경제적 풍요의 감소다. 내수 시장이 축소되는 환경에서 생산 가능 인구는 감소하고 노인 인구는 증가함에 따라 세금과 임금이 증가해 기업은 경쟁력을 잃게 된다. 인구가 감소하면 분업화와 거래가 감소한다. 수요와 공급도 모두 감소한다. 공급이 감소하면 가격은 상승하고 소비자는 더 비싼 값을 지불해야 한다. 상품과 서비스의 질도 하락한다. 이러한 경제 구조의 변화는 연금과 수당에 의지해 살아가는 국민에게 큰 고통을 주게 된다.

또한 인구가 감소하면 전반적인 물가 인상을 유발할 수 있다. 대량 생산은 물건값을 낮추는 가장 손쉬운 방법이다. 그리고 많은 기업이 대규모 생산 시

인구 구조 변화의 영향

영향	세부 내용
동거 형태	가족 제도의 변화(1인 세대, 비혼 등)
세대 간 관계	노년층 vs 청년층 간 협력 필요
	샌드위치 세대 등장
	세대 간 가치 변화
	진보의 정체
젠더 문제	노동 여성의 비율
	남녀 간 임금 격차
고용 및 인력 관리	직업과 개인 생활 간의 균형 (직업과 가족의 공존)
	노화와 노동 참여(노인일자리)
	노동권 보장하는 노동 환경 필요
새로운 질병	치매
	새로운 정신질환(번아웃 등)
	비만
이민	전문 인력 확보 경쟁
	이민자의 노동시장에의 통합
	노동이민 증가
	의사소통 및 세대 간 협력 필요

영향	세부 내용
건강 문제의 개인화	건강에 대한 자기결정권
	자살 증가
	평균 이하 상태에 처할 권리
건강에 대한 의식 변화	의료비 지불 능력 중요
	건강 염려증
	자신에 대한 정량화
	건강한 노화에 대한 갈망
지역 격차	농촌 이탈과 도시화
	인구 감소에 따른 지역 소멸
사회 구조 변화	새로운 사회 분위기 형성
	다양성 중요
시간 구조	시간 관리 · 시간 분할
기술 · 혁신	소셜 로봇 등장
	건강진단(관찰, 간병), 원거리 검사, 모니터링(AAL 등)

인구 구조 변화로 인한 긍정적 효과	
– 인간 수명 연장으로 더 많은 지식과 경험을 축적하고 전수 – 전반적으로 건강히 오래 살 수 있음 – 생물학적으로 젊게 살 수 있음 – 고령자의 활발한 활동(적극적인 정치 참여 등)	– 자원 절약 – 노년층에 대한 복지 수준↑ – 청년층의 높은 교육 수준 – 1인당 공간 확대 – 시간에 대한 압박감과 속도감 감소 인구 구조 변화로 인한 긍정적 효과

설을 구축해 저렴하게 물건을 생산할 수 있는 것은 해당 물건에 대한 수요가 클 것이라는 기대 심리 때문이다. 인구가 줄기 시작하면 이러한 대규모 시설 투자가 좀처럼 전개되기 어렵다.

캐나다를 살펴보면 이러한 현상을 쉽게 확인할 수 있다. 캐나다는 식료품과 휘발유, 공산품 등의 상품은 저렴하지만 각종 서비스 요금이 비싼 것으로 유명하다. 기초적인 공산품은 해외 국가로부터 저렴하게 수입해올 수 있지만, 사람에 의존하는 서비스 부분은 전혀 양상이 다르다. 자동차 보험, 집세, 보육비, 택시 요금 등이 우리나라보다 몇 배 이상 비싸고 서비스의 질도 낮다. 인구가 적은 만큼 비용은 증가하지만 서비스의 질은 하락해 점점 살기 어려운 세상이 되는 것이다.

이처럼 인구 감소는 사회적 기능 유지와 부양 체계를 무너뜨린다. 경제는 쇠퇴해 세수는 감소하고, 육아, 교육, 교통, 보건의료, 연금, 복지 등의 지출은 증가해 결국 더 이상 국가의 전반적인 체계를 유지할 수 없는 상황에 이르게 된다. 건강 보험 기금과 국민 연금 기금의 고갈도 피해갈 수 없는 문제다. 이밖에도 인구 구조 변화로 인한 부정적 효과들은 다수 존재한다. 물론 인구 감소로 인한 긍정적인 측면을 주목하는 연구자들도 많다.

인구 감소 대응 전략 완전히 새로워야

앞서 설명한 내용들을 종합해볼 때, 경제적 결핍이나 인권 문제 등이 저출산 문제를 해결하기 위한 열쇠라고 결코 말할 수 없을 듯하다. 해외의 경우에도 좋은 일자리가 많은 선진국일수록 혼인율과 출산율이 낮고, 좋은 일자리가 부족한 가난한 국가일수록 혼인율과 출산율이 높다. 즉, 경제적 결핍, 고용 불안정 측면뿐만 아니라 저출산 문제를 해결하기 위한 추가적인 대안이 필요한 상황이다.

실제로 국내에서도 가장 안정적인 직업군이자 출산 휴가 등의 다양한 복지 혜택을 부여하고 있는 공무원 집단만 하더라도 비혼 비율이 매우 높다. 공무원뿐만 아니라 은행원, 공공기업 근무자, 교사 등에서도 비혼 비율이 특히 높다. 또한 고수익 직업이면서 평생 직업인 의사, 변호사 등의 비혼율도 높다.

여성이 육아 부담을 전담하는 구조 또한 저출산 문제의 주요한 원인이 아닐 수 있다. 여성이 육아를 전담하는 이슬람 국가, 아프리카 국가에서 오히려 높은 출산율을 나타내고 있기 때문이다. 만약 육아 부담이 여성에게 편중돼 직장을 다니면서 아이를 키우기 어려운 것이 원인이라면, 전업주부가 아이를 많이 낳는 것으로 나타나야 할 것이다. 하지만 5년 이하 신혼부부 통계를 보면 전업주부의 출산율이나 맞벌이 주부의 출산율에 큰 차이가 없다.

결국 그동안 우리 사회가 저출산·고령화 문제를 해결하기 위해 주 수단으로 주목해왔던 주거, 양육비 지원 등의 경제적·복지적 지원이나 여성의 양육 환경 개선과 같은 전략은 큰 효과를 거두지 못한 것이 사실이다. 국내 인구가 처음으로 줄기 시작한 2021년은 저출산·고령화 문제를 해결하기 위한 새로운 대안을 모색해야 할 시점이 아닌가 싶다. 이 책이 저출산·고령화 문제를 해결하기 위한 킹핀이 무엇인지, 지금부터 다시 제로섬에서 논의하는 기회가 됐으면 하는 바람이다.

저출산, 사회 시스템의 존속이 달린 문제

김광석 2020년 3분기 한국의 합계 출산율이 0.84명 정도인데, 역사 이래 가장 낮은 수준입니다. 한국은 이미 저출산·고령사회에 진입해 있고, 세계에서 고령화 진전 속도가 가장 빠른 나라입니다. 인구 구조가 변화에 직면하는 건 당연한 일이지만, 그 속도가 너무 빨라요. 고령사회에 먼저 진입한 국가들과 비교했을 때, 한국은 고령화 속도가 너무 빠를 뿐만 아니라 제대로 대응하지 못하는 것이 가장 큰 문제입니다.

우리나라에서 저출산 문제가 대두된 배경 중 하나는 '청년의 사회 진입'이라고 생각합니다. 보통 청년을 만 15세에서 29세 이하로 정의합니다. 그런데 많은 사람이 30대 중년이 돼서야 사회에 진입하다 보니 당연히 결혼 시기도 지연됩니다. 또 하나가 주거비 문제죠. 주거비가 너무 많이 들어요. 사회 진입이 지연되니 당연히 전세 자금을 마련할 여유가 없고, 결혼 시점 자체도 지연됩니다. 얘기하자면 길지만, 청년의 사회 진입이 지연되고 주거 장벽이 높은 현실을 먼저 직시해야 합니다. 이 문제는 단일 부처가 결정할 일이 아니에요. 고용노동부, 국토교통부, 보건복지부 등이 함께 머리를 맞대고 해결책을 찾아야 하는 과제입니다. 원인을 제대로 찾고 정책을 설계해야 합니다.

이재호 저출산 문제는 결국 과거보다 줄어든 영유아, 어린이, 청소년 인구가 성장해, 마찬가지로 과거보다 비대하게 늘어난 노년층 인구를 부양해야 하는 문제로 연결됩니다. 현재 국민 연금, 건강 보험을 비롯한 사회 보장 체계는 '젊은 세대가 노인 세대를 직·간접적으로 부양해야 하는 시스템'으로 짜여 있는 현실입니다. 이제 와서 그러한 구조 자체를 바꾸는 것은 정말 어려운 일입니다. 저출산 문제는 자칫 우리 인류가 쌓아놓은 사회 시스템을 붕괴시킬 수 있기 때문에 더욱 적극적인 지원 정책이 필요하다고 생각합니다.

결혼과 출산을 하지 않는 이유, 돈 때문이 아니다? 원하는 사람에게 적절한 지원 돌아가야

박정호 저는 답을 정해놓고 정책을 추진하는 게 문제라는 걸 지적하고 싶어요. 저출산 문제에 대해서 출산 장려금 등을 지급하는 정책을 손쉽게 내놓잖아요. 이것은 사람들이 '돈이 없어서 아이를 안 낳는다'고 이미 답을 정해놓은 것이나 마찬가지예요. 소득이나 주거 형태에 따른 인구 구조적 특징, 다양한 요인을 제대로 비교 분석하지 않은 겁니다.

이재호 저는 이 문제에 대한 전문가는 아니지만 두 가지 경우가 다 있는 것 같아요. 경제적 여유가 없어서 출산을 못 하는 분들도 있고, 아예 아이를 낳을 계획이 없어서 출산을 안 하는 분들도 있는 것이죠. 후자의 경우 아이를 낳지 않을 권리도 당연히 있기 때문에 정부가 여기에 시시콜콜 개입할 필요가 없고 또 그래서도 안 되죠. 그러나 전자의 경우에 해당하는 분들에게는 더욱 적극적인 지원이 필요하다고 생각합니다.

또 하나, 사회적으로 우리는 '정상 가족'이라는 개념을 정해놓고 살고 있습니다. 출산율을 높이기 위해서는 이러한 고정관념을 깰 필요가 있어요. 명문 대학을 졸업하고, 번듯한 직장을 얻고, 적절한 나이에 결혼을 한 남녀에게만 아이를 낳을 권리가 주어지는 것처럼 사회 분위기가 형성돼 있잖아요. 그들이 말하는 소위 '비정상'들이 틀리거나 부족한 것이 아니라 단지 다를 뿐임을 인정하는 문화가 확산된다면 출산율에도 도움이 될 거라고 봅니다. 한국 사회가 나아가야 할 중요한 방향이라고 생각합니다.

그리고 우리나라에 난임 부부도 참 많은데요. 난임 부부에 대한 경제적인 지원은 무제한적으로 이루어질 필요가 있습니다. 출산을 하고 싶은 계획이 확실하게 있는 분들에게 국가가 확실한 지원을 집중해주는 거죠.

김광석 모두가 경제적인 이유로 출산하지 않는 건 아닐 겁니다. 일부는 경제적인 이유 때문에 출산을 못 하고, 다른 일부는 경제적인 이유가 없음에도 불구하고 결혼을 하지 않고 출산을 하지 않는 것이죠. 고학력자를 비롯해 경제적으로 안정적인 계층의 비혼율이 높은 것도 사실입니다. 하지만 경제적인 요인을 간과할 순 없어요.

박정호 말씀하신 대로 현재 전문직이나 공무원 같은 안정적인 직군의 비혼율이 높아요. 상대적으로 덜 안정적인 직업군과 비교했을 때 안정적인 직군에서 비혼율이 훨씬 높게 나타납니다. 각종 사회 조사 연구에서 결혼과 출산을 미루는 이유를 묻는 질문에 '안정적이지 못해서'라고 답변하는데, 이건 조사 방법이 잘못된 겁니다. 사회적 당위성이 확보된 명제의 경우 절대 전통적인 방식으로 조사하면 안 돼요. '사회적 선망 편향성'이 발생하기 때문입니다. 조사 방법부터 달라져야 합니다. 이런 방식의 설문으로는 공무원, 의사, 변호사 같은 직군의 사람들이 왜 출산하지 않는지 분석하지 못해요.

김상윤 단순히 취업이 어렵고, 집을 마련하기 어려워서 출산율이 낮다고 생각할 수 있는데요. 그보다는 다차원적인 분석이 필요한 문제라고 봐요. 몇몇 신뢰성 있는 연구만 봐도 저학력자보다 고학력자들 사이에서 출산율과 혼인율이 떨어지는 것은 맞아요. 다른 나라 사례도 궁금하실 텐데요. 연세대학교 김현미 교수 연구팀이 2017년에 발표한 논문에 따르면 고학력자가 전반적으로 출산율이 떨어지는 건 맞는데, 양성 평등 실현 정도라는 변수를 붙여봤더니, 사회적으로 양성 평등이 올라가면 고학력자의 출산율이 올라간다고 합니다.

사회적으로 보면 여성의 사회 참여가 늘어날수록 출산을 하지 않으려는 경향이 강하다는 것이죠. 만약 돌봄 서비스나 사내 어린이집, 그리고 경제적 지원 등의 정책을 국가적으로 강력하게 잘 구성하면 고학력자들이 출산할 확률이 높아질 수 있다는 거예요. 예를 들어 고학력자 중에서 아이를 낳고자 하는 사람들이 있어도 사회 서비스가 충족되지 않으면 출산을 주저하게 된다는 것이죠. 양육을 위해 업무 시간을 줄일 순 없고, 따로 돌봄 서비스를 이용하기엔 돈이 많이 든다고 판단할 수 있잖아요. 그리고 김광석 실장님이 말씀한 것처럼 사회적 취약 계층이나 저소득층은 주거 문제가 결혼과 출산을 기피하는 중요한 이유가 될 거예요. 그런 것들을 맞춤형으로 지원하는 부분을 생각해봐야 합니다.

'미미미 제너레이션'과 저출산이라는 뉴노멀

김광석 경제적 문제를 떠나서 비혼과 비출산은 하나의 문화이기도 합니다. 안 낳는 게 뉴노멀이 된 거예요. 그런데 정책적으로는 앱노멀abnormal(이상한 것)로 받아들이고 있는 거죠. 저출산이라는 현상이 과연 단점만 있을까요?

김상윤 밀레니얼 세대를 대상으로 설문 조사를 했더니, 20대와 30대 중 절반에 가까운 사람들이 결혼 의향이 없는 것으로 답변했습니다. 출산의 경우에는 37% 정도가 의향이 없다고 답변했고요. 그 이유를 살펴보면, '소득이 적어서' 혹은 '제도적 문제 때문에'라고 답변하는 비율이 60% 정도 됩니다. 20% 정도는 '나를 위한 삶을 살고 싶어서'라고 답변했어요. 경력 단절이 우려된다는 답변도 10% 정도예요. 결국 약 30% 정도는 자기 삶에 대한 생각이 앞선다는 것이죠. 즉, 소득과 같은 문제도 중요하지만 문화적으로 현 세대는 스스로 만족스러운 인생을 영위하는 방향을 택하는 경향이 크다고 이해할 수 있습니다. 달리 말하면, 안정적인 생활을 영위하더라도 아이를 낳지 않을 가능성이 크다는 의미죠.

김광석 결혼과 출산을 하지 않겠다는 이들의 비중은 더 높아질 겁니다. 비혼이라는 문화가 공고해지는 과정인 것 같아요. 〈이코노미스트〉는 밀레니얼 세대부터 Z세대까지 연결되는 특징을 '미미미 제너레이션Me Me Me Generation'이라고 표현했어요. '나'밖에 없다는 것이죠. 형제도 없고, 설령 형제가 있다고 해도 한 명인 환경에서 태어나고 성장한 세대이기 때문에, 많은 형제사매와 함께 어울려 자란 세대와는 완전히 다를 수밖에 없습니다. 혼자가 익숙한 세대예요. 이들의 입장에서 저출산은 뉴노멀도 아닙니다. 트래디셔널 노멀이에요. 베이비붐 세대가 본인들의 시각에서 밀레니얼 세대들의 저출산 현상을 단점이라고 지적하는 것일 수도 있어요.

저출산 고령사회를 마주한 기업의 전략

김광석 지금까지는 우리가 저출산 현상을 계속 문제로만 인식하고, 극복해야 하는 과제로서만 생각해왔는데, 어쩌면 새롭게 변화한 사회 구조에 가장 걸맞은 인구 구조일 수도 있어요. 자녀에게 의존해야 하는 농경 사회도 아니고 산업 사회도 아닌 디지털 데이터 경제 시대잖아요. 그런 관점에서 기업들은 새로운 인구 구조를 문제로만 인식하기보다 어떻게 대응해야 하는지 고민해야 할 때입니다.

최근 들어 인구는 줄지만, 가구수는 계속 늘고 있습니다. 1인 가구가 지속적으로 늘어나기 때문인데요. 사실 1인 가구가 증가하는 현상도 고령화 현상입니다. 노인 부부나 독거노인 가구가 늘어나서 결과적으로 1~2인 가구가 늘어난 거예요. 1인 가구라고 하면 〈나 혼자 산다〉처럼 결혼을 하지 않은 젊은 층만 상상하기 쉽습니다. 하지만 현재 전체 인구에서 1인 가구가 늘어나는 건 고령화 현상에 따른 이슈입니다. 이런 고령화 현상을 놓고 보면 기업들이 주목해야 할 비즈니스는 시니어 비즈니스senior business라고 봅니다.

특히 고령자가 지역 인구에서 차지하는 비중이 급격히 높아지는 지역을 더 집중해 살펴볼 필요가 있습니다. 고령 소비자가 많다는 의미이기도 하니까요. 서비스도 온라인, 비대면 서비스로 무조건 밀어붙일 것이 아니라 고령사회에 걸맞게 고령층에 적합한 유통 환경, 서비스를 공급하는 비즈니스 모델로 전환해야 합니다. 어떻게 보면 소비자가 분화된다고 볼 수 있죠. 물론 고령자라고 해서 과거의 고령자와 동일하게 접근해서는 안 됩니다. 또 아날로그 시대에 태어나 디지털 시대로 전환된 세상을 살고 있는 고령자인 만큼 맞춤형 서비스 공급 전략을 구상하고, 밀레니얼 세대와는 다른 대응을 해야만 기업들이 생존할 수 있을 겁니다.

우리보다 먼저 고령사회에 진입한 일본, 미국, 독일 등 주요 기업의 사례를 봐도 그렇습니다. 대표적으로 독일의 유통사 카이저Kaiser's의 사례를 보도록 하죠. 앞서 설명한 것처럼 고령화가 진전된 지역의 마트는 소비자도 당연히 고령자일 겁니다. 카이저는 마트 공간 자체를 최대한 고령자 친화적으로 만들기 위해 노력했습니다. 카트에 돋보기를 달고 나무 의자를 부착하는 시도를 했습니다. 또 마트의 이동 통로를 넓혀서 카트를 끌고 이동하는 도중에 앉아서 쉴 수 있는 공간을 마련했습니다. 제품을 쌓을 때에도 굉장히 낮게 쌓고, 진열대 앞에는 발받침도 설치했습니다. 대면 서비스 시스템도 상당히 잘 갖추었습니다. 고객이 필요할 경우에는 직원을 불러 친절히 설명을 받을 수 있도록 콜버튼도 마련했어요. 노년층을 위한 친절한 유통 환경의 대표적인 예시라고 할 수 있습니다.

독일 유통사 카이저의 카트

자료: Kaiser's

국내 유통사 중에도 이런 고민을 이미 시작한 곳이 있습니다. 하지만 아직까지 제대로 시행되진 않았죠. 한국은 전체 인구에서 고령자가 차지하는 비중이 이제 갓 14%를 넘겼거든요. 아직은 시장에서 고령자가 차지하는 비중이 그렇게 높다고 보진 않습니다. 하지만 특정 지역의 경우에는 고령화가 더 많이 진전됐기 때문에 지역별 인구 구조 특성을 반영해 선제적으로 고령층에 친화적인 환경을 조성할 필요가 있습니다.

김상윤 저출산으로 인해 생산 가능 인구가 급격히 줄어들고 있죠. 그로 인해 기업들도 노동력을 해외에서 유입하거나 혹은 디지털로 급격하게 전환해 인력을 기계로 대체하는 수요가 빨라지지 않을까요? 현재 국내 이민자 수는 120만 명 정도라고 합니다. 이민자들은 주로 힘든 노동을 하는 경우가 많거든요. 디지털 전환과는 거리가 먼 영역인 전통 제조업 분야에 많이 쏠려 있습니다. 저출산이 지속되고 국내 생산 가능 인구가 더 많이 줄어들면 외국인 노동자를 더 받아들여야 하는 상황도 생길 수 있습니다. 그럴 경우에는 국가적 운영 차원에서 위험 부담이 될 수 있습니다. 외국인 노동자를 너무 늘려놓으면 특히나 국내 공장을 운영할 때 힘든 경우도 있기 때문에 디지털 전환을 통해 로봇을 도입하거나 자동화를 통해 한 공정당 인력 투입 숫자를 줄이는 게 앞당겨질 수 있는 거죠. 결국 위기 속에 변화의 리더가 나오듯이 우리나라도 디지털 전환이나 스마트 팩토리 등에 대한 요구가 있고 경쟁력을 갖춰야 하는 상황에서 인구 절벽이 오히려 긍정적으로 작용할 수 있지 않을까 기대하고 있습니다.

이재호 미래는 인공지능, 자동화 시대로 대표됩니다. 만약 미래에도 우리 부모 세대처럼 한 가정에서 아이를 다섯 명씩 낳는다면 오히려 문제가 될 수 있겠죠. 실업자가 많이 생길 수 있으니까요. 다소 억지스러울 수 있지만 그런 차원에서 본다면 최근의 저출산이라는 경향 자체가 다행스러운 면도 없지는 않습니다.

김광석 지금까지는 '고용 없는 경제'였습니다. 일자리가 부족한 경제죠. 그런데 이제 곧 일자리는 있지만 인력이 부족한 '노동력 없는 경제'로 바뀌어요. 그럼 기업들은 노동력을 충분히 유지하기 위한 경쟁에 한 발 더 다가서는 쪽으로 대응할 겁니다. 특히 제조 기업들은 산업을 디지털화해야 한다는 인식이 커지는 거죠.

코로나19 종식 시점부터 인구 문제가 주요 논의 의제로 떠오를 거라고 봅니다. 지금은 당장 직면한 현안이 시급해 고령화·저출산 문제는 상대적으로 주목받지 못하고 있는데요. 보건 이슈가 종식되는 순간 저출산을 비롯한 복지 이슈가 주요 현안으로 부상할 거라고 봅니다. 거스를 수 없는 변화에 직면한 만큼, 다양한 분야에서 대응책을 고민할 수 있길 바랍니다.

미래 시나리오 2022

백신 작동 이후의 세계

초판 1쇄 인쇄 2021년 6월 8일 | 초판 1쇄 발행 2021년 6월 22일

지은이 김광석, 김상윤, 박정호, 이재호

펴낸이 김영진, 신광수
CS본부장 강윤구 | 출판개발실장 위귀영 | 출판영업실장 백주현 | 디자인실장 손현지 | 개발기획실장 김효정
단행본개발파트 권병규, 정혜리
출판디자인팀 최진아, 당승근 | 저작권 김마이, 이아람
채널영업팀 이용복, 이강원, 김선영, 우광일, 강신구, 이유리, 정재욱, 박세화, 전지현
출판영업팀 박충열, 민현기, 정재성, 정슬기, 허성배, 정유, 설유상
개발기획팀 이병욱, 황선득, 홍주희, 강주영, 이기준, 정은정
CS지원팀 강승훈, 봉대중, 이주연, 이형배, 이은비, 전효정, 이우성

펴낸곳 (주)미래엔 | 등록 1950년 11월 1일(제16-67호)
주소 06532 서울시 서초구 신반포로 321
미래엔 고객센터 1800-8890
팩스 (02)541-8249 | 이메일 bookfolio@mirae-n.com
홈페이지 www.mirae-n.com

ISBN 979-11-6413-804-3 (03320)

* 와이즈베리는 ㈜미래엔의 성인단행본 브랜드입니다.
* 책값은 뒤표지에 있습니다.
* 파본은 구입처에서 교환해 드리며, 관련 법령에 따라 환불해 드립니다.
  다만, 제품 훼손 시 환불이 불가능합니다.